A CRITICAL CONCORDANCE
TO
I, II THESSALONIANS

A CRITICAL CONCORDANCE
TO
I, II THESSALONIANS

THE COMPUTER BIBLE
Volume XXVI

by

A. Q. Morton

S. Michaelson

J. David Thompson

BIBLICAL RESEARCH ASSOCIATES INC.

J. Arthur Baird

David Noel Freedman

Editors

CONTENTS

Page

I. THESSALONIANS

    I. WORD COUNT: REVERSE INDEX 1

    II. WORD COUNT: FORWARD INDEX........................... 4

    III. WORD COUNT: WORDS CLASSIFIED BY
        FREQUENCY BEFORE FORWARD INDEXING 7

    IV. FREQUENCY PROFILE...................................... 10

    V. FORWARD CONCORDANCE................................. 11

    VI. REVERSE CONCORDANCE................................. 45

II. THESSALONIANS

    I. WORD COUNT: REVERSE INDEX 1

    II. WORD COUNT: FORWARD INDEX........................... 3

    III. WORD COUNT: WORDS CLASSIFIED BY
        FREQUENCY BEFORE FORWARD INDEXING 5

    IV. FREQUENCY PROFILE...................................... 7

    V. FORWARD CONCORDANCE................................. 9

    VI. REVERSE CONCORDANCE................................. 29

INTRODUCTION

The Computer Bible is a long range project consisting of a series of critical concordances of all portions of the Bible. These are being produced by a varied group of scholars in different parts of the world, and will be published as they are completed.

There are three levels at which concordances are being produced. The first is the standard key-word-in-context concordance, which is primarily a reference tool. In this situation, the concordance is secondary to the biblical text which is the primary source of study. A second level concordance, on the other hand, is not only a reference aid, but represents a new kind of research tool where the concordance itself becomes a source of primary data along with the original text. It is in the study of the concordance itself that patterns appear revealing new types of information about the original text. The second level concordance is set up to deal with critical problems of what has been called "Lower Criticism," matters of language, text morphology, grammar and syntax. Then there is a third level at which one can produce concordances, and we shall call this the level of "Content Analysis." Such a concordance deals with problems of form, source, audience, editor and the like, and with the literary content of the material. As the concordance reveals various patterns of correlation, so does it function as primary data for research parallel to the original text or its translation. The Critical Concordance to the Synoptic Gospels, Vol. I of this series, is such a concordance. At each succeeding level, new types of data appear, revealing what is often totally new information about the Bible.

This present volume is a second-level concordance. The computer program which produced it is a sophisticated one. Its conception and development started with Mr. P. Bratley of the English Language and Computer Science Departments of the University of Edinburgh whose program produced concordances for the Dictionary of the Older Scottish Tongue following the initiative of its editor, Mr. A.J. Aitken. Around this program and its ideas was written the COCOA concordance program by Dr. J. Howlett of the Science Research Council Atlas Computer Laboratory at Chilton. Dr. D.B. Russell produced the first version of the program and the concordance of the Homeric Poems, and Mrs. E.M. Gill did the first work on the New Testament. The project was then transferred to Edinburgh Regional Computing Center and adapted further by W. Aitken and by Neil Hamilton-Smith on whom the major responsibility has fallen. Always associated with the work have been Professor Sidney Michaelson and Rev. A.Q. Morton of the Department of Computer Science of the University of Edinburgh. The Greek text of the concordance is based upon the Greek New Testament edited by Aland, Black, Metzger and Wikgren, London and New York, 1968. From its early stages, the British team has worked in close cooperation with the American Biblical Research Associates and it is through this association that the present volume has now reached publication.

USING THE CONCORDANCE

A Concordance such as this is a sophisticated tool, and needs some explanation in order to be used effectively. The thing to remember is that this is most creatively employed as primary data alongside the original text. It is not just a reference tool. The arrangement of the material is such as to open the possibility that the concordance itself will reveal new types of information. This introduction will try to suggest possible types of new data; but experience has shown that the most creative discoveries are usually inadvertent, and take the researcher quite by surprise. The best way to use such a concordance, therefore, is with a completely open mind. The present volume is divided into six parts, each arranging material in different ways for different kinds of study.

PART ONE is a REVERSE INDEX AND WORD COUNT. All the words in the text are arranged alphabetically according to the last letters in the word, working from right to left. Beside each word is then listed the number of occurrences of that word. This reverse indexing brings together person, gender, number, case, tense and mood endings for many types of morphological study. For example, one might detect here some tense peculiarities that would point to the Greek or Hebrew origins of the basic material, the author or possible redactors.

PART TWO is a FORWARD INDEX AND WORD COUNT of all the words in the text, alphabetically arranged and giving the number of occurrences of each word. This facilitates the location of the frequency of any word, and also brings various word roots together for comparison. It gives us a more detailed picture of the verbal habits of the author or authors and a quick summary of the language character of the book. This is especially useful for comparison with other sections of the Bible.

PART THREE is a WORD FREQUENCY LIST arranged according to descending numerical occurrence. This enables us to know how often each word occurs in each of its forms. For example, we see that *kai* occurs 99 times. By combining this data with the figures in the frequency profiles, one can see that *kai* comprises 6.7% of the total word count of I Thessalonians, another possible indication of authorship. This kind of data can be obtained from Moulton and Geden, but the present concordance will speed up such research enormously.

PART FOUR is a FREQUENCY PROFILE, containing no words, but rather six columns of figures. The first column gives the number of occurrences of the group of words in the text, starting with the once occurring words, of which there are 388 in I Thessalonians, then the words which occur twice, of which there are 78, and so on until it records that the word *kai* occurs 99 times. The second column records how many words are in the class defined by column one. Columns three and four contain a running continuous count of the number of words listed so far, so that there are 463 words listed once or twice on 541 separate occasions (column four). Columns five and six give a running and cumulative percentage frequency total. For example, in line one, if you divide the number of different words occurring only once (385) by the total number of different words in I Thessalonians (558), the percentage figure is 69% (column five). If one divides the total number of once-only words by the total number of all words every time used in I Thessalonians (1469), the percentage figure is 26.21% (column six). Remember that in line two and succeeding lines, the figures, and so the percentages, are cumulative.

Now what use can be made of this data? To begin with, these figures form the necessary control base for any percentage ratios one may wish to derive from I or II Thessalonians. For example, if one wanted to know what percentage of words in I Thessalonians are *hapax legomenoi* (once only), one needs to know not only the total number of such words (99), but also the total number of different words in I Thessalonians (558). With such a numerical base, one could then go on to calculate the percentage of times any word of phase occurred in I Thessalonians and then compare this with such a percentage in another book. Or one might wish to determine the relative weight a certain syntactical situation had in I Thessalonians in comparison to some other text. In this case, one would need the complete word total (1469) as the base for his percentage. This then enables the researcher to make observations about the character of this book which are exact.

PART FIVE is a FOREWARD KEY WORD IN CONTEXT CONCORDANCE. Its unique feature is that it is "context sorted." Most concordances list key words and provide context for them in the order they would be met in reading the text. In the present concordance, all occurrences of a key word appear together, and are additionally sorted by their context. Thus, the occurrences of each word appear in the dictionary order of the context following the word. This type or sorting brings out all similar structures grammatical and linguistic, which are not readily apparent in the more usual concordance. The main feature of what the computer has done here is the way the key word, and the words and phrases of the context are arranged immediately and symmetrically under each other. This increases enormously the facility and speed of locating patterns of word usage, style, syntax, etc. that should say something about the subject matter, author, redactor, or the particular age and milieu out of which the material emerged. These patterns stand out brilliantly, and immediately call attention to themselves.

PART SIX is a REVERSE KEY WORD IN CONTEXT CONCORDANCE. Here the key words are alphabetized from right to left, and the order for each key word is the context to its left, sorted first by the last letter of the preceding word, then the second from last and so on. The chief function of such an arrangement is to reveal in depth and detail the morphological habits of the author. The patterns visible in this way could also point to editorial emphasis or even theological stress for example in the use of the imperative as compared to the indicative or subjunctive moods. Since these are new tools, one can only conjecture the kinds of conclusions that will be drawn from their use. One thing is probable: they will be drawn from new evidence seen here for the first time.

One limitation needs to be mentioned. The Greek text on computer tape used to generate this concordance does not provide rough breathing marks. There is, therefore, no way to distinguish words that are otherwise identical. This is normally no problem, but in the frequency profile, some of the statistics need to be modified for rough breathing words.

TECHNICAL DATA

This Greek volume was made possible by the development of a set of computer programs which convert the encoded forms of the Latin characters as they exist on magnetic tape into matrices of dots which when sent to a dot matrix plotter, result in the Greek lines reproduced here. The use of the dot matrix plotter (a Versatec D900A) allows a great deal of flexibility in altering the character font, adjusting the line format and the size and density of the characters, which conventional computer printers do not. Its use is also inexpensive compared to the costs of having a character font designed and cast in the kind of type used by most computer printing machines. Its primary drawback, and a relatively small one, is that a greater amount of computer processing is required to generate the plot matrix than to drive a conventional computer printer. It is also slower than an average computer printer.

The plot matrices were generated on a Honeywell 6080 computer with Extended Instruction Set (EIS) from the tapes written by the concordance programs. The matrices for the characters were coded into the program and each assigned a width based on the size of the character it contained, thereby preventing consecutive narrow characters from being surrounded by a large amount of space while wider characters are more closely spaced. These character matrices were then merged together in the same order as the Latin characters on the concordance tape and written to a plot driver tape.

This plot driver tape was fed into a Texas Instruments 980B minicomputer to which the Versatec plotter is connected. The merged matrices plotted on the Versatec generated what you see reproduced in this volume. The plot driver tape generation program is reasonably flexible and can be adjusted to print lines in many formats and character sets.

I THESSALONIANS
PART I

WORD COUNT
REVERSE INDEX

WORD COUNT: REVERSE INDEX.

ελπιδα	2	δυναμεθα	1	διεμαρτυραμεθα	1
επαρρησιασαμεθα	1	κειμεθα	1	εσομεθα	1
αρπαγησομεθα	1	δεδοκιμασμεθα	1	ιουδαια	1
αχαια	2	δια	8	ιδια	1
καρδια	1	ασφαλεια	1	επιθυμια	1
μακεδονια	3	πληροφορια	1	εκκλησια	1
ακαθαρσια	1	παρουσια	3	θωρακα	1
αλλα	11	αμα	2	θελημα	2
πνευμα	3	σωμα	1	ενα	2
μηδενα	1	ινα	7	τινα	2
τεκνα	2	δοξα	1	αρα	1
χαρα	3	αερα	1	ημερα	2
τα	6	υστερηματα	1	μετα	2
επειτα		παντα	1	διδοντα	1
ειδοτα	1	αυτα	1	επεμψα	1
δε	15	ουδε	3	εδεξασθε	1
ασπασασθε	1	απεχεσθε	1	αντεχεσθε	1
προσευχεσθε	2	λυπησθε	1	παραμυθεισθε	1
οιδατε	9	ορατε	1	επεστρεψατε	1
παρελαβετε	1	δοκιμαζετε	1	επαθετε	1
στηκετε	1	διωκετε	1	χαιρετε	1
ειρηνευετε	1	μνημονευετε	1	εχετε	3
κατεχετε	1	εγενηθητε	3	περιπατητε	1
περισσευητε	1	εχητε	1	ειτε	2
ποιειτε	2	παρακαλειτε	2	οικοδομειτε	1
μακροθυμειτε	1	εξουθενειτε	1	περιπατειτε	1
νουθετειτε	1	ευχαριστειτε	1	οτε	1
ποτε		τοτε	1	παντοτε	6
εστε	4	ωστε	3	σβεννυτε	1
ουτε	5	η	14	καταλαβη	1
οργη	1	εγενηθη	1	τηρηθειη	1
αναγκη	1	πολλη	3	ολη	1
μη	15	τιμη	1	κενη	1
ειρηνη	2	εθνη	1	αγιωσυνη	1
φωνη	1	αγαπη	2	θαλπη	1
παση	2	εχουση	1	τη	13
ανεστη	1	ψυχη	1	μεθ	1
κτασθαι	1	θλιβεσθαι	1	εργαζεσθαι	1
γενεσθαι	1	σαινεσθαι	1	γραφεσθαι	1
απεχεσθαι	1	ηγεισθαι	1	φιλοτιμεισθαι	1
και	99	ειδεναι	2	αναγνωσθηναι	1
πιστευθηναι	1	καταλειφθηναι	1	ειναι	1
κατευθυναι	1	μεταδουναι	1	ανταποδουναι	1
γνωναι	1	στηριξαι	2	αγιασαι	1
πλεονασαι	1	παρακαλεσαι	1	λαλησαι	2
επιβαρησαι	1	καταρτισαι	1	περισσευσαι	1
αναπληρωσαι	1	εφισταται	1	καταβησεται	1
ερχεται	1	μιμηται	2	γενηται	1
εξηχηται	1	ενεργειται	1	αναστησονται	1
σαλπιγγι	1	δι	2	ει	1
δει	1	παθει	1	δυναμει	1
αξει	1	βαρει	1	προφασει	1
ποιησει	1	αθετει	1	σκοτει	1
θλιψει	2	τινι	1	αγωνι	1
οι	10	οιοι	1	ηπιοι	1
υιοι	2	αποστολοι	1	δυναμενοι	1
δεξαμενοι	1	ενδυσαμενοι	1	ηγαπημενοι	1
δεομενοι	1	εργαζομενοι	1	μεθυσκομενοι	1
περιλειπομενοι	2	ομειρομενοι	1	μαρτυρομενοι	1
παραμυθουμενοι	1	ποιουμενοι	1	μονοι	1

λοιποι	2	νεκροι	1	αγαπητοι	1
θεοδιδακτοι	1	αυτοι	6	αδελφοι	14
επι	4	περι	8	πατρι	1
γαστρι	1	τι	1	πραγματι	1
φιληματι	1	κελευσματι	1	πνευματι	1
μηκετι	2	νυκτι	1	αντι	1
παντι	2	δοκιμαζοντι	1	ζωντι	1
οτι	13	διοτι	3	αρτι	1
ουχι	1	εκ	4	ουκ	6
αλλ	2	εαν	2	περικεφαλαιαν	1
βασιλειαν	1	μνειαν	2	χρειαν	4
οποιαν	1	παρουσιαν	1	ευχαριστιαν	1
δοξαν	2	αγαπαν	1	οταν	1
εν	52	εμπροσθεν	4	εξεληλυθεν	1
μεν	1	εδωκαμεν	1	παρηγγειλαμεν	1
εκηρυξαμεν	1	προειπαμεν	1	εσπουδασαμεν	1
ευδοκησαμεν	1	ηθελησαμεν	1	επεμψαμεν	1
ημεν	1	παρεκληθημεν	1	εγενηθημεν	4
λεγομεν	1	προελεγομεν	1	θελομεν	1
μελλομεν	1	χαιρομεν	1	πιστευομεν	1
εσχομεν	1	εσμεν	1	ευδοκουμεν	1
παρακαλουμεν	3	λαλουμεν	1	ευχαριστουμεν	2
καθευδωμεν	2	ζωμεν	1	γρηγορωμεν	2
φθασωμεν	1	ζησωμεν	1	ερωτωμεν	2
νηφωμεν	2	απεθανεν	1	γεγονεν	1
ηγειρεν	1	εφθασεν	1	επειρασεν	1
εκαλεσεν	1	ενεκοψεν	1	εκλογην	1
οργην	1	αγαθην	1	επιστολην	1
αγαπην	1	την	10	ωδιν	1
ιδειν	3	ησυχαζειν	1	ελθειν	1
αρεσκειν	1	λαλειν	1	αναμενειν	1
υπερβαινειν	1	αγνοειν	1	πρασσειν	1
περιπατειν	2	πλεονεκτειν	1	δουλευειν	1
περισσευειν	1	γραφειν	1	εχειν	1
ημιν	2	υμιν	14	πασιν	3
εθνεσιν	1	θλιψεσιν	1	περιποιησιν	1
απαντησιν	1	χερσιν	1	καθευδουσιν	1
απαγγελλουσιν	1	πιστευουσιν	3	μεθυουσιν	1
λεγωσιν	1	εκφυγωσιν	1	σωθωσιν	1
εστιν	2	πιστιν	2	ον	1
λογον	4	εργον	1	συνεργον	1
οδον	1	εισοδον	2	θεον	4
τιμοθεον	1	αγαθον	1	μοχθον	1
αγιον	1	ευαγγελιον	5	κυριον	2
υιον	1	κακον	1	καλον	1
μαλλον	2	κενον	1	ρυομενον	1
μονον	3	λοιπον	1	κοπον	1
τυπον	1	ανθρωπον	1	προσωπον	2
ολοκληρον	1	καιρον	1	τον	15
εκαστον	2	πρωτον	1	αδελφον	2
νυν	1	ουν	2	τοιγαρουν	1
ιησουν	2	συν	4	στεγων	1
θεσσαλονικεων	1	πειραζων	1	ιουδαιων	1
αγιων	1	ιδιων	1	εκκλησιων	1
εναντιων	1	καλων	1	αλλων	1
ειδωλων	1	ημων	31	υμων	27
ουρανων	1	ασθενων	1	κοιμωμενων	1
χρονων	1	ανθρωπων	2	καιρων	1
νεκρων	1	ουσων	1	των	13
αθετων	1	συμφυλετων	1	αποκτειναντων	1
εκδιωξαντων	1	παντων	3	αρεσκοντων	1
κωλυοντων	1	αυτων	2	εαυτων	1
τουτων	1	προσευχων	1	απαξ	1
εξ	2	ο	16	διο	2
απο	3	υπο	4	το	27
εθετο	1	εγενετο	1	αυτο	1
τουτο	7	απ	2	επ	1
γαρ	23	παρ	2	καθαπερ	4
ωσπερ	1	υπερ	2	πατηρ	2
καρδιας	2	κολακειας	1	πορνειας	1
προφητειας	1	παραγγελιας	1	επιθυμιας	1

πλεονεξιας	1	σωτηριας	2	ακαθαρσιας	1
αμαρτιας	1	φιλαδελφιας	1	ημας	9
υμας	33	σατανας	1	τινας	1
χαρας	1	ημερας	4	ωρας	1
τας	4	προφητας	1	παντας	5
κοιμηθεντας	2	νουθετουντας	1	κοπιωντας	1
ψυχας	1	μαρτυρες	1	παντες	1
απορφανισθεντες	1	υβρισθεντες	1	οντες	1
παραλαβοντες	1	στεγοντες	1	καθευδοντες	1
προπαθοντες	1	αρεσκοντες	1	μνημονευοντες	1
εχοντες	1	επιτοθουντες	1	παρακαλουντες	1
ζητουντες	1	ζωντες	2	ειδοτες	1
οργης	1	πλανης	1	ερχομενης	1
ειρηνης	1	υπομονης	1	ακοης	1
αγαπης	2	της	12	κλεπτης	2
εαυτης	1	νεφελαις	1	αθηναις	1
ταις	2	ταυταις	1	δις	1
εις	27	ολοτελεις	1	ημεις	7
υμεις	10	λογοις	1	φιλιπποις	1
ανθρωποις	2	τοις	6	αυτοις	2
εαυτοις	1	τουτοις	1	αδελφοις	1
ελπις	1	χαρις	2	παρακλησις	1
τις	2	πιστις	1	ος	2
λογος	1	ελπιδος	1	θεος	7
τιμοθεος	1	αιφνιδιος	1	κυριος	4
εκδικος	1	τελος	1	παυλος	2
αγιασμος	1	σιλουανος	1	στεφανος	1
μηδενος	1	κοπος	1	ολεθρος	1
προς	13	πατρος	2	πνευματος	1
νυκτος	5	παντος	1	ελθοντος	1
αποθανοντος	1	καλουντος	1	πιστος	1
αυτος	3	φωτος	1	σκευος	1
τροφος	1	ειδους	1	αλληλους	5
προισταμενους	1	ιησους	2	τους	9
ατακτους	1	σκοτους	1	αμεμπτους	1
αυτους	2	αδελφους	2	ολιγοψυχους	1
μαρτυς	1	ως	9	ακριβως	1
καυχησεως	1	πιστεως	5	καθως	13
αληθως	1	δικαιως	1	αξιως	1
οσιως	1	ευσχημονως	1	πως	3
περισσοτερως	1	αδιαλειπτως	3	αμεμπτως	2
ουτως	5	ου	11	εργου	1
θεου	16	τιμοθεου	1	αγιου	1
κυριου	13	κακου	1	αρχαγγελου	1
ουρανου	1	ευαγγελισαμενου	1	κοπου	1
πονηρου	1	ιησου	12	υπερκπερισσου	2
του	29	χριστου	6	αυτου	5
εαυτου	3	αφ	4	εφ	1
ουχ	1	καγω	1	εγω	1
λογω	3	αποδω	1	θεω	9
ενορκιζω	1	αγιω	2	ευαγγελιω	1
κυριω	5	πολλω	1	δολω	1
αγιασμω	2	αληθινω	1	εξω	1
τοπω	1	προσωπω	1	μεσω	1
τω	7	χριστω	4	αυτω	2

I THESSALONIANS
PART II

WORD COUNT
FORWARD INDEX

WORD COUNT: FORWARD INDEX.

1	αγαθην	1	αγαθον	1	αγαπαν
2	αγαπη	1	αγαπην	2	αγαπης
1	αγαπητοι	1	αγιασαι	1	αγιασμος
2	αγιασμω	1	αγιον	1	αγιου
2	αγιω	1	αγιων	1	αγιωσυνη
1	αγνοειν	1	αγωνι	14	αδελφοι
1	αδελφοις	2	αδελφον	2	αδελφους
3	αδιαλειπτως	1	αερα	1	αθετει
1	αθετων	1	αθηναις	1	αιφνιδιος
1	ακαθαρσια	1	ακαθαρσιας	1	ακοης
1	ακριβως	1	αληθινω	1	αληθως
2	αλλ	11	αλλα	5	αλληλους
1	αλλων	2	αμα	1	αμαρτιας
1	αμεμπτους	2	αμεμπτως	1	αναγκη
1	αναγνωσθηναι	1	αναμενειν	1	αναπληρωσαι
1	αναστησονται	1	ανεστη	2	ανθρωποις
1	ανθρωπον	2	ανθρωπων	1	ανταποδουναι
1	αντεχεσθε	1	αντι	1	αξει
1	αξιως	2	απ	1	απαγγελλουσιν
1	απαντησιν	1	απαξ	1	απεθανεν
1	απεχεσθαι	1	απεχεσθε	3	απο
1	αποδω	1	αποθανοντος	1	αποκτειναντων
1	απορφανισθεντες	1	αποστολοι	1	αρα
1	αρεσκειν	1	αρεσκοντες	1	αρεσκοντων
1	αρπαγησομεθα	1	αρτι	1	αρχαγγελου
1	ασθενων	1	ασπασασθε	1	ασφαλεια
1	ατακτους	1	αυτα	1	αυτο
6	αυτοι	2	αυτοις	3	αυτος
5	αυτου	2	αυτους	2	αυτω
2	αυτων	4	αφ	2	αχαια
1	βαρει	1	βασιλειαν	23	γαρ
1	γαστρι	1	γεγονεν	1	γενεσθαι
1	γενηται	1	γνωναι	1	γραφειν
1	γραφεσθαι	2	γρηγορωμεν	15	δε
1	δεδοκιμασμεθα	1	δει	1	δεξαμενοι
1	δεομενοι	1	δι	8	δια
1	διδοντα	1	διεμαρτυραμεθα	1	δικαιως
2	διο	3	διοτι	1	δις
1	διωκετε	1	δοκιμαζετε	1	δοκιμαζοντι
1	δολω	1	δοξα	2	δοξαν
1	δουλευειν	1	δυναμεθα	1	δυναμει
1	δυναμενοι	2	εαν	1	εαυτης
1	εαυτοις	3	εαυτου	1	εαυτων
1	εγενετο	1	εγενηθη	4	εγενηθημεν
3	εγενηθητε	1	εγω	1	εδεξασθε
1	εδωκαμεν	1	εθετο	1	εθνεσιν
1	εθνη	1	ει	2	ειδεναι
1	ειδοτα	1	ειδοτες	1	ειδους
1	ειδωλων	1	ειναι	1	ειρηνευετε
2	ειρηνη	1	ειρηνης	2	εισοδον
27	εις	2	ειτε	4	εκ
1	εκαλεσεν	2	εκαστον	1	εκδικος
1	εκδιωξαντων	1	εκηρυξαμεν	1	εκκλησια
1	εκκλησιων	1	εκλογην	1	εκφυγωσιν
1	ελθειν	1	ελθοντος	2	ελπιδα
1	ελπιδος	1	ελπις	4	εμπροσθεν
52	εν	2	ενα	1	εναντιων
1	ενδυσαμενοι	1	ενεκοψεν	1	ενεργειται
1	ενορκιζω	2	εξ	1	εξεληλυθεν
1	εξηχηται	1	εξουθενειτε	1	εξω

1	επ	1	επαθετε	1	επαρρησιασαμεθα
1	επειρασεν	1	επειτα	1	επεμψα
1	επεμψαμεν	1	επεστρεψατε	4	επι
1	επιβαρησαι	1	επιθυμια	1	επιθυμιας
1	επιποθουντες	1	επιστολην	1	εργαζεσθαι
1	εργαζομενοι	1	εργον	1	εργου
1	ερχεται	1	ερχομενης	2	ερωτωμεν
1	εσμεν	1	εσομεθα	1	εσπουδασαμεν
4	εστε	2	εστιν	1	εσχομεν
5	ευαγγελιον	1	ευαγγελισαμενου	1	ευαγγελιω
1	ευδοκησαμεν	1	ευδοκουμεν	1	ευσχημονως
1	ευχαριστειτε	1	ευχαριστιαν	2	ευχαριστουμεν
1	εφ	1	εφθασεν	1	εφισταται
1	εχειν	3	εχετε	1	εχητε
1	εχοντες	1	εχουση	1	ζησωμεν
1	ζητουντες	1	ζωμεν	2	ζωντες
1	ζωντι	14	η	1	ηγαπημενοι
1	ηγειρεν	1	ηγεισθαι	1	ηθελησαμεν
9	ημας	7	ημεις	1	ημεν
2	ημερα	4	ημερας	2	ημιν
31	ημων	1	ηπιοι	1	ησυχαζειν
1	θαλπη	2	θελημα	1	θελομεν
1	θεοδιδακτοι	4	θεον	7	θεος
16	θεου	1	θεσσαλονικεων	9	θεω
1	θλιβεσθαι	2	θλιψει	1	θλιψεσιν
1	θωρακα	3	ιδειν	1	ιδια
1	ιδιων	12	ιησου	2	ιησουν
2	ιησους	7	ινα	1	ιουδαια
1	ιουδαιων	1	καγω	4	καθαπερ
1	καθευδοντες	1	καθευδουσιν	2	καθευδωμεν
13	καθως	99	και	1	καιρον
1	καιρων	1	κακον	1	κακου
1	καλον	1	καλουντος	1	καλων
1	καρδια	2	καρδιας	1	καταβησεται
1	καταλαβη	1	καταλειφθηναι	1	καταρτισαι
1	κατευθυναι	1	κατεχετε	1	καυχησεως
1	κειμεθα	1	κελευσματι	1	κενη
1	κενον	2	κλεπτης	2	κοιμηθεντας
1	κοιμωμενων	1	κολακειας	1	κοπιωντας
1	κοπον	1	κοπος	1	κοπου
1	κτασθαι	2	κυριον	4	κυριος
13	κυριου	5	κυριω	1	κωλυοντων
1	λαλειν	2	λαλησαι	1	λαλουμεν
1	λεγομεν	1	λεγωσιν	1	λογοις
4	λογον	1	λογος	3	λογω
2	λοιποι	1	λοιπον	1	λυπησθε
3	μακεδονια	1	μακροθυμειτε	2	μαλλον
1	μαρτυρες	1	μαρτυρομενοι	1	μαρτυς
1	μεθ	1	μεθυουσιν	1	μεθυσκομενοι
1	μελλομεν	1	μεν	1	μεσω
2	μετα	1	μεταδουναι	15	μη
1	μηδενα	1	μηδενος	2	μηκετι
2	μιμηται	2	μνειαν	1	μνημονευετε
1	μνημονευοντες	1	μονοι	3	μονον
1	μοχθον	1	νεκροι	1	νεκρων
1	νεφελαις	2	νηφωμεν	1	νουθετειτε
1	νουθετουντας	1	νυκτι	5	νυκτος
15	νυν	15	ο	1	οδον
10	οι	9	οιδατε	1	οικοδομειτε
1	οιοι	1	ολεθρος	1	ολη
1	ολιγοψυχους	1	ολοκληρον	1	ολοτελεις
1	ομειρομενοι	1	ον	1	οντες
1	οποιαν	1	ορατε	1	οργη
1	οργην	1	οργης	1	οσιως
2	ος	1	οταν	1	οτε
13	οτι	11	ου	3	ουδε
6	ουκ	2	ουν	1	ουρανου
1	ουρανων	1	ουσων	5	ουτε
5	ουτως	1	ουχ	1	ουχι
1	παθει	1	παντα	5	παντας
1	παντες	2	παντι	1	παντος

6	παντοτε	3	παντων	2	παρ
1	παραγγελιας	2	παρακαλειτε	1	παρακαλεσαι
3	παρακαλουμεν	1	παρακαλουντες	1	παρακλησις
1	παραλαβοντες	1	παραμυθεισθε	1	παραμυθουμενοι
1	παρεκληθημεν	1	παρελαβετε	1	παρηγγειλαμεν
3	παρουσια	1	παρουσιαν	2	παση
3	πασιν	2	πατηρ	1	πατρι
2	πατρος	1	παυλος	1	πειραζων
8	περι	1	περικεφαλαιαν	2	περιλειπομενοι
2	περιπατειν	1	περιπατειτε	1	περιπατητε
1	περιποιησιν	1	περισσευειν	1	περισσευητε
1	περισσευσαι	1	περισσοτερως	1	πιστευθηναι
1	πιστευομεν	3	πιστευουσιν	5	πιστεως
2	πιστιν	1	πιστις	1	πιστος
1	πλανης	1	πλεονασαι	1	πλεονεκτειν
1	πλεονεξιας	1	πληροφορια	3	πνευμα
1	πνευματι	1	πνευματος	2	ποιειτε
1	ποιησει	1	ποιουμενοι	3	πολλη
1	πολλω	1	πονηρου	1	πορνειας
1	ποτε	1	πραγματι	1	πρασσειν
1	προειπαμεν	1	προελεγομεν	1	προισταμενους
1	προπαθοντες	2	προσευχεσθε	1	προσευχων
2	προσωπον	1	προσωπω	13	προς
1	προφασει	1	προφητας	1	προφητειας
1	πρωτον	3	πως	1	ρυομενον
1	σαινεσθαι	1	σαλπιγγι	1	σατανας
1	σβεννυτε	1	σιλουανος	1	σκευος
1	σκοτει	1	σκοτους	1	στεγοντες
1	στεγων	1	στεφανος	1	στηκετε
2	στηριξαι	1	συμφυλετων	4	συν
1	συνεργον	1	σωθωσιν	1	σωμα
2	σωτηριας	6	τα	2	ταις
4	τας	1	ταυταις	2	τεκνα
1	τελος	13	τη	10	την
1	τηρηθειη	12	της	1	τι
1	τιμη	1	τιμοθεον	1	τιμοθεος
1	τιμοθεου	2	τινα	1	τινας
1	τινι	2	τις	27	το
1	τοιγαρουν	5	τοις	15	τον
1	τοπω	1	τοτε	29	του
9	τους	7	τουτο	1	τουτοις
1	τουτων	1	τροφος	1	τυπον
7	τω	13	των	1	υβρισθεντες
2	υιοι	1	υιον	33	υμας
10	υμεις	14	υμιν	27	υμων
2	υπερ	1	υπερβαινειν	2	υπερεκπερισσου
4	υπο	1	υπομονης	1	υστερηματα
1	φθασωμεν	1	φιλαδελφιας	1	φιληματι
1	φιλιπποις	1	φιλοτιμεισθαι	1	φωνη
1	φωτος	1	χαιρετε	1	χαιρομεν
3	χαρα	1	χαρας	2	χαρις
1	χερσιν	4	χρειαν	6	χριστου
4	χριστω	1	χρονων	1	ψυχας
1	ψυχη	1	ωδιν	1	ωρας
1	ωσπερ	3	ωστε	9	ως

I THESSALONIANS
PART III

WORD COUNT
WORDS CLASSIFIED BY
FREQUENCY BEFORE FORWARD INDEXING

WORD COUNT: WORDS CLASSIFIED BY FREQUENCY BEFORE FORWARD INDEXING.

99	και		52	εν		33	υμας
31	ημων		29	του		27	εις
27	το		27	υμων		23	γαρ
16	θεου		16	ο		15	δε
15	μη		15	τον		14	αδελφοι
14	η		14	υμιν		13	καθως
13	κυριου		13	οτι		13	προς
13	τη		13	των		12	ιησου
12	της		11	αλλα		11	ου
10	οι		10	την		10	υμεις
9	ημας		9	θεω		9	οιδατε
9	τους		9	ως		8	δια
8	περι		7	ημεις		7	θεος
7	ινα		7	τουτο		7	τω
6	αυτοι		6	ουκ		6	παντοτε
6	τα		6	τοις		6	χριστου
5	αλληλους		5	αυτου		5	ευαγγελιον
5	κυριω		5	νυκτος		5	ουτε
5	ουτως		5	παντας		5	πιστεως
4	αφ		4	εγενηθημεν		4	εκ
4	εμπροσθεν		4	επι		4	εστε
4	ημερας		4	θεον		4	καθαπερ
4	κυριος		4	λογον		4	συν
4	τας		4	υπο		4	χρειαν
4	χριστω		3	αδιαλειπτως		3	απο
3	αυτος		3	διοτι		3	εαυτου
3	εγενηθητε		3	εχητε		3	ιδειν
3	λογω		3	μακεδονια		3	μονον
3	ουδε		3	παντων		3	παρακαλουμεν
3	παρουσια		3	πασιν		3	πιστευουσιν
3	πνευμα		3	πολλη		3	πως
3	χαρα		3	ωστε		2	αγαπη
2	αγαπης		2	αγιασμω		2	αγιω
2	αδελφον		2	αδελφους		2	αλλ
2	αμα		2	αμεμπτως		2	ανθρωποις
2	ανθρωπων		2	απ		2	αυτοις
2	αυτους		2	αυτω		2	αυτων
2	αχαια		2	γρηγορωμεν		2	δι
2	διο		2	δοξαν		2	εαν
2	ειδεναι		2	ειρηνη		2	εισοδον
2	ειτε		2	εκαστον		2	ελπιδα
2	ενα		2	εξ		2	ερωτωμεν
2	εστιν		2	ευχαριστουμεν		2	ζωντες
2	ημερα		2	ημιν		2	θελημα
2	θλιψει		2	ιησουν		2	ιησους
2	καθευδωμεν		2	καρδιας		2	κλεπτης
2	κοιμηθεντας		2	κυριον		2	λαλησαι
2	λοιποι		2	μαλλον		2	μετα
2	μηκετι		2	μιμηται		2	μνειαν
2	νηφωμεν		2	ος		2	ουν
2	παντι		2	παρ		2	παρακαλειτε
2	παση		2	πατηρ		2	πατρος
2	παυλος		2	περιλειπομενοι		2	περιπατειν
2	πιστιν		2	ποιειτε		2	προσευχεσθε
2	προσωπον		2	στηριξαι		2	σωτηριας
2	ταις		2	τεκνα		2	τινα
2	τις		2	υιοι		2	υπερ
2	υπερεκπερισσου		2	χαρις		1	αγαθην
1	αγαθον		1	αγαπαν		1	αγαπην
1	αγαπητοι		1	αγιασαι		1	αγιασμος

1	αγιον	1	αγιου	1	αγιων
1	αγιωσυνη	1	αγνοειν	1	αγωνι
1	αδελφοις	1	αερα	1	αθετει
1	αθετων	1	αθηναις	1	αιφνιδιος
1	ακαθαρσια	1	ακαθαρσιας	1	ακοης
1	ακριβως	1	αληθινω	1	αληθως
1	αλλων	1	αμαρτιας	1	αμεμπτους
1	αναγκη	1	αναγνωσθηναι	1	αναμενειν
1	αναπληρωσαι	1	αναστησονται	1	ανεστη
1	ανθρωπον	1	ανταποδουναι	1	αντεχεσθε
1	αντι	1	αξει	1	αξιως
1	απαγγελλουσιν	1	απαντησιν	1	απαξ
1	απεθανεν	1	απεχεσθαι	1	απεχεσθε
1	αποδω	1	αποθανοντος	1	αποκτειναντων
1	απορφανισθεντες	1	αποστολοι	1	αρα
1	αρεσκειν	1	αρεσκοντες	1	αρεσκοντων
1	αρπαγησομεθα	1	αρτι	1	αρχαγγελου
1	ασθενων	1	ασπασασθε	1	ασφαλεια
1	ατακτους	1	αυτα	1	αυτο
1	βαρει	1	βασιλειαν	1	γαστρι
1	γεγονεν	1	γενεσθαι	1	γενηται
1	γνωναι	1	γραφειν	1	γραφεσθαι
1	δεδοκιμασμεθα	1	δει	1	δεξαμενοι
1	δεομενοι	1	διδοντα	1	διεμαρτυραμεθα
1	δικαιως	1	δις	1	διωκετε
1	δοκιμαζετε	1	δοκιμαζοντι	1	δολω
1	δοξα	1	δουλευειν	1	δυναμεθα
1	δυναμει	1	δυναμενοι	1	εαυτης
1	εαυτοις	1	εαυτων	1	εγενετο
1	εγενηθη	1	εγω	1	εδεξασθε
1	εδωκαμεν	1	εθετο	1	εθνεσιν
1	εθνη	1	ει	1	ειδοτα
1	ειδοτες	1	ειδους	1	ειδωλων
1	ειναι	1	ειρηνευετε	1	ειρηνης
1	εκαλεσεν	1	εκδικος	1	εκδιωξαντων
1	εκηρυξαμεν	1	εκκλησια	1	εκκλησιων
1	εκλογην	1	εκφυγωσιν	1	ελθειν
1	ελθοντος	1	ελπιδος	1	ελπις
1	εναντιων	1	ενδυσαμενοι	1	ενεκοψεν
1	ενεργειται	1	ενορκιζω	1	εξεληλυθεν
1	εξηχηται	1	εξουθενειτε	1	εξω
1	επ	1	επαθετε	1	επαρρησιασαμεθα
1	επειρασεν	1	επειτα	1	επεμψα
1	επεμψαμεν	1	επεστρεψατε	1	επιβαρησαι
1	επιθυμια	1	επιθυμιας	1	επιποθουντες
1	επιστολην	1	εργαζεσθαι	1	εργαζομενοι
1	εργον	1	εργου	1	ερχεται
1	ερχομενης	1	εσμεν	1	εσομεθα
1	εσπουδασαμεν	1	εσχομεν	1	ευαγγελισαμενου
1	ευαγγελιω	1	ευδοκησαμεν	1	ευδοκουμεν
1	ευσχημονως	1	ευχαριστειτε	1	ευχαριστιαν
1	εφ	1	εφθασεν	1	εφισταται
1	εχειν	1	εχητε	1	εχοντες
1	εχουση	1	ζησωμεν	1	ζητουντες
1	ζωμεν	1	ζωντι	1	ηγαπημενοι
1	ηγειρεν	1	ηγεισθαι	1	ηθελησαμεν
1	ημεν	1	ηπιοι	1	ησυχαζειν
1	θαλπη	1	θελομεν	1	θεοδιδακτοι
1	θεσσαλονικεων	1	θλιβεσθαι	1	θλιψεσιν
1	θωρακα	1	ιδια	1	ιδιων
1	ιουδαια	1	ιουδαιων	1	καγω
1	καθευδοντες	1	καθευδουσιν	1	καιρον
1	καιρων	1	κακον	1	κακου
1	καλον	1	καλουντος	1	καλων
1	καρδια	1	καταβησεται	1	καταλαβη
1	καταλειφθηναι	1	καταρτισαι	1	κατευθυναι
1	κατεχετε	1	καυχησεως	1	κειμεθα
1	κελευσματι	1	κενη	1	κενον
1	κοιμωμενων	1	κολακειας	1	κοπιωντας
1	κοπον	1	κοπος	1	κοπου
1	κτασθαι	1	κωλυοντων	1	λαλειν

1	λαλουμεν	1	λεγομεν	1	λεγωσιν
1	λογοις	1	λογος	1	λοιπον
1	λυπησθε	1	μακροθυμειτε	1	μαρτυρες
1	μαρτυρομενοι	1	μαρτυς	1	μεθ
1	μεθυουσιν	1	μεθυσκομενοι	1	μελλομεν
1	μεν	1	μεσω	1	μεταδουναι
1	μηδενα	1	μηδενος	1	μνημονευετε
1	μνημονευοντες	1	μονοι	1	μοχθον
1	νεκροι	1	νεκρων	1	νεφελαις
1	νουθετειτε	1	νουθετουντας	1	νυκτι
1	νυν	1	οδον	1	οικοδομειτε
1	οιοι	1	ολεθρος	1	ολη
1	ολιγοψυχους	1	ολοκληρον	1	ολοτελεις
1	ομειρομενοι	1	ον	1	οντες
1	οποιαν	1	ορατε	1	οργη
1	οργην	1	οργης	1	οσιως
1	οταν	1	οτε	1	ουρανου
1	ουρανων	1	ουσων	1	ουχ
1	ουχι	1	παθει	1	παντα
1	παντες	1	παντος	1	παραγγελιας
1	παρακαλεσαι	1	παρακαλουντες	1	παρακλησις
1	παραλαβοντες	1	παραμυθεισθε	1	παραμυθουμενοι
1	παρεκληθημεν	1	παρελαβετε	1	παρηγγειλαμεν
1	παρουσιαν	1	πατρι	1	πειραζων
1	περικεφαλαιαν	1	περιπατειτε	1	περιπατητε
1	περιποιησιν	1	περισσευειν	1	περισσευητε
1	περισσευσαι	1	περισσοτερως	1	πιστευθηναι
1	πιστευομεν	1	πιστις	1	πιστος
1	πλανης	1	πλεονασαι	1	πλεονεκτειν
1	πλεονεξιας	1	πληροφορια	1	πνευματι
1	πνευματος	1	ποιησει	1	ποιουμενοι
1	πολλω	1	πονηρου	1	πορνειας
1	ποτε	1	πραγματι	1	πρασσειν
1	προειπαμεν	1	προελεγομεν	1	προισταμενους
1	προπαθοντες	1	προσευχων	1	προσωπω
1	προφασει	1	προφητας	1	προφητειας
1	πρωτον	1	ρυομενον	1	σαινεσθαι
1	σαλπιγγι	1	σατανας	1	σβεννυτε
1	σιλουανος	1	σκευος	1	σκοτει
1	σκοτους	1	στεγοντες	1	στεγων
1	στεφανος	1	στηκετε	1	συμφυλετων
1	συνεργον	1	σωθωσιν	1	σωμα
1	ταυταις	1	τελος	1	τηρηθειη
1	τι	1	τιμη	1	τιμοθεον
1	τιμοθεος	1	τιμοθεου	1	τινας
1	τινι	1	τοιγαρουν	1	τοπω
1	τοτε	1	τουτοις	1	τουτων
1	τροφος	1	τυπον	1	υβρισθεντες
1	υιον	1	υπερβαινειν	1	υπομονης
1	υστερηματα	1	φθασωμεν	1	φιλαδελφιας
1	φιληματι	1	φιλιπποις	1	φιλοτιμεισθαι
1	φωνη	1	φωτος	1	χαιρετε
1	χαιρομεν	1	χαρας	1	χερσιν
1	χρονων	1	ψυχας	1	ψυχη
1	ωδιν	1	ωρας	1	ωσπερ

I THESSALONIANS
PART IV
FREQUENCY PROFILE

FREQUENCY PROFILE.

WORD FREQ	NUMBER SUCH	VOCAB TOTAL	WORD TOTAL	% OF VOCAB	% OF WORDS
1	385	385	385	69.00	26.21
2	78	463	541	82.97	36.83
3	22	485	607	86.92	41.32
4	16	501	671	89.78	45.68
5	9	510	716	91.40	48.74
6	6	516	752	92.47	51.19
7	5	521	787	93.37	53.57
8	2	523	803	93.73	54.66
9	5	528	848	94.62	57.73
10	3	531	878	95.16	59.77
11	2	533	900	95.52	61.27
12	2	535	924	95.88	62.90
13	6	541	1002	96.95	68.21
14	3	544	1044	97.49	71.07
15	3	547	1089	98.03	74.13
16	2	549	1121	98.39	76.31
23	1	550	1144	98.57	77.88
27	3	553	1225	99.10	83.39
29	1	554	1254	99.28	85.36
31	1	555	1285	99.46	87.47
33	1	556	1318	99.64	89.72
52	1	557	1370	99.82	93.26
99	1	558	1469	100.00	100.00

I THESSALONIANS
PART V
FORWARD CONCORDANCE

		1 αγαθην	
3:6	αγαπην υμων. και οτι εχετε μνειαν ημων	αγαθην	παντοτε. επιποθουντες ημας ιδειν καθαπερ

		1 αγαθον	
5:15	αντι κακου τινι αποδω, αλλα παντοτε το	αγαθον	διωκετε εις αλληλους και εις παντας.

		1 αγαπαν	
4:9	γαρ υμεις θεοδιδακτοι εστε εις το	αγαπαν	αλληλους. και γαρ ποιειτε αυτο εις

		2 αγαπη	
5:13	και ηγεισθαι αυτους υπερεκπερισσου εν	αγαπη	δια το εργον αυτων. ειρηνευετε εν
3:12	ο κυριος πλεονασαι και περισσευσαι τη	αγαπη	εις αλληλους και εις παντας, καθαπερ και

		1 αγαπην	
3:6	ημιν την πιστιν και την	αγαπην	υμων. και οτι εχετε μνειαν ημων αγαθην

		2 αγαπης	
5:8	ενδυσαμενοι θωρακα πιστεως και	αγαπης	και περικεφαλαιαν ελπιδα σωτηριας. οτι
1:3	εργου της πιστεως και του κοπου της	αγαπης	και της υπομονης της ελπιδος του κυριου

		1 αγαπητοι	
2:8	θεου αλλα και τας εαυτων ψυχας, διοτι	αγαπητοι	ημιν εγενηθητε. μνημονευετε γαρ.

		1 αγιασαι	
5:23	απεχεσθε. αυτος δε ο θεος της ειρηνης	αγιασαι	υμας ολοτελεις. και ολοκληρον υμων το

		1 αγιασμος	
4:3	τουτο γαρ εστιν θελημα του θεου, ο	αγιασμος	υμων, απεχεσθαι υμας απο της πορνειας.

		2 αγιασμω	
4:4	υμων το εαυτου σκευος κτασθαι εν	αγιασμω	και τιμη, μη εν παθει επιθυμιας
4:7	ημας ο θεος επι ακαθαρσια αλλ εν	αγιασμω.	τοιγαρουν ο αθετων ουκ ανθρωπον

		1 αγιον	
4:8	τον (και) διδοντα το πνευμα αυτου το	αγιον	εις υμας. περι δε της φιλαδελφιας ου

		1 αγιου	
1:6	εν θλιψει πολλη μετα χαρας πνευματος	αγιου.	ωστε γενεσθαι υμας τυπον πασιν τοις

		2 αγιω	
1:5	αλλα και εν δυναμει και εν πνευματι	αγιω	και (εν) πληροφορια πολλη, καθως οιδατε
5:26	τους αδελφους παντας εν φιληματι	αγιω.	ενορκιζω υμας τον κυριον αναγνωσθηναι

		1 αγιων	
3:13	του κυριου ημων ιησου μετα παντων των	αγιων	αυτου. λοιπον ουν, αδελφοι, ερωτωμεν

		1 αγιωσυνη	
3:13	στηριξαι υμων τας καρδιας αμεμπτους εν	αγιωσυνη	εμπροσθεν του θεου και πατρος ημων εν

		1 αγνοειν	
4:13	χρειαν εχητε. ου θελομεν δε υμας	αγνοειν,	αδελφοι, περι των κοιμωμενων, ινα μη

		1 αγωνι	
2:2	υμας το ευαγγελιον του θεου εν πολλω	αγωνι.	η γαρ παρακλησις ημων ουκ εκ πλανης

		14 αδελφοι	
1:4	του θεου και πατρος ημων. ειδοτες,	αδελφοι	ηγαπημενοι υπο (του) θεου. την εκλογην
2:17	επ αυτους η οργη εις τελος. ημεις δε,	αδελφοι,	απορφανισθεντες αφ υμων προς καιρον
5:12	καθως και ποιειτε. ερωτωμεν δε υμας,	αδελφοι,	ειδεναι τους κοπιωντας εν υμιν και
5:1	παντων των αγιων αυτου. λοιπον ουν,	αδελφοι,	ερωτωμεν υμας και παρακαλουμεν εν
4:7	ημεις υμας. δια τουτο παρεκληθημεν,	αδελφοι,	εφ υμιν επι παση τη αναγκη και θλιψει
5:14	εν εαυτοις. παρακαλουμεν δε υμας,	αδελφοι,	νουθετειτε τους ατακτους. παραμυθεισθε
5:1	περι δε των χρονων και των καιρων,	αδελφοι,	ου χρειαν εχετε υμιν γραφεσθαι. αυτοι
5:4	και ου μη εκφυγωσιν. υμεις δε,	αδελφοι,	ουκ εστε εν σκοτει, ινα η ημερα υμας
4:13	εχητε. ου θελομεν δε υμας αγνοειν,	αδελφοι,	περι των κοιμωμενων, ινα μη λυπησθε
4:10	τη μακεδονια. παρακαλουμεν δε υμας,	αδελφοι,	περισσευειν μαλλον. και φιλοτιμεισθαι
5:25	πιστος ο καλων υμας, ος και ποιησει.	αδελφοι,	προσευχεσθε περι ημων. ασπασασθε τους
2:1	της ερχομενης. αυτοι γαρ οιδατε,	αδελφοι,	την εισοδον ημων την προς υμας οτι ου
2:9	ημιν εγενηθητε. μνημονευετε γαρ,	αδελφοι,	τον κοπον ημων και τον μοχθον. νυκτος
2:14	υμεις γαρ μιμηται εγενηθητε,	αδελφοι,	των εκκλησιων του θεου των ουσων εν τη

1 αδελφοις

5:27   αναγνωσθηναι την επιστολην πασιν τοις αδελφοις. η χαρις του κυριου ημων ιησου

2 αδελφον

4:6   και πλεονεκτειν εν τω πραγματι τον αδελφον αυτου. διοτι εκδικος κυριος περι παντων
3:2   μονοι. και επεμψαμεν τιμοθεον, τον αδελφον ημων και συνεργον του θεου εν τω

2 αδελφους

5:26   προσευχεσθε περι ημων. ασπασασθε τους αδελφους παντας εν φιληματι αγιω. ενορκιζω
4:10   και γαρ ποιειτε αυτο εις παντας τους αδελφους (τους) εν ολη τη μακεδονια.

3 αδιαλειπτως

1:2   ποιουμενοι επι των προσευχων ημων. αδιαλειπτως μνημονευοντες υμων του εργου της
5:17   και εις παντας. παντοτε χαιρετε. αδιαλειπτως προσευχεσθε. εν παντι
2:13   τουτο και ημεις ευχαριστουμεν τω θεω αδιαλειπτως. οτι παραλαβοντες λογον ακοης παρ

1 αερα

4:17   νεφελαις εις απαντησιν του κυριου εις αερα και ουτως παντοτε συν κυριω εσομεθα.

1 αθετει

4:8   τοιγαρουν ο αθετων ουκ ανθρωπον αθετει αλλα τον θεον τον (και) διδοντα το

1 αθετων

4:8   ακαθαρσια αλλ εν αγιασμω. τοιγαρουν ο αθετων ουκ ανθρωπον αθετει αλλα τον θεον τον

1 αθηναις

3:1   στεγοντες ευδοκησαμεν καταλειφθηναι εν αθηναις μονοι. και επεμψαμεν τιμοθεον, τον

1 αιφνιδιος

5:3   λεγωσιν. ειρηνη και ασφαλεια. τοτε αιφνιδιος αυτοις εφισταται ολεθρος ωσπερ η ωδι

1 ακαθαρσια

4:7   ου γαρ εκαλεσεν ημας ο θεος επι ακαθαρσια αλλ εν αγιασμω. τοιγαρουν ο αθετω

1 ακαθαρσιας

2:3   παρακλησις ημων ουκ εκ πλανης ουδε εξ ακαθαρσιας ουδε εν δολω. αλλα καθως

1 ακοης

2:13   αδιαλειπτως. οτι παραλαβοντες λογον ακοης παρ ημων του θεου εδεξασθε ου λογον

1 ακριβως

5:2   εχετε υμιν γραφεσθαι. αυτοι γαρ ακριβως οιδατε οτι ημερα κυριου ως κλεπτης εν

1 αληθινω

1:9   των ειδωλων δουλευειν θεω ζωντι και αληθινω. και αναμενειν τον υιον αυτου εκ των

1 αληθως

2:13   ου λογον ανθρωπων αλλα καθως εστιν αληθως λογον θεου. ος και ενεργειται εν υμιν

2 αλλ

4:7   γαρ εκαλεσεν ημας ο θεος επι ακαθαρσια αλλ εν αγιασμω. τοιγαρουν ο αθετων ουκ
1:8   εν τη μακεδονια και (εν τη) αχαια. αλλ εν παντι τοπω η πιστις υμων η προς τον

11 αλλα

5:6   αρα ουν μη καθευδωμεν ως οι λοιποι. αλλα γρηγορωμεν και νηφωμεν. οι γαρ
2:7   εν βαρει ειναι ως χριστου αποστολοι. αλλα εγενηθημεν ηπιοι εν μεσω υμων, ως εαν
5:9   οτι ουκ εθετο ημας ο θεος εις οργην αλλα εις περιποιησιν σωτηριας δια του κυριου
2:4   λαλουμεν. ουχ ως ανθρωποις αρεσκοντες αλλα θεω τω δοκιμαζοντι τας καρδιας ημων. ο
2:4   ουδε εξ ακαθαρσιας ουδε εν δολω. αλλα καθως δεδοκιμασμεθα υπο του θεου
2:13   του θεου εδεξασθε ου λογον ανθρωπων αλλα καθως εστιν αληθως λογον θεου. ος και
1:5   ουκ εγενηθη εις υμας εν λογω μονον αλλα και εν δυναμει και εν πνευματι αγιω και
2:8   υμιν ου μονον το ευαγγελιον του θεου αλλα και τας εαυτων ψυχας. διοτι αγαπητοι ημι
5:15   μη τις κακον αντι κακου τινι αποδω. αλλα παντοτε το αγαθον διωκετε εις αλληλους κ
2:2   την προς υμας οτι ου κενη γεγονεν. αλλα προπαθοντες και υβρισθεντες καθως οιδατε
4:8   τοιγαρουν ο αθετων ουκ ανθρωπον αθετει αλλα τον θεον τον (και) διδοντα το πνευμα αυ

5 αλληλους

4:18   συν κυριω εσομεθα. ωστε παρακαλειτε αλληλους εν τοις λογοις τουτοις. περι δε τω
5:15   αλλα παντοτε το αγαθον διωκετε εις αλληλους και εις παντας. παντοτε χαιρετε.
3:12   πλεονασαι και περισσευσαι τη αγαπη εις αλληλους και εις παντας. καθαπερ και ημεις εις
5:11   αμα συν αυτω ζησωμεν. διο παρακαλειτε αλληλους και οικοδομειτε εις τον ενα. καθως κα
4:9   υμεις θεοδιδακτοι εστε εις το αγαπαν αλληλους. και γαρ ποιειτε αυτο εις παντας το

1 αλλων
2:6   ανθρωπων δοξαν. ουτε αφ υμων ουτε απ αλλων.   δυναμενοι εν βαρει ειναι ως χριστου

2 αμα
4:17   ημεις οι ζωντες οι περιλειπομενοι αμα συν αυτοις αρπαγησομεθα εν νεφελαις εις
5:10   ινα ειτε γρηγορωμεν ειτε καθευδωμεν αμα συν αυτω ζησωμεν.   διο παρακαλειτε αλληλους

1 αμαρτιας
2:16   σωθωσιν. εις το αναπληρωσαι αυτων τας αμαρτιας παντοτε. εφθασεν δε επ αυτους η οργη

1 αμεμπτους
3:13   , εις το στηριξαι υμων τας καρδιας αμεμπτους εν αγιωσυνη εμπροσθεν του θεου και

2 αμεμπτως
5:23   υμων το πνευμα και η ψυχη και το σωμα αμεμπτως εν τη παρουσια του κυριου ημων ιησου
2:10   και ο θεος. ως οσιως και δικαιως και αμεμπτως υμιν τοις πιστευουσιν εγενηθημεν.

1 αναγκη
3:7   αδελφοι. εφ υμιν επι παση τη αναγκη και θλιψει ημων δια της υμων πιστεως.

1 αναγνωσθηναι
5:27   αγιω. ενορκιζω υμας τον κυριον αναγνωσθηναι την επιστολην πασιν τοις αδελφοις.

1 αναμενειν
1:10   δουλευειν θεω ζωντι και αληθινω. και αναμενειν τον υιον αυτου εκ των ουρανων. ον

1 αναπληρωσαι
2:16   εθνεσιν λαλησαι ινα σωθωσιν, εις το αναπληρωσαι αυτων τας αμαρτιας παντοτε. εφθασεν

1 αναστησονται
4:16   απ ουρανου. και οι νεκροι εν χριστω αναστησονται πρωτον.   επειτα ημεις οι ζωντες οι

1 ανεστη
4:14   γαρ πιστευομεν οτι ιησους απεθανεν και ανεστη, ουτως και ο θεος τους κοιμηθεντας δια

2 ανθρωποις
2:4   το ευαγγελιον ουτως λαλουμεν. ουχ ως ανθρωποις αρεσκοντες αλλα θεω τω δοκιμαζοντι
2:15   και θεω μη αρεσκοντων, και πασιν ανθρωποις εναντιων.   κωλυοντων ημας τοις

1 ανθρωπον
4:8   εν αγιασμω.   τοιγαρουν ο αθετων ουκ ανθρωπον αθετει αλλα τον θεον τον (και) διδοντα

2 ανθρωπων
2:13   παρ ημων του θεου εδεξασθε ου λογον ανθρωπων αλλα καθως εστιν αληθως λογον θεου, ος
2:6   θεος μαρτυς.   ουτε ζητουντες εξ ανθρωπων δοξαν. ουτε αφ υμων ουτε απ αλλων,

1 ανταποδουναι
3:9   τινα γαρ ευχαριστιαν δυναμεθα τω θεω ανταποδουναι περι υμων επι παση τη χαρα η

1 αντεχεσθε
5:14   παραμυθεισθε τους ολιγοψυχους. αντεχεσθε των ασθενων. μακροθυμειτε προς

1 αντι
5:15   προς παντας. ορατε μη τις κακον αντι κακου τινι αποδω. αλλα παντοτε το αγαθον

1 αξει
4:14   ο θεος τους κοιμηθεντας δια του ιησου αξει συν αυτω.   τουτο γαρ υμιν λεγομεν εν λογω

1 αξιως
2:12   μαρτυρομενοι εις το περιπατειν υμας αξιως του θεου του καλουντος υμας εις την

2 απ
2:6   εξ ανθρωπων δοξαν. ουτε αφ υμων ουτε απ αλλων.   δυναμενοι εν βαρει ειναι ως χριστου
4:16   και εν σαλπιγγι θεου. καταβησεται απ ουρανου. και οι νεκροι εν χριστω

1 απαγγελλουσιν
1:9   ημας λαλειν τι.   αυτοι γαρ περι ημων απαγγελλουσιν οποιαν εισοδον εσχομεν προς υμας.

1 απαντησιν
4:17   αυτοις αρπαγησομεθα εν νεφελαις εις απαντησιν του κυριου εις αερα. και ουτως

		1	απαξ

2:18   ελθειν προς υμας, εγω μεν παυλος και απαξ και δις, και ενεκοψεν ημας ο σατανας. τις

| | | 1 | απεθανεν |

4:14   ελπιδα. ει γαρ πιστευομεν οτι ιησους απεθανεν και ανεστη, ουτως και ο θεος τους

| | | 1 | απεχεσθαι |

4:3   θελημα του θεου, ο αγιασμος υμων. απεχεσθαι υμας απο της πορνειας. ειδεναι

| | | 1 | απεχεσθε |

5:22   κατεχετε. απο παντος ειδους πονηρου απεχεσθε. αυτος δε ο θεος της ειρηνης αγιασαι

| | | 3 | απο |

5:22   δε δοκιμαζετε. το καλον κατεχετε. απο παντος ειδους πονηρου απεχεσθε. αυτος δε ο
4:3   θεου. ο αγιασμος υμων. απεχεσθαι υμας απο της πορνειας. ειδεναι εκαστον υμων το
1:9   και πως επεστρεψατε προς τον θεον απο των ειδωλων δουλευειν θεω ζωντι και

| | | 1 | αποδω |

5:15   ορατε μη τις κακον αντι κακου τινι αποδω, αλλα παντοτε το αγαθον διωκετε εις

| | | 1 | αποθανοντος |

5:10   του κυριου ημων ιησου χριστου. του αποθανοντος υπερ ημων ινα ειτε γρηγορωμεν ειτε

| | | 1 | αποκτειναντων |

2:15   υπο των ιουδαιων. των και τον κυριον αποκτειναντων ιησουν και τους προφητας. και

| | | 1 | απορφανισθεντες |

2:17   η οργη εις τελος. ημεις δε. αδελφοι. απορφανισθεντες αφ υμων προς καιρον ωρας.

| | | 1 | αποστολοι |

2:7   δυναμενοι εν βαρει ειναι ως χριστου αποστολοι. αλλα εγενηθημεν ηπιοι εν μεσω υμων.

| | | 1 | αρα |

5:6   ουκ εσμεν νυκτος ουδε σκοτους. αρα ουν μη καθευδωμεν ως οι λοιποι. αλλα

| | | 1 | αρεσκειν |

4:1   ημων το πως δει υμας περιπατειν και αρεσκειν θεω. καθως και περιπατειτε. ινα

| | | 1 | αρεσκοντες |

2:4   ουτως λαλουμεν. ουχ ως ανθρωποις αρεσκοντες αλλα θεω τω δοκιμαζοντι τας καρδιας

| | | 1 | αρεσκοντων |

2:15   και ημας εκδιωξαντων. και θεω μη αρεσκοντων. και πασιν ανθρωποις εναντιων.

| | | 1 | αρπαγησομεθα |

4:17   οι περιλειπομενοι αμα συν αυτοις αρπαγησομεθα εν νεφελαις εις απαντησιν του

| | | 1 | αρτι |

3:6   και εις κενον γενηται ο κοπος ημων. αρτι δε ελθοντος τιμοθεου προς ημας αφ υμων κα

| | | 1 | αρχαγγελου |

4:16   αυτος ο κυριος εν κελευσματι. εν φωνη αρχαγγελου και εν σαλπιγγι θεου. καταβησεται απ

| | | 1 | ασθενων |

5:14   τους ολιγοψυχους. αντεχεσθε των ασθενων. μακροθυμειτε προς παντας. ορατε μη

| | | 1 | ασπασασθε |

5:26   αδελφοι. προσευχεσθε περι ημων. ασπασασθε τους αδελφους παντας εν φιληματι

| | | 1 | ασφαλεια |

5:3   ερχεται. οταν λεγωσιν. ειρηνη και ασφαλεια. τοτε αιφνιδιος αυτοις εφισταται

| | | 1 | ατακτους |

5:14   δε υμας, αδελφοι, νουθετειτε τους ατακτους. παραμυθεισθε τους ολιγοψυχους.

| | | 1 | αυτα |

2:14   εν τη ιουδαια εν χριστω ιησου. οτι τα αυτα επαθετε και υμεις υπο των ιδιων συμφυλετων

| | | 1 | αυτο |

4:10   το αγαπαν αλληλους. και γαρ ποιειτε αυτο εις παντας τους αδελφους (τους) εν ολη τη

6 αυτοι

5:2	ου χρειαν εχετε υμιν γραφεσθαι.	αυτοι γαρ ακριβως οιδατε οτι ημερα κυριου ως
3:3	σαινεσθαι εν ταις θλιψεσιν ταυταις.	αυτοι γαρ οιδατε οτι εις τουτο κειμεθα. και
2:1	ημας εκ της οργης της ερχομενης.	αυτοι γαρ οιδατε, αδελφοι, την εισοδον ημων την
1:9	ωστε μη χρειαν εχειν ημας λαλειν τι.	αυτοι γαρ περι ημων απαγγελλουσιν οποιαν
4:9	ου χρειαν εχετε γραφειν υμιν.	αυτοι γαρ υμεις θεοδιδακτοι εστε εις το αγαπαν
2:14	υπο των ιδιων συμφυλετων καθως και	αυτοι υπο των ιουδαιων. των και τον κυριον

2 αυτοις

4:17	οι ζωντες οι περιλειπομενοι αμα συν	αυτοις αρπαγησομεθα εν νεφελαις εις απαντησιν
5:3	ειρηνη και ασφαλεια. τοτε αιφνιδιος	αυτοις εφισταται ολεθρος ωσπερ η ωδιν τη εν

3 αυτος

3:11	τα υστερηματα της πιστεως υμων;	αυτος δε ο θεος και πατηρ ημων και ο κυριος
5:23	απο παντος ειδους πονηρου απεχεσθε.	αυτος δε ο θεος της ειρηνης αγιασαι υμας
4:16	ου μη φθασωμεν τους κοιμηθεντας. οτι	αυτος ο κυριος εν κελευσματι, εν φωνη

5 αυτου

1:10	και αληθινω. και αναμενειν τον υιον	αυτου εκ των ουρανων. ον ηγειρεν εκ (των)
2:19	εμπροσθεν του κυριου ημων ιησου εν τη	αυτου παρουσια; υμεις γαρ εστε η δοξα ημων και
4:8	τον θεον τον (και) διδοντα το πνευμα	αυτου το αγιον εις υμας. περι δε της
3:13	ημων ιησου μετα παντων των αγιων	αυτου. λοιπον ουν, αδελφοι, ερωτωμεν υμας και
4:6	πλεονεκτειν εν τω πραγματι τον αδελφον	αυτου. διοτι εκδικος κυριος περι παντων τουτων,

2 αυτους

2:16	τας αμαρτιας παντοτε. εφθασεν δε επ	αυτους η οργη εις τελος. ημεις δε, αδελφοι,
5:13	και νουθετουντας υμας. και ηγεισθαι	αυτους υπερεκπερισσου εν αγαπη δια το εργον

2 αυτω

5:10	γρηγορωμεν ειτε καθευδωμεν αμα συν	αυτω ζησωμεν. διο παρακαλειτε αλληλους και
4:14	κοιμηθεντας δια του ιησου αξει συν	αυτω. τουτο γαρ υμιν λεγομεν εν λογω κυριου.

2 αυτων

2:16	ινα σωθωσιν. εις το αναπληρωσαι	αυτων τας αμαρτιας παντοτε. εφθασεν δε επ
5:13	υπερεκπερισσου εν αγαπη δια το εργον	αυτων. ειρηνευετε εν εαυτοις. παρακαλουμεν δε

4 αφ

1:8	εν τη μακεδονια και εν τη αχαια.	αφ υμων γαρ εξηχηται ο λογος του κυριου ου
3:6	αρτι δε ελθοντος τιμοθεου προς ημας	αφ υμων και ευαγγελισαμενου ημιν την πιστιν και
2:6	ουτε ζητουντες εξ ανθρωπων δοξαν. ουτε	αφ υμων ουτε απ αλλων. δυναμενοι εν βαρει
2:17	ημεις δε, αδελφοι, απορφανισθεντες	αφ υμων προς καιρον ωρας. προσωπω ου καρδια.

2 αχαια

1:7	πιστευουσιν εν τη μακεδονια και εν τη	αχαια. αφ υμων γαρ εξηχηται ο λογος του κυριου
1:8	ου μονον εν τη μακεδονια και (εν τη)	αχαια. αλλ εν παντι τοπω η πιστις υμων η προς

1 βαρει

2:7	αφ υμων ουτε απ αλλων. δυναμενοι εν	βαρει ειναι ως χριστου αποστολοι. αλλα

1 βασιλειαν

2:12	θεου του καλουντος υμας εις την εαυτου	βασιλειαν και δοξαν. και δια τουτο και ημεις

23 γαρ

5:2	ου χρειαν εχετε υμιν γραφεσθαι, αυτοι	γαρ ακριβως οιδατε οτι ημερα κυριου ως κλεπτης
4:7	υμιν και διεμαρτυραμεθα. ου	γαρ εκαλεσεν ημας ο θεος επι ακαθαρσια αλλ εν
1:8	τη μακεδονια και εν τη αχαια. αφ υμων	γαρ εξηχηται ο λογος του κυριου ου μονον εν τη
2:20	ιησου εν τη αυτου παρουσια; υμεις	γαρ εστε η δοξα ημων και η χαρα. διο μηκετι
4:3	υμιν δια του κυριου ιησου. τουτο	γαρ εστιν θελημα του θεου, ο αγιασμος υμων,
3:9	εαν υμεις στηκετε εν κυριω. τινα	γαρ ευχαριστιαν δυναμεθα τω θεω ανταποδουναι
2:19	δις. και ενεκοψεν ημας ο σατανας. τις	γαρ ημων ελπις η χαρα η στεφανος καυχησεως – η
5:18	εν παντι ευχαριστειτε. τουτο	γαρ θελημα θεου εν χριστω ιησου εις υμας. το
5:7	αλλα γρηγορωμεν και νηφωμεν. οι	γαρ καθευδοντες νυκτος καθευδουσιν. και οι
2:14	εν υμιν τοις πιστευουσιν. υμεις	γαρ μιμηται εγενηθητε, αδελφοι, των εκκλησιων
3:3	εν ταις θλιψεσιν ταυταις. αυτοι	γαρ οιδατε οτι εις τουτο κειμεθα. και γαρ οτε
2:1	εκ της οργης της ερχομενης. αυτοι	γαρ οιδατε, αδελφοι, την εισοδον ημων την προς
3:4	γαρ οιδατε οτι εις τουτο κειμεθα. και	γαρ οτε προς υμας ημεν. προελεγομεν υμιν οτι
	ευαγγελιον του θεου εν πολλω αγωνι. η	γαρ παρακλησις ημων ουκ εκ πλανης ουδε εξ
1:9	μη χρειαν εχειν ημας λαλειν τι. αυτοι	γαρ περι ημων απαγγελλουσιν οποιαν εισοδον
4:14	οι λοιποι οι μη εχοντες ελπιδα. ει	γαρ πιστευομεν οτι ιησους απεθανεν και ανεστη.
4:10	εστε εις το αγαπαν αλληλους. και	γαρ ποιειτε αυτο εις παντας τους αδελφους
2:5	τω δοκιμαζοντι τας καρδιας ημων. ουτε	γαρ ποτε εν λογω κολακειας εγενηθημεν, καθως
4:2	ινα περισσευητε μαλλον. οιδατε	γαρ τινας παραγγελιας εδωκαμεν υμιν δια του

4:9	ου χρειαν εχετε γραφειν υμιν. αυτοι	γαρ υμεις θεοδιδακτοι εστε εις το αγαπαν
5:5	υμας ως κλεπτης καταλαβη. παντες	γαρ υμεις υιοι φωτος εστε και υιοι ημερας. ουκ
4:15	δια του ιησου αξει συν αυτω. τουτο	γαρ υμιν λεγομεν εν λογω κυριου. οτι ημεις οι
2:9	αγαπητοι ημιν εγενηθητε. μνημονευετε	γαρ. αδελφοι. τον κοπον ημων και τον μοχθον.

1 γαστρι

| 5:3 | εφισταται ολεθρος ωσπερ η ωδιν τη εν | γαστρι εχουση. και ου μη εκφυγωσιν. υμεις δε. |

1 γεγονεν

| 2:1 | εισοδον ημων την προς υμας οτι ου κενη | γεγονεν. αλλα προπαθοντες και υβρισθεντες |

1 γενεσθαι

| 1:7 | μετα χαρας πνευματος αγιου. ωστε | γενεσθαι υμας τυπον πασιν τοις πιστευουσιν εν |

1 γενηται

| 3:5 | υμας ο πειραζων και εις κενον | γενηται ο κοπος ημων. αρτι δε ελθοντος |

1 γνωναι

| 3:5 | τουτο καγω μηκετι στεγων επεμψα εις το | γνωναι την πιστιν υμων. μη πως επειρασεν υμας ο |

1 γραφειν

| 4:9 | δε της φιλαδελφιας ου χρειαν εχετε | γραφειν υμιν. αυτοι γαρ υμεις θεοδιδακτοι εστε |

1 γραφεσθαι

| 5:1 | καιρων. αδελφοι. ου χρειαν εχετε υμιν | γραφεσθαι. αυτοι γαρ ακριβως οιδατε οτι ημερα |

2 γρηγορωμεν

| 5:10 | του αποθανοντος υπερ ημων ινα ειτε | γρηγορωμεν ειτε καθευδωμεν αμα συν αυτω |
| 5:6 | ουν μη καθευδωμεν ως οι λοιποι. αλλα | γρηγορωμεν και νηφωμεν. οι γαρ καθευδοντες |

15 δε

5:21	προφητειας μη εξουθενειτε. παντα	δε δοκιμαζετε. το καλον κατεχετε. απο παντος
3:6	εις κενον γενηται ο κοπος ημων. αρτι	δε ελθοντος τιμοθεου προς ημας αφ υμων και
2:16	αυτων τας αμαρτιας παντοτε. εφθασεν	δε επ αυτους η οργη εις τελος. ημεις δε.
5:8	μεθυσκομενοι νυκτος μεθυουσιν. ημεις	δε ημερας οντες νηφωμεν. ενδυσαμενοι θωρακα
3:11	τα υστερηματα της πιστεως υμων; αυτος	δε ο θεος και πατηρ ημων και ο κυριος ημων
5:23	παντος ειδους πονηρου απεχεσθε. αυτος	δε ο θεος της ειρηνης αγιασαι υμας ολοτελεις.
3:12	την οδον ημων προς υμας. υμας	δε ο κυριος πλεονασαι και περισσευσαι τη αγαπη
4:9	πνευμα αυτου το αγιον εις υμας. περι	δε της φιλαδελφιας ου χρειαν εχετε γραφειν
5:1	εν τοις λογοις τουτοις. περι	δε των χρονων και των καιρων. αδελφοι. ου
4:13	και μηδενος χρειαν εχητε. ου θελομεν	δε υμας αγνοειν. αδελφοι. περι των κοιμωμενων.
5:12	τον ενα. καθως και ποιειτε. ερωτωμεν	δε υμας. αδελφοι. ειδεναι τους κοπιωντας εν
5:14	ειρηνευετε εν εαυτοις. παρακαλουμεν	δε υμας. αδελφοι. νουθετειτε τους ατακτους.
4:10	εν ολη τη μακεδονια. παρακαλουμεν	δε υμας. αδελφοι. περισσευειν μαλλον. και
2:17	δε επ αυτους η οργη εις τελος. ημεις	δε. αδελφοι. απορφανισθεντες αφ υμων προς
5:4	εχουση. και ου μη εκφυγωσιν. υμεις	δε. αδελφοι. ουκ εστε εν σκοτει. ινα η ημερα

1 δεδοκιμασμεθα

| 2:4 | ακαθαρσιας ουδε εν δολω. αλλα καθως | δεδοκιμασμεθα υπο του θεου πιστευθηναι το |

1 δει

| 4:1 | ινα καθως παρελαβετε παρ ημων το πως | δει υμας περιπατειν και αρεσκειν θεω. καθως και |

1 δεξαμενοι

| 1:6 | μιμηται ημων εγενηθητε και του κυριου. | δεξαμενοι τον λογον εν θλιψει πολλη μετα χαρας |

1 δεομενοι

| 3:10 | νυκτος και ημερας υπερεκπερισσου | δεομενοι εις το ιδειν υμων το προσωπον και |

2 δι

| 3:9 | περι υμων επι παση τη χαρα η χαιρομεν | δι υμας εμπροσθεν του θεου ημων. νυκτος και |
| 1:5 | καθως οιδατε οιοι εγενηθημεν (εν) υμιν | δι υμας. και υμεις μιμηται ημων εγενηθητε και |

8 δια

3:7	επι παση τη αναγκη και θλιψει ημων	δια της υμων πιστεως. οτι νυν ζωμεν εαν υμεις
5:13	αυτους υπερεκπερισσου εν αγαπη	δια το εργον αυτων. ειρηνευετε εν εαυτοις.
4:14	ουτως και ο θεος τους κοιμηθεντας	δια του ιησου αξει συν αυτω. τουτο γαρ υμιν
5:9	οργην αλλα εις περιποιησιν σωτηριας	δια του κυριου ημων ιησου χριστου. του
4:2	γαρ τινας παραγγελιας εδωκαμεν υμιν	δια του κυριου ιησου. τουτο γαρ εστιν θελημα
3:5	καθως και εγενετο και οιδατε.	δια τουτο καγω μηκετι στεγων επεμψα εις το
2:13	την εαυτου βασιλειαν και δοξαν. και	δια τουτο και ημεις ευχαριστουμεν τω θεω
3:7	ημας ιδειν καθαπερ και ημεις υμας.	δια τουτο παρεκληθημεν. αδελφοι. εφ υμιν επι

		1 διδοντα
4:8	αθετει αλλα τον θεον τον (και)	διδοντα το πνευμα αυτου το αγιον εις υμας.

		1 διεμαρτυραμεθα
4:6	τουτων, καθως και προειπαμεν υμιν και	διεμαρτυραμεθα. ου γαρ εκαλεσεν ημας ο θεος

		1 δικαιως
2:10	μαρτυρες και ο θεος, ως οσιως και	δικαιως και αμεμπτως υμιν τοις πιστευουσιν

		2 διο
3:1	γαρ εστε η δοξα ημων και η χαρα.	διο μηκετι στεγοντες ευδοκησαμεν καταλειφθηναι
5:11	ειτε καθευδωμεν αμα συν αυτω ζησωμεν.	διο παρακαλειτε αλληλους και οικοδομειτε εις

		3 διοτι
2:8	του θεου αλλα και τας εαυτων ψυχας.	διοτι αγαπητοι ημιν εγενηθητε. μνημονευετε
4:6	εν τω πραγματι τον αδελφον αυτου.	διοτι εκδικος κυριος περι παντων τουτων, καθως
2:18	υμων ιδειν εν πολλη επιθυμια.	διοτι ηθελησαμεν ελθειν προς υμας. εγω μεν

		1 δις
2:18	προς υμας, εγω μεν παυλος και απαξ και	δις, και ενεκοψεν ημας ο σατανας. τις γαρ ημων

		1 διωκετε
5:15	τινι αποδω, αλλα παντοτε το αγαθον	διωκετε εις αλληλους και εις παντας. παντοτε

		1 δοκιμαζετε
5:21	προφητειας μη εξουθενειτε. παντα δε	δοκιμαζετε, το καλον κατεχετε, απο παντος

		1 δοκιμαζοντι
2:4	ως ανθρωποις αρεσκοντες αλλα θεω τω	δοκιμαζοντι τας καρδιας ημων. ουτε γαρ ποτε εν

		1 δολω
2:3	εκ πλανης ουδε εξ ακαθαρσιας ουδε εν	δολω. αλλα καθως δεδοκιμασμεθα υπο του θεου

		1 δοξα
2:20	τη αυτου παρουσια; υμεις γαρ εστε η	δοξα ημων και η χαρα. διο μηκετι στεγοντες

		2 δοξαν
2:12	υμας εις την εαυτου βασιλειαν και	δοξαν. και δια τουτο και ημεις ευχαριστουμεν
2:6	μαρτυς. ουτε ζητουντες εξ ανθρωπων	δοξαν, ουτε αφ υμων ουτε απ αλλων. δυναμενοι

		1 δουλευειν
1:9	προς τον θεον απο των ειδωλων	δουλευειν θεω ζωντι και αληθινω, και αναμενειν

		1 δυναμεθα
3:9	εν κυριω. τινα γαρ ευχαριστιαν	δυναμεθα τω θεω ανταποδουναι περι υμων επι παση

		1 δυναμει
1:5	εις υμας εν λογω μονον αλλα και εν	δυναμει και εν πνευματι αγιω και (εν)

		1 δυναμενοι
2:7	δοξαν, ουτε αφ υμων ουτε απ αλλων,	δυναμενοι εν βαρει ειναι ως χριστου αποστολοι.

		2 εαν
2:7	αλλα εγενηθημεν ηπιοι εν μεσω υμων, ως	εαν τροφος θαλπη τα εαυτης τεκνα. ουτως
3:8	δια της υμων πιστεως, οτι νυν ζωμεν	εαν υμεις στηκετε εν κυριω. τινα γαρ

		1 εαυτης
2:7	εν μεσω υμων, ως εαν τροφος θαλπη τα	εαυτης τεκνα. ουτως ομειρομενοι υμων

		1 εαυτοις
5:13	δια το εργον αυτων. ειρηνευετε εν	εαυτοις. παρακαλουμεν δε υμας, αδελφοι.

		3 εαυτου
2:11	ως ενα εκαστον υμων ως πατηρ τεκνα	εαυτου παρακαλουντες υμας και παραμυθουμενοι
2:12	του θεου του καλουντος υμας εις την	εαυτου βασιλειαν και δοξαν. και δια τουτο και
4:4	της πορνειας. ειδεναι εκαστον υμων το	εαυτου σκευος κτασθαι εν αγιασμω και τιμη, μη

		1 εαυτων
2:8	το ευαγγελιον του θεου αλλα και τας	εαυτων ψυχας, διοτι αγαπητοι ημιν εγενηθητε.

		1 εγενετο
3:4	υμιν οτι μελλομεν θλιβεσθαι. καθως και	εγενετο και οιδατε. δια τουτο καγω μηκετι

		1 εγεννηθη
1:5	υμων. οτι το ευαγγελιον ημων ουκ	εγεννηθη εις υμας εν λογω μονον αλλα και εν

		4 εγεννηθημεν
2:7	βαρει ειναι ως χριστου αποστολοι. αλλα	εγεννηθημεν ηπιοι εν μεσω υμων. ως εαν τροφος
1:5	πληροφορια πολλη. καθως οιδατε οιοι	εγεννηθημεν (εν) υμιν δι υμας. και υμεις
2:10	και αμεμπτως υμιν τοις πιστευουσιν	εγεννηθημεν. καθαπερ οιδατε ως ενα εκαστον υμων
2:5	ημων. ουτε γαρ ποτε εν λογω κολακειας	εγεννηθημεν. καθως οιδατε. ουτε εν προφασει

		3 εγεννηθητε
1:6	υμιν δι υμας. και υμεις μιμηται ημων	εγεννηθητε και του κυριου. δεξαμενοι τον λογον
2:8	τας εαυτων ψυχας. διοτι αγαπητοι ημιν	εγεννηθητε. μνημονευετε γαρ. αδελφοι. τον κοπον
2:14	τοις πιστευουσιν. υμεις γαρ μιμηται	εγεννηθητε. αδελφοι. των εκκλησιων του θεου των

		1 εγω
2:18	διοτι ηθελησαμεν ελθειν προς υμας.	εγω μεν παυλος και απαξ και δις. και ενεκοψεν

		1 εδεξασθε
2:13	λογον ακοης παρ ημων του θεου	εδεξασθε ου λογον ανθρωπων αλλα καθως εστιν

		1 εδωκαμεν
4:2	μαλλον. οιδατε γαρ τινας παραγγελιας	εδωκαμεν υμιν δια του κυριου ιησου. τουτο γαρ

		1 εθετο
5:9	ελπιδα σωτηριας. οτι ουκ	εθετο ημας ο θεος εις οργην αλλα εις

		1 εθνεσιν
2:16	εναντιων. κωλυοντων ημας τοις	εθνεσιν λαλησαι ινα σωθωσιν. εις το αναπληρωσαι

		1 εθνη
4:5	μη εν παθει επιθυμιας καθαπερ και τα	εθνη τα μη ειδοτα τον θεον. το μη υπερβαινειν

		1 ει
4:14	και οι λοιποι οι μη εχοντες ελπιδα.	ει γαρ πιστευομεν οτι ιησους απεθανεν και

		2 ειδεναι
4:4	απεχεσθαι υμας απο της πορνειας.	ειδεναι εκαστον υμων το εαυτου σκευος κτασθαι
5:12	ποιειτε. ερωτωμεν δε υμας, αδελφοι.	ειδεναι τους κοπιωντας εν υμιν και

		1 ειδοτα
4:5	επιθυμιας καθαπερ και τα εθνη τα μη	ειδοτα τον θεον. το μη υπερβαινειν και

		1 ειδοτες
1:4	εμπροσθεν του θεου και πατρος ημων.	ειδοτες. αδελφοι ηγαπημενοι υπο (του) θεου. την

		1 ειδους
5:22	το καλον κατεχετε. απο παντος	ειδους πονηρου απεχεσθε. αυτος δε ο θεος της

		1 ειδωλων
1:9	πως επεστρεψατε προς τον θεον απο των	ειδωλων δουλευειν θεω ζωντι και αληθινω. και

		1 ειναι
2:7	ουτε απ αλλων. δυναμενοι εν βαρει	ειναι ως χριστου αποστολοι. αλλα εγεννηθημεν

		1 ειρηνευετε
5:13	εν αγαπη δια το εργον αυτων.	ειρηνευετε εν εαυτοις. παρακαλουμεν δε υμας.

		2 ειρηνη
5:3	εν νυκτι ουτως ερχεται. οταν λεγωσιν.	ειρηνη και ασφαλεια. τοτε αιφνιδιος αυτοις
1:1	και κυριω ιησου χριστω. χαρις υμιν και	ειρηνη. ευχαριστουμεν τω θεω παντοτε περι

		1 ειρηνης
5:23	πονηρου απεχεσθε. αυτος δε ο θεος της	ειρηνης αγιασαι υμας ολοτελεις. και ολοκληρον

		2 εισοδον
1:9	γαρ περι ημων απαγγελλουσιν οποιαν	εισοδον εσχομεν προς υμας. και πως επεστρεψατε
2:1	αυτοι γαρ οιδατε. αδελφοι. την	εισοδον ημων την προς υμας οτι ου κενη γεγονεν.

27 εις

4:17	εν νεφελαις εις απαντησιν του κυριου εις	αερα. και ουτως παντοτε συν κυριω εσομεθα.
5:15	αποδω. αλλα παντοτε το αγαθον διωκετε εις	αλληλους και εις παντας. παντοτε χαιρετε.
3:12	πλεονασαι και περισσευσαι τη αγαπη εις	αλληλους και εις παντας. καθαπερ και ημεις
4:17	συν αυτοις αρπαγησομεθα εν νεφελαις εις	απαντησιν του κυριου εις αερα. και ουτως
3:5	μη πως επειρασεν υμας ο πειραζων και εις	κενον γενηται ο κοπος ημων. αρτι δε
5:9	σωτηριας. οτι ουκ εθετο ημας ο θεος εις	οργην αλλα εις περιποιησιν σωτηριας δια του
4:10	αγαπαν αλληλους. και γαρ ποιειτε αυτο εις	παντας τους αδελφους (τους) εν ολη τη
5:15	το αγαθον διωκετε εις αλληλους και εις	παντας. παντοτε χαιρετε. αδιαλειπτως
3:12	περισσευσαι τη αγαπη εις αλληλους και εις	παντας. καθαπερ και ημεις εις υμας. εις το
5:9	ουκ εθετο ημας ο θεος εις οργην αλλα εις	περιποιησιν σωτηριας δια του κυριου ημων
2:16	παντοτε. εφθασεν δε επ αυτους η οργη εις	τελος. ημεις δε, αδελφοι, απορφανισθεντες
2:12	υμας αξιως του θεου του καλουντος υμας εις	την εαυτου βασιλειαν και δοξαν. και δια
4:15	οτι ημεις οι ζωντες οι περιλειπομενοι εις	την παρουσιαν του κυριου ου μη φθασωμεν
4:9	υμιν. αυτοι γαρ υμεις θεοδιδακτοι εστε εις	το αγαπαν αλληλους. και γαρ ποιειτε αυτο
2:16	ημας τοις εθνεσιν λαλησαι ινα σωθωσιν. εις	το αναπληρωσαι αυτων τας αμαρτιας παντοτε.
3:5	δια τουτο καγω μηκετι στεγων επεμψα εις	το γνωναι την πιστιν υμων. μη πως επειρασεν
3:10	και ημερας υπερεκπερισσου δεομενοι εις	το ιδειν υμων το προσωπον και καταρτισαι τα
2:12	και παραμυθουμενοι και μαρτυρομενοι εις	το περιπατειν υμας αξιως του θεου του
3:2	του θεου εν τω ευαγγελιω του χριστου, εις	το στηριξαι υμας και παρακαλεσαι υπερ της
3:13	παντας. καθαπερ και ημεις εις υμας. εις	το στηριξαι υμων τας καρδιας αμεμπτους εν
5:11	παρακαλειτε αλληλους και οικοδομειτε εις	τον ενα. καθως και ποιειτε. ερωτωμεν δε
3:3	θλιψεσιν ταυταις. αυτοι γαρ οιδατε οτι εις	τουτο κειμεθα. και γαρ οτε προς υμας ημεν.
1:5	οτι το ευαγγελιον ημων ουκ εγενηθη εις	υμας εν λογω μονον αλλα και εν δυναμει και
2:9	το μη επιβαρησαι τινα υμων εκηρυξαμεν εις	υμας το ευαγγελιον του θεου. υμεις
4:8	(και) διδοντα το πνευμα αυτου το αγιον εις	υμας. περι δε της φιλαδελφιας ου χρειαν
5:18	τουτο γαρ θελημα θεου εν χριστω ιησου εις	υμας. το πνευμα μη σβεννυτε. προφητειας
3:12	και εις παντας, καθαπερ και ημεις εις	υμας, εις το στηριξαι υμων τας καρδιας

2 ειτε

5:10	του αποθανοντος υπερ ημων ινα ειτε	γρηγορωμεν ειτε καθευδωμεν αμα συν αυτω
5:10	υπερ ημων ινα ειτε γρηγορωμεν ειτε	καθευδωμεν αμα συν αυτω ζησωμεν. διο

4 εκ

2:3	αγωνι. η γαρ παρακλησις ημων ουκ εκ	πλανης ουδε εξ ακαθαρσιας ουδε εν δολω,
1:10	(των) νεκρων. ιησουν τον ρυομενον ημας εκ	της οργης της ερχομενης. αυτοι γαρ οιδατε.
1:10	αληθινω. και αναμενειν τον υιον αυτου εκ	των ουρανων. ον ηγειρεν εκ (των) νεκρων.
1:10	υιον αυτου εκ των ουρανων. ον ηγειρεν εκ	(των) νεκρων. ιησουν τον ρυομενον ημας εκ

1 εκαλεσεν

4:7	υμιν και διεμαρτυραμεθα. ου γαρ εκαλεσεν	ημας ο θεος επι ακαθαρσια αλλ εν

2 εκαστον

4:4	υμας απο της πορνειας. ειδεναι εκαστον	υμων το εαυτου σκευος κτασθαι εν
2:11	εγενηθημεν, καθαπερ οιδατε ως ενα εκαστον	υμων ως πατηρ τεκνα εαυτου

1 εκδικος

4:6	τω πραγματι τον αδελφον αυτου. διοτι εκδικος	κυριος περι παντων τουτων, καθως και

1 εκδιωξαντων

2:15	ιησουν και τους προφητας. και ημας εκδιωξαντων.	και θεω μη αρεσκοντων. και πασιν

1 εκηρυξαμεν

2:9	προς το μη επιβαρησαι τινα υμων εκηρυξαμεν	εις υμας το ευαγγελιον του θεου.

1 εκκλησια

1:1	παυλος και σιλουανος και τιμοθεος τη εκκλησια	θεσσαλονικεων εν θεω πατρι και κυριω

1 εκκλησιων

2:14	γαρ μιμηται εγενηθητε. αδελφοι, των εκκλησιων	του θεου των ουσων εν τη ιουδαια εν

1 εκλογην

1:4	αδελφοι ηγαπημενοι υπο (του) θεου. την εκλογην	υμων. οτι το ευαγγελιον ημων ουκ

1 εκφυγωσιν

5:3	η ωδιν τη εν γαστρι εχουση. και ου μη εκφυγωσιν.	υμεις δε, αδελφοι, ουκ εστε εν

1 ελθειν

2:18	εν πολλη επιθυμια. διοτι ηθελησαμεν ελθειν	προς υμας. εγω μεν παυλος και απαξ και

1 ελθοντος

3:6 κενον γενηται ο κοπος ημων. αρτι δε ελθοντος τιμοθεου προς ημας αφ υμων και

2 ελπιδα

5:8 πιστεως και αγαπης και περικεφαλαιαν ελπιδα σωτηριας. οτι ουκ εθετο ημας ο θεος εις
4:13 καθως και οι λοιποι οι μη εχοντες ελπιδα. ει γαρ πιστευομεν οτι ιησους απεθανεν

1 ελπιδος

1:3 κοπου της αγαπης και της υπομονης της ελπιδος του κυριου ημων ιησου χριστου εμπροσθεν

1 ελπις

2:19 ενεκοψεν ημας ο σατανας. τις γαρ ημων ελπις η χαρα η στεφανος καυχησεως - η ουχι και

4 εμπροσθεν

3:9 επι παση τη χαρα η χαιρομεν δι υμας εμπροσθεν του θεου ημων. νυκτος και ημερας
3:13 υμων τας καρδιας αμεμπτους εν αγιωσυνη εμπροσθεν του θεου και πατρος ημων εν τη
1:3 ελπιδος του κυριου ημων ιησου χριστου εμπροσθεν του θεου και πατρος ημων. ειδοτες.
2:19 καυχησεως - η ουχι και υμεις - εμπροσθεν του κυριου ημων ιησου εν τη αυτου

52 εν

5:13 και ηγεισθαι αυτους υπερεκπερισσου εν αγαπη δια το εργον αυτων. ειρηνευετε εν
4:4 εκαστον υμων το εαυτου σκευος κτασθαι εν αγιασμω και τιμη. μη εν παθει επιθυμιας
4:7 εκαλεσεν ημας ο θεος επι ακαθαρσια αλλ εν αγιασμω. τοιγαρουν ο αθετων ουκ ανθρωπον
3:13 το στηριξαι υμων τας καρδιας αμεμπτους εν αγιωσυνη εμπροσθεν του θεου και πατρος ημων
3:1 στεγοντες ευδοκησαμεν καταλειφθηναι εν αθηναις μονοι. και επεμψαμεν τιμοθεον. τον
2:7 ουτε αφ υμων ουτε απ αλλων. δυναμενοι εν βαρει ειναι ως χριστου αποστολοι. αλλα
5:3 εφισταται ολεθρος ωσπερ η ωδιν τη εν γαστρι εχουση. και ου μη εκφυγωσιν. υμεις
2:3 ουκ εκ πλανης ουδε εξ ακαθαρσιας ουδε εν δολω. αλλα καθως δεδοκιμασμεθα υπο του θεου
1:5 εις υμας εν λογω μονον αλλα και εν δυναμει και εν πνευματι αγιω και (εν)
5:13 αγαπη δια το εργον αυτων. ειρηνευετε εν εαυτοις. παρακαλουμεν δε υμας. αδελφοι.
1:1 και τιμοθεος τη εκκλησια θεσσαλονικεων εν θεω πατρι και κυριω ιησου χριστω. χαρις υμιν
1:6 και του κυριου. δεξαμενοι τον λογον εν θλιψει πολλη μετα χαρας πνευματος αγιου.
4:16 τους κοιμηθεντας. οτι αυτος ο κυριος εν κελευσματι. εν φωνη αρχαγγελου και εν
4:1 ερωτωμεν υμας και παρακαλουμεν εν κυριω ιησου. ινα καθως παρελαβετε παρ ημων
5:12 εν υμιν και προισταμενους υμων εν κυριω και νουθετουντας υμας. και ηγεισθαι
3:8 οτι νυν ζωμεν εαν υμεις στηκετε εν κυριω. τινα γαρ ευχαριστιαν δυναμεθα τω θεω
2:5 τας καρδιας ημων. ουτε γαρ ποτε εν λογω κολακειας εγενηθημεν. καθως οιδατε.
4:15 αξει συν αυτω. τουτο γαρ υμιν λεγομεν εν λογω κυριου. οτι ημεις οι ζωντες οι
1:5 ευαγγελιον ημων ουκ εγενηθη εις υμας εν λογω μονον αλλα και εν δυναμει και εν
2:7 αποστολοι. αλλα εγενηθημεν ηπιοι εν μεσω υμων. ως εαν τροφος θαλπη τα εαυτης
4:17 αμα συν αυτοις αρπαγησομεθα εν νεφελαις εις απαντησιν του κυριου εις αερα.
5:2 οιδατε οτι ημερα κυριου ως κλεπτης εν νυκτι ουτως ερχεται. οταν λεγωσιν. ειρηνη
4:10 αυτο εις παντας τους αδελφους (τους) εν ολη τη μακεδονια. παρακαλουμεν δε υμας.
4:5 κτασθαι εν αγιασμω και τιμη. μη εν παθει επιθυμιας καθαπερ και τα εθνη τα μη
5:18 χαιρετε. αδιαλειπτως προσευχεσθε. εν παντι ευχαριστειτε. τουτο γαρ θελημα θεου εν
1:8 εν τη μακεδονια και (εν τη) αχαια. αλλ εν παντι τοπω η πιστις υμων η προς τον θεον
1:5 εν λογω μονον αλλα και εν δυναμει και εν πνευματι αγιω και (εν) πληροφορια πολλη.
2:17 εσπουδασαμεν το προσωπον υμων ιδειν εν πολλη επιθυμια. διοτι ηθελησαμεν ελθειν
2:2 προς υμας το ευαγγελιον του θεου εν πολλω αγωνι. η γαρ παρακλησις ημων ουκ εκ
2:5 εγενηθημεν. καθως οιδατε. ουτε εν προφασει πλεονεξιας. θεος μαρτυς. ουτε
4:16 εν κελευσματι. εν φωνη αρχαγγελου και εν σαλπιγγι θεου. καταβησεται απ ουρανου. και
5:4 υμεις δε. αδελφοι. ουκ εστε εν σκοτει. ινα η ημερα υμας ως κλεπτης
3:3 της πιστεως υμων το μηδενα σαινεσθαι εν ταις θλιψεσιν ταυταις. αυτοι γαρ οιδατε οτι
2:19 - εμπροσθεν του κυριου ημων ιησου εν τη αυτου παρουσια: υμεις γαρ εστε η δοξα
1:7 τοις πιστευουσιν εν τη μακεδονια και εν τη αχαια. αφ υμων γαρ εξηχηται ο λογος του
2:14 των εκκλησιων του θεου των ουσων εν τη ιουδαια εν χριστω ιησου. οτι τα αυτα
1:7 υμας τυπον πασιν τοις πιστευουσιν εν τη μακεδονια και εν τη αχαια. αφ υμων γαρ
1:8 εξηχηται ο λογος του κυριου ου μονον εν τη μακεδονια και (εν τη) αχαια. αλλ εν παντι
3:13 εμπροσθεν του θεου και πατρος ημων εν τη παρουσια του κυριου ημων ιησου μετα
5:23 πνευμα και η ψυχη και το σωμα αμεμπτως εν τη παρουσια του κυριου ημων ιησου χριστου
4:18 εσομεθα. ωστε παρακαλειτε αλληλους εν τοις λογοις τουτοις. περι δε των χρονων
3:2 τον αδελφον ημων και συνεργον του θεου εν τω ευαγγελιω του χριστου. εις το στηριξαι
2:2 οιδατε εν φιλιπποις επαρρησιασαμεθα εν τω θεω ημων λαλησαι προς υμας το ευαγγελιον
4:6 το μη υπερβαινειν και πλεονεκτειν εν τω πραγματι τον αδελφον αυτου. διοτι εκδικος
5:12 υμας. αδελφοι. ειδεναι τους κοπιωντας εν υμιν και προισταμενους υμων εν κυριω και
2:13 αληθως λογον θεου. ος και ενεργειται εν υμιν τοις πιστευουσιν. υμεις γαρ μιμηται
5:26 ημων. ασπασασθε τους αδελφους παντας εν φιληματι αγιω. ενορκιζω υμας τον κυριον
2:2 και υβρισθεντες καθως οιδατε εν φιλιπποις επαρρησιασαμεθα εν τω θεω ημων
4:16 οτι αυτος ο κυριος εν κελευσματι. εν φωνη αρχαγγελου και εν σαλπιγγι θεου.
4:16 καταβησεται απ ουρανου. και οι νεκροι εν χριστω αναστησονται πρωτον. επειτα ημεις οι
5:18 ευχαριστειτε. τουτο γαρ θελημα θεου εν χριστω ιησου εις υμας. το πνευμα μη
2:14 του θεου των ουσων εν τη ιουδαια εν χριστω ιησου. οτι τα αυτα επαθετε και υμεις

		2 ενα
2:11	εγενηθημεν. καθαπερ οιδατε ως	ενα εκαστον υμων ως πατηρ τεκνα εαυτου
5:11	αλληλους και οικοδομειτε εις τον	ενα. καθως και ποιειτε. ερωτωμεν δε υμας.

		1 εναντιων
2:15	θεω μη αρεσκοντων. και πασιν ανθρωποις	εναντιων. κωλυοντων ημας τοις εθνεσιν λαλησαι

		1 ενδυσαμενοι
5:8	ημεις δε ημερας οντες νηφωμεν,	ενδυσαμενοι θωρακα πιστεως και αγαπης και

		1 ενεκοψεν
2:18	εγω μεν παυλος και απαξ και δις, και	ενεκοψεν ημας ο σατανας. τις γαρ ημων ελπις η

		1 ενεργειται
2:13	καθως εστιν αληθως λογον θεου, ος και	ενεργειται εν υμιν τοις πιστευουσιν. υμεις γαρ

		1 ενορκιζω
5:27	αδελφους παντας εν φιληματι αγιω.	ενορκιζω υμας τον κυριον αναγνωσθηναι την

		2 εξ
2:3	γαρ παρακλησις ημων ουκ εκ πλανης ουδε	εξ ακαθαρσιας ουδε εν δολω, αλλα καθως
2:6	θεος μαρτυς. ουτε ζητουντες	εξ ανθρωπων δοξαν. ουτε αφ υμων ουτε απ αλλων.

		1 εξεληλυθεν
1:8	τοπω η πιστις υμων η προς τον θεον	εξεληλυθεν. ωστε μη χρειαν εχειν ημας λαλειν

		1 εξηχηται
1:8	και εν τη αχαια. αφ υμων γαρ	εξηχηται ο λογος του κυριου ου μονον εν τη

		1 εξουθενειτε
5:20	το πνευμα μη σβεννυτε. προφητειας μη	εξουθενειτε. παντα δε δοκιμαζετε, το καλον

		1 εξω
4:12	ινα περιπατητε ευσχημονως προς τους	εξω και μηδενος χρειαν εχητε. ου θελομεν δε

		1 επ
2:16	αυτων τας αμαρτιας παντοτε. εφθασεν δε	επ αυτους η οργη εις τελος. ημεις δε, αδελφοι.

		1 επαθετε
2:14	ιουδαια εν χριστω ιησου. οτι τα αυτα	επαθετε και υμεις υπο των ιδιων συμφυλετων

		1 επαρρησιασαμεθα
2:2	υβρισθεντες καθως οιδατε εν φιλιπποις	επαρρησιασαμεθα εν τω θεω ημων λαλησαι προς

		1 επειρασεν
3:5	εις το γνωναι την πιστιν υμων, μη πως	επειρασεν υμας ο πειραζων και εις κενον γενηται

		1 επειτα
4:17	νεκροι εν χριστω αναστησονται πρωτον,	επειτα ημεις οι ζωντες οι περιλειπομενοι αμα

		1 επεμψα
3:5	οιδατε. δια τουτο καγω μηκετι στεγων	επεμψα εις το γνωναι την πιστιν υμων, μη πως

		1 επεμψαμεν
3:2	καταλειφθηναι εν αθηναις μονοι, και	επεμψαμεν τιμοθεον. τον αδελφον ημων και

		1 επεστρεψατε
1:9	εισοδον εσχομεν προς υμας, και πως	επεστρεψατε προς τον θεον απο των ειδωλων

		4 επι
4:7	ου γαρ εκαλεσεν ημας ο θεος	επι ακαθαρσια αλλ εν αγιασμω. τοιγαρουν ο
3:7	τουτο παρεκληθημεν. αδελφοι, εφ υμιν	επι παση τη αναγκη και θλιψει ημων δια της υμων
3:9	δυναμεθα τω θεω ανταποδουναι περι υμων	επι παση τη χαρα η χαιρομεν δι υμας εμπροσθεν
1:2	περι παντων υμων, μνειαν ποιουμενοι	επι των προσευχων ημων. αδιαλειπτως

		1 επιβαρησαι
2:9	και ημερας εργαζομενοι προς το μη	επιβαρησαι τινα υμων εκηρυξαμεν εις υμας το

		1 επιθυμια
2:17	το προσωπον υμων ιδειν εν πολλη	επιθυμια. διοτι ηθελησαμεν ελθειν προς υμας.

	1 επιθυμιας
4:5	εν αγιασμω και τιμη, μη εν παθει επιθυμιας καθαπερ και τα εθνη τα μη ειδοτα τον

	1 επιποθουντες
3:6	οτι εχετε μνειαν ημων αγαθην παντοτε, επιποθουντες ημας ιδειν καθαπερ και ημεις υμας.

	1 επιστολην
5:27	υμας τον κυριον αναγνωσθηναι την επιστολην πασιν τοις αδελφοις. η χαρις του

	1 εργαζεσθαι
4:11	ησυχαζειν και πρασσειν τα ιδια και εργαζεσθαι ταις χερσιν υμων, καθως υμιν

	1 εργαζομενοι
2:9	ημων και τον μοχθον. νυκτος και ημερας εργαζομενοι προς το μη επιβαρησαι τινα υμων

	1 εργον
5:13	αυτους υπερεκπερισσου εν αγαπη δια το εργον αυτων. ειρηνευετε εν εαυτοις.

	1 εργου
1:3	αδιαλειπτως μνημονευοντες υμων του εργου της πιστεως και του κοπου της αγαπης και

	1 ερχεται
5:2	ημερα κυριου ως κλεπτης εν νυκτι ουτως ερχεται. οταν λεγωσιν, ειρηνη και ασφαλεια,

	1 ερχομενης
1:10	τον ρυομενον ημας εκ της οργης της ερχομενης. αυτοι γαρ οιδατε, αδελφοι, την

	2 ερωτωμεν
5:12	εις τον ενα, καθως και ποιειτε. ερωτωμεν δε υμας, αδελφοι, ειδεναι τους
4:1	αγιων αυτου. λοιπον ουν, αδελφοι, ερωτωμεν υμας και παρακαλουμεν εν κυριω ιησου,

	1 εσμεν
5:5	υιοι φωτος εστε και υιοι ημερας. ουκ εσμεν νυκτος ουδε σκοτους. αρα ουν μη

	1 εσομεθα
4:17	εις αερα. και ουτως παντοτε συν κυριω εσομεθα. ωστε παρακαλειτε αλληλους εν τοις

	1 εσπουδασαμεν
2:17	ωρας, προσωπω ου καρδια, περισσοτερως εσπουδασαμεν το προσωπον υμων ιδειν εν πολλη

	4 εστε
4:9	υμιν. αυτοι γαρ υμεις θεοδιδακτοι εστε εις το αγαπαν αλληλους. και γαρ ποιειτε
5:4	μη εκφυγωσιν. υμεις δε, αδελφοι, ουκ εστε εν σκοτει, ινα η ημερα υμας ως κλεπτης
2:20	ιησου εν τη αυτου παρουσια; υμεις γαρ εστε η δοξα ημων και η χαρα. διο μηκετι
5:5	καταλαβη. παντες γαρ υμεις υιοι φωτος εστε και υιοι ημερας. ουκ εσμεν νυκτος ουδε

	2 εστιν
2:13	εδεξασθε ου λογον ανθρωπων αλλα καθως εστιν αληθως λογον θεου, ος και ενεργειται εν
4:3	υμιν δια του κυριου ιησου. τουτο γαρ εστιν θελημα του θεου, ο αγιασμος υμων,

	1 εσχομεν
1:9	περι ημων απαγγελλουσιν οποιαν εισοδον εσχομεν προς υμας, και πως επεστρεψατε προς τον

	5 ευαγγελιον
1:5	(του) θεου, την εκλογην υμων, οτι το ευαγγελιον ημων ουκ εγενηθη εις υμας εν λογω
2:4	υπο του θεου πιστευθηναι το ευαγγελιον ουτως λαλουμεν, ουχ ως ανθρωποις
2:8	ευδοκουμεν μεταδουναι υμιν ου μονον το ευαγγελιον του θεου αλλα και τας εαυτων ψυχας.
2:2	εν τω θεω ημων λαλησαι προς υμας το ευαγγελιον του θεου εν πολλω αγωνι. η γαρ
2:9	τινα υμων εκηρυξαμεν εις υμας το ευαγγελιον του θεου. υμεις μαρτυρες και ο

	1 ευαγγελισαμενου
3:6	τιμοθεου προς ημας αφ υμων και ευαγγελισαμενου ημιν την πιστιν και την αγαπην

	1 ευαγγελιω
3:2	ημων και συνεργον του θεου εν τω ευαγγελιω του χριστου, εις το στηριξαι υμας και

	1 ευδοκησαμεν
3:1	και η χαρα. διο μηκετι στεγοντες ευδοκησαμεν καταλειφθηναι εν αθηναις μονοι,

	1 ευδοκουμεν
2:8	εαυτης τεκνα. ουτως ομειρομενοι υμων ευδοκουμεν μεταδουναι υμιν ου μονον το

```
                                         1  ευσχημονως
4:12        υμιν παρηγγειλαμεν.   ινα περιπατητε ευσχημονως προς τους εξω και μηδενος χρειαν

                                         1  ευχαριστειτε
5:18       αδιαλειπτως προσευχεσθε.   εν παντι ευχαριστειτε. τουτο γαρ θελημα θεου εν χριστω

                                         1  ευχαριστιαν
3:9    εαν υμεις στηκετε εν κυριω.   τινα γαρ ευχαριστιαν δυναμεθα τω θεω ανταποδουναι περι

                                         2  ευχαριστουμεν
2:13       και δοξαν.  και δια τουτο και ημεις ευχαριστουμεν τω θεω αδιαλειπτως. οτι
1:2        ιησου χριστω. χαρις υμιν και ειρηνη.  ευχαριστουμεν τω θεω παντοτε περι παντων υμων.

                                         1  εφ
3:7          δια τουτο παρεκληθημεν. αδελφοι.  εφ υμιν επι παση τη αναγκη και θλιψει ημων δια

                                         1  εφθασεν
2:16          αυτων τας αμαρτιας παντοτε.  εφθασεν δε επ αυτους η οργη εις τελος.   ημεις

                                         1  εφισταται
5:3         και ασφαλεια. τοτε αιφνιδιος αυτοις εφισταται ολεθρος ωσπερ η ωδιν τη εν γαστρι

                                         1  εχειν
1:8        τον θεον εξεληλυθεν. ωστε μη χρειαν εχειν ημας λαλειν τι.   αυτοι γαρ περι ημων

                                         3  εχετε
4:9         περι δε της φιλαδελφιας ου χρειαν εχετε γραφειν υμιν. αυτοι γαρ υμεις θεοδιδακτοι
3:6     πιστιν και την αγαπην υμων. και οτι εχετε μνειαν ημων αγαθην παντοτε. επιποθουντες
5:1        και των καιρων. αδελφοι. ου χρειαν εχετε υμιν γραφεσθαι.   αυτοι γαρ ακριβως οιδατε

                                         1  εχητε
4:12        προς τους εξω και μηδενος χρειαν εχητε.   ου θελομεν δε υμας αγνοειν. αδελφοι.

                                         1  εχοντες
4:13     μη λυπησθε καθως και οι λοιτοι οι μη εχοντες ελπιδα.   ει γαρ πιστευομεν οτι ιησους

                                         1  εχουση
5:3       ολεθρος ωσπερ η ωδιν τη εν γαστρι εχουση. και ου μη εκφυγωσιν.   υμεις δε.

                                         1  ζησωμεν
5:10       ειτε καθευδωμεν αμα συν αυτω ζησωμεν.   διο παρακαλειτε αλληλους και

                                         1  ζητουντες
2:6         πλεονεξιας. θεος μαρτυς.   ουτε ζητουντες εξ ανθρωπων δοξαν. ουτε αφ υμων ουτε

                                         1  ζωμεν
3:8       ημων δια της υμων πιστεως.   οτι νυν ζωμεν εαν υμεις στηκετε εν κυριω.   τινα γαρ

                                         2  ζωντες
4:17     αναστησονται πρωτον.   επειτα ημεις οι ζωντες οι περιλειπομενοι αμα συν αυτοις
4:15       λεγομεν εν λογω κυριου. οτι ημεις οι ζωντες οι περιλειπομενοι εις την παρουσιαν του

                                         1  ζωντι
1:9     τον θεον απο των ειδωλων δουλευειν θεω ζωντι και αληθινω.   και αναμενειν τον υιον

                                         1  ηγαπημενοι
1:4          και πατρος ημων.   ειδοτες. αδελφοι ηγαπημενοι υπο (του) θεου. την εκλογην υμων.

                                         1  ηγειρεν
1:10      τον υιον αυτου εκ των ουρανων. ον ηγειρεν εκ (των) νεκρων. ιησουν τον ρυομενον

                                         1  ηγεισθαι
5:13     εν κυριω και νουθετουντας υμας.   και ηγεισθαι αυτους υπερεκπερισσου εν αγαπη δια το

                                         1  ηθελησαμεν
2:18     υμων ιδειν εν πολλη επιθυμια.   διοτι ηθελησαμεν ελθειν προς υμας. εγω μεν παυλος και

                                         9  ημας
3:6      ημων.   αρτι δε ελθοντος τιμοθεου προς ημας αφ υμων και ευαγγελισαμενου ημιν την
1:10      εκ (των) νεκρων. ιησουν τον ρυομενον ημας εκ της οργης της ερχομενης.   αυτοι γαρ
2:15        ιησουν και τους προφητας. και ημας εκδιωξαντων. και θεω μη αρεσκοντων. και
3:6      ημων αγαθην παντοτε. επιποθουντες ημας ιδειν καθαπερ και ημεις υμας.   δια τουτο
```

1:8	θεον εξεληλυθεν. ωστε μη χρειαν εχειν	ημας λαλειν τι. αυτοι γαρ περι ημων
5:9	ελπιδα σωτηριας. οτι ουκ εθετο	ημας ο θεος εις οργην αλλα εις περιποιησιν
4:7	και διεμαρτυραμεθα. ου γαρ εκαλεσεν	ημας ο θεος επι ακαθαρσια αλλ εν αγιασμω.
2:18	παυλος και απαξ και δις. και ενεκοψεν	ημας ο σατανας. τις γαρ ημων ελπις η χαρα η
2:16	πασιν ανθρωποις εναντιων. κωλυοντων	ημας τοις εθνεσιν λαλησαι ινα σωθωσιν. εις το

7 ημεις

5:8	και οι μεθυσκομενοι νυκτος μεθυουσιν.	ημεις δε ημερας οντες νηφωμεν. ενδυσαμενοι
2:17	δε επ αυτους η οργη εις τελος.	ημεις δε. αδελφοι. απορφανισθεντες αφ υμων προς
3:12	αλληλους και εις παντας. καθαπερ και	ημεις εις υμας. εις το στηριξαι υμων τας
2:13	και δοξαν. και δια τουτο και	ημεις ευχαριστουμεν τω θεω αδιαλειπτως. οτι
4:17	εν χριστω αναστησονται πρωτον. επειτα	ημεις οι ζωντες οι περιλειπομενοι αμα συν
4:15	γαρ υμιν λεγομεν εν λογω κυριου. οτι	ημεις οι ζωντες οι περιλειπομενοι εις την
3:6	επιποθουντες ημας ιδειν καθαπερ και	ημεις υμας. δια τουτο παρεκληθημεν. αδελφοι.

1 ημεν

3:4	τουτο κειμεθα. και γαρ οτε προς υμας	ημεν. προελεγομεν υμιν οτι μελλομεν θλιβεσθαι.

2 ημερα

5:2	αυτοι γαρ ακριβως οιδατε οτι	ημερα κυριου ως κλεπτης εν νυκτι ουτως ερχεται.
5:4	δε. αδελφοι. ουκ εστε εν σκοτει. ινα η	ημερα υμας ως κλεπτης καταλαβη. παντες γαρ

4 ημερας

2:9	κοπον ημων και τον μοχθον. νυκτος και	ημερας εργαζομενοι προς το μη επιβαρησαι τινα
5:8	νυκτος μεθυουσιν. ημεις δε	ημερας οντες νηφωμεν. ενδυσαμενοι θωρακα
3:10	εμπροσθεν του θεου ημων. νυκτος και	ημερας υπερεκπερισσου δεομενοι εις το ιδειν
5:5	γαρ υμεις υιοι φωτος εστε και υιοι	ημερας. ουκ εσμεν νυκτος ουδε σκοτους. αρα ουν

2 ημιν

2:8	και τας εαυτων ψυχας, διοτι αγαπητοι	ημιν εγενηθητε. μνημονευετε γαρ, αδελφοι, τον
3:6	προς ημας αφ υμων και ευαγγελισαμενου	ημιν την πιστιν και την αγαπην υμων. και οτι

31 ημων

3:6	την αγαπην υμων. και οτι εχετε μνειαν	ημων αγαθην παντοτε. επιποθουντες ημας ιδειν
1:9	εχειν ημας λαλειν τι. αυτοι γαρ περι	ημων απαγγελλουσιν οποιαν εισοδον εσχομεν προς
3:7	εφ υμιν επι παση τη αναγκη και θλιψει	ημων δια της υμων πιστεως. οτι νυν ζωμεν εαν
1:6	(εν) υμιν δε υμας. και υμεις μιμηται	ημων εγενηθητε και του κυριου. δεξαμενοι τον
2:19	και ενεκοψεν ημας ο σατανας. τις γαρ	ημων ελπις η χαρα η στεφανος καυχησεως - η ουχι
3:13	αγιωσυνη εμπροσθεν του θεου και πατρος	ημων εν τη παρουσια του κυριου ημων ιησου μετα
2:19	ουχι και υμεις - εμπροσθεν του κυριου	ημων ιησου εν τη αυτου παρουσια. υμεις γαρ
3:13	πατρος ημων εν τη παρουσια του κυριου	ημων ιησου μετα παντων των αγιων αυτου.
1:3	της υπομονης της ελπιδος του κυριου	ημων ιησου χριστου εμπροσθεν του θεου και
5:28	τοις αδελφοις. η χαρις του κυριου	ημων ιησου χριστου μεθ υμων.
5:23	αμεμπτως εν τη παρουσια του κυριου	ημων ιησου χριστου τηρηθειη. πιστος ο καλων
5:9	περιποιησιν σωτηριας δια του κυριου	ημων ιησου χριστου. του αποθανοντος υπερ ημων
3:11	δε ο θεος και πατηρ ημων και ο κυριος	ημων ιησους κατευθυναι την οδον ημων προς υμας.
5:10	ιησου χριστου. του αποθανοντος υπερ	ημων ινα ειτε γρηγορωμεν ειτε καθευδωμεν αμα
2:20	αυτου παρουσια; υμεις γαρ εστε η δοξα	ημων και η χαρα. διο μηκετι στεγοντες
3:11	υμων; αυτος δε ο θεος και πατηρ	ημων και ο κυριος ημων ιησους κατευθυναι την
3:2	και επεμψαμεν τιμοθεον. τον αδελφον	ημων και συνεργον του θεου εν τω ευαγγελιω του
2:9	μνημονευετε γαρ, αδελφοι, τον κοπον	ημων και τον μοχθον. νυκτος και ημερας
2:2	εν φιλιπποις επαρρησιασαμεθα εν τω θεω	ημων λαλησαι προς υμας το ευαγγελιον του θεου
1:5	την εκλογην υμων. οτι το ευαγγελιον	ημων ουκ εγενηθη εις υμας εν λογω μονον αλλα
2:3	θεου εν πολλω αγωνι. η γαρ παρακλησις	ημων ουκ εκ πλανης ουδε εξ ακαθαρσιας ουδε εν
3:11	κυριος ημων ιησους κατευθυναι την οδον	ημων προς υμας. υμας δε ο κυριος πλεονασαι και
2:1	αυτοι γαρ οιδατε. αδελφοι. την εισοδον	ημων την προς υμας οτι ου κενη γεγονεν. αλλα
4:1	κυριω ιησου. ινα καθως παρελαβετε παρ	ημων το πως δει υμας περιπατειν και αρεσκειν
2:13	οτι παραλαβοντες λογον ακοης παρ	ημων του θεου εδεξασθε ου λογον ανθρωπων αλλα
3:5	πειραζων και εις κενον γενηται ο κοπος	ημων. αρτι δε ελθοντος τιμοθεου προς ημας αφ
5:25	ποιησει. αδελφοι. προσευχεσθε περι	ημων. ασπασασθε τους αδελφους παντας εν
2:4	αλλα θεω τω δοκιμαζοντι τας καρδιας	ημων. ουτε γαρ ποτε εν λογω κολακειας
1:3	χριστου εμπροσθεν του θεου και πατρος	ημων. ειδοτες. αδελφοι ηγαπημενοι υπο (του)
3:9	η χαιρομεν δι υμας εμπροσθεν του θεου	ημων. νυκτος και ημερας υπερεκπερισσου
1:2	μνειαν ποιουμενοι επι των προσευχων	ημων. αδιαλειπτως μνημονευοντες υμων του εργου

1 ηπιοι

2:7	ως χριστου αποστολοι. αλλα εγενηθημεν	ηπιοι εν μεσω υμων. ως εαν τροφος θαλπη τα

1 ησυχαζειν

4:11	περισσευειν μαλλον. και φιλοτιμεισθαι	ησυχαζειν και πρασσειν τα ιδια και εργαζεσθαι

1 θαλπη

2:7   ηπιοι εν μεσω υμων. ως εαν τροφος **θαλπη** τα εαυτης τεκνα. ουτως ομειρομενοι υμων

2 θελημα

5:18   εν παντι ευχαριστειτε. τουτο γαρ **θελημα** θεου εν χριστω ιησου εις υμας. το
4:3   δια του κυριου ιησου. τουτο γαρ εστιν **θελημα** του θεου. ο αγιασμος υμων. απεχεσθαι

1 θελομεν

4:13   τους εξω και μηδενος χρειαν εχητε. ου **θελομεν** δε υμας αγνοειν. αδελφοι. περι των

1 θεοδιδακτοι

4:9   εχετε γραφειν υμιν. αυτοι γαρ υμεις **θεοδιδακτοι** εστε εις το αγαπαν αλληλους. και

4 θεον

1:9   υμας. και πως επεστρεψατε προς τον **θεον** απο των ειδωλων δουλευειν θεω ζωντι και
1:8   εν παντι τοπω η πιστις υμων η προς τον **θεον** εξεληλυθεν. ωστε μη χρειαν εχειν ημας
4:8   ο αθετων ουκ ανθρωπον αθετει αλλα τον **θεον** τον (και) διδοντα το πνευμα αυτου το αγιον
4:5   καθαπερ και τα εθνη τα μη ειδοτα τον **θεον**. το μη υπερβαινειν και πλεονεκτειν εν τω

7 θεος

5:9 ελπιδα σωτηριας. οτι ουκ εθετο ημας ο **θεος** εις οργην αλλα εις περιποιησιν σωτηριας
4:7   ου γαρ εκαλεσεν ημας ο **θεος** επι ακαθαρσια αλλ εν αγιασμω. τοιγαρουν ο
3:11   της πιστεως υμων; αυτος δε ο **θεος** και πατηρ ημων και ο κυριος ημων ιησους
2:5   οιδατε. ουτε εν προφασει πλεονεξιας. **θεος** μαρτυς. ουτε ζητουντες εξ ανθρωπων δοξαν.
5:23   ειδους πονηρου απεχεσθε. αυτος δε ο **θεος** της ειρηνης αγιασαι υμας ολοτελεις. και
4:14   απεθανεν και ανεστη. ουτως και ο **θεος** τους κοιμηθεντας δια του ιησου αξει συν
2:10   του θεου. υμεις μαρτυρες και ο **θεος**. ως οσιως και δικαιως και αμεμπτως υμιν

16 θεου

2:8   υμιν ου μονον το ευαγγελιον του **θεου** αλλα και τας εαυτων ψυχας. διοτι αγαπητοι
2:13 παραλαβοντες λογον ακοης παρ ημων του **θεου** εδεξασθε ου λογον ανθρωπων αλλα καθως
2:2   λαλησαι προς υμας το ευαγγελιον του **θεου** εν πολλω αγωνι. η γαρ παρακλησις ημων ουκ
3:2   τον αδελφον ημων και συνεργον του **θεου** εν τω ευαγγελιω του χριστου. εις το
5:18   παντι ευχαριστειτε. τουτο γαρ θελημα **θεου** εν χριστω ιησου εις υμας. το πνευμα μη
3:9   χαρα η χαιρομεν δι υμας εμπροσθεν του **θεου** ημων. νυκτος και ημερας υπερεκπερισσου
3:13   αμεμπτους εν αγιωσυνη εμπροσθεν του **θεου** και πατρος ημων εν τη παρουσια του κυριου
1:3   ημων ιησου χριστου εμπροσθεν του **θεου** και πατρος ημων. ειδοτες. αδελφοι
2:4   αλλα καθως δεδοκιμασμεθα υπο του **θεου** πιστευθηναι το ευαγγελιον ουτως λαλουμεν.
2:12   εις το περιπατειν υμας αξιως του **θεου** του καλουντος υμας εις την εαυτου
2:14   εγενηθητε. αδελφοι. των εκκλησιων του **θεου** των ουσων εν τη ιουδαια εν χριστω ιησου.
2:9   εκηρυξαμεν εις υμας το ευαγγελιον του **θεου**. υμεις μαρτυρες και ο θεος. ως οσιως και
4:16   εν φωνη αρχαγγελου και εν σαλπιγγι **θεου**. καταβησεται απ ουρανου. και οι νεκροι εν
4:3   ιησου. τουτο γαρ εστιν θελημα του **θεου**. ο αγιασμος υμων. απεχεσθαι υμας απο της
2:13 ανθρωπων αλλα καθως εστιν αληθως λογον **θεου**. ος και ενεργειται εν υμιν τοις
1:4   ειδοτες. αδελφοι ηγαπημενοι υπο (του) **θεου**. την εκλογην υμων. οτι το ευαγγελιον ημων

1 θεσσαλονικεων

1:1 και σιλουανος και τιμοθεος τη εκκλησια **θεσσαλονικεων** εν θεω πατρι και κυριω ιησου

9 θεω

2:13   δια τουτο και ημεις ευχαριστουμεν τω **θεω** αδιαλειπτως. οτι παραλαβοντες λογον ακοης
3:9   τινα γαρ ευχαριστιαν δυναμεθα τω **θεω** ανταποδουναι περι υμων επι παση τη χαρα η
1:9   τον θεον απο των ειδωλων δουλευειν **θεω** ζωντι και αληθινω. και αναμενειν τον υιον
2:2   εν φιλιπποις επαρρησιασαμεθα εν τω **θεω** ημων λαλησαι προς υμας το ευαγγελιον του
2:15   προφητας. και ημας εκδιωξαντων. και **θεω** μη αρεσκοντων. και πασιν ανθρωποις
1:2   υμιν και ειρηνη. ευχαριστουμεν τω **θεω** παντοτε περι παντων υμων. μνειαν ποιουμενοι
1:1   τιμοθεος τη εκκλησια θεσσαλονικεων εν **θεω** πατρι και κυριω ιησου χριστω. χαρις υμιν
2:4   ουχ ως ανθρωποις αρεσκοντες αλλα **θεω** τω δοκιμαζοντι τας καρδιας ημων. ουτε γαρ
4:1   πως δει υμας περιπατειν και αρεσκειν **θεω**. καθως και περιπατειτε. ινα περισσευητε

1 θλιβεσθαι

3:4   ημεν. προελεγομεν υμιν οτι μελλομεν **θλιβεσθαι**. καθως και εγενετο και οιδατε. δια

2 θλιψει

3:7   εφ υμιν επι παση τη αναγκη και **θλιψει** ημων δια της υμων πιστεως. οτι νυν
1:6   και του κυριου. δεξαμενοι τον λογον εν **θλιψει** πολλη μετα χαρας πνευματος αγιου. ωστε

1 θλιψεσιν

3:3   υμων το μηδενα σαινεσθαι εν ταις **θλιψεσιν** ταυταις. αυτοι γαρ οιδατε οτι εις

1 θωρακα

5:8   δε ημερας οντες νηφωμεν, ενδυσαμενοι θωρακα πιστεως και αγαπης και περικεφαλαιαν

3 ιδειν

2:17   εσπουδασαμεν το προσωπον υμων ιδειν εν πολλη επιθυμια. διοτι ηθελησαμεν

3:6   ημων αγαθην παντοτε, επιποθουντες ημας ιδειν καθαπερ και ημεις υμας. δια τουτο

3:10   ημερας υπερεκπερισσου δεομενοι εις το ιδειν υμων το προσωπον και καταρτισαι τα

1 ιδια

4:11   ησυχαζειν και πρασσειν τα ιδια και εργαζεσθαι ταις χερσιν υμων, καθως

1 ιδιων

2:14   οτι τα αυτα επαθετε και υμεις υπο των ιδιων συμφυλετων καθως και αυτοι υπο των

12 ιησου

4:14   και ο θεος τους κοιμηθεντας δια του ιησου αξει συν αυτω. τουτο γαρ υμιν λεγομεν ε

5:18   τουτο γαρ θελημα θεου εν χριστω ιησου εις υμας. το πνευμα μη σβεννυτε.

2:19   και υμεις - εμπροσθεν του κυριου ημων ιησου εν τη αυτου παρουσια; υμεις γαρ εστε η

3:13   ημων εν τη παρουσια του κυριου ημων ιησου μετα παντων των αγιων αυτου. λοιπον

1:3   υπομονης της ελπιδος του κυριου ημων ιησου χριστου εμπροσθεν του θεου και πατρος

5:28   αδελφοις. η χαρις του κυριου ημων ιησου χριστου μεθ υμων.

5:23   εν τη παρουσια του κυριου ημων ιησου χριστου τηρηθειη. πιστος ο καλων υμας,

5:9   σωτηριας δια του κυριου ημων ιησου χριστου, του αποθανοντος υπερ ημων ινα

1:1   θεσσαλονικεων εν θεω πατρι και κυριω ιησου χριστω. χαρις υμιν και ειρηνη.

4:2   εδωκαμεν υμιν δια του κυριου ιησου. τουτο γαρ εστιν θελημα του θεου, ο

4:1   υμας και παρακαλουμεν εν κυριω ιησου, ινα καθως παρελαβετε παρ ημων το πως δε

2:14   θεου των ουσων εν τη ιουδαια εν χριστω ιησου, οτι τα αυτα επαθετε και υμεις υπο των

2 ιησουν

2:15   των και τον κυριον αποκτειναντων ιησουν και τους προφητας, και ημας εκδιωξαντων,

1:10   ουρανων, ον ηγειρεν εκ (των) νεκρων, ιησουν τον ρυομενον ημας εκ της οργης της

2 ιησους

4:14   εχοντες ελπιδα. ει γαρ πιστευομεν οτι ιησους απεθανεν και ανεστη, ουτως και ο θεος

3:11   θεος και πατηρ ημων και ο κυριος ημων ιησους κατευθυναι την οδον ημων προς υμας.

7 ινα

5:10   χριστου, του αποθανοντος υπερ ημων ινα ειτε γρηγορωμεν ειτε καθευδωμεν αμα συν

5:4   υμεις δε, αδελφοι, ουκ εστε εν σκοτει, ινα η ημερα υμας ως κλεπτης καταλαβη, παντες

4:1   υμας και παρακαλουμεν εν κυριω ιησου, ινα καθως παρελαβετε παρ ημων το πως δει υμας

4:13   αγνοειν, αδελφοι, περι των κοιμωμενων, ινα μη λυπησθε καθως και οι λοιποι οι μη

4:12   υμων, καθως υμιν παρηγγειλαμεν, ινα περιπατητε ευσχημονως προς τους εξω και

4:1   αρεσκειν θεω, καθως και περιπατειτε, ινα περισσευητε μαλλον. οιδατε γαρ τινας

2:16   κωλυοντων ημας τοις εθνεσιν λαλησαι ινα σωθωσιν. εις το αναπληρωσαι αυτων τας

1 ιουδαια

2:14   των εκκλησιων του θεου των ουσων εν τη ιουδαια εν χριστω ιησου, οτι τα αυτα επαθετε

1 ιουδαιων

2:14   συμφυλετων καθως και αυτοι υπο των ιουδαιων. των και τον κυριον αποκτειναντων

1 καγω

3:5   και εγενετο και οιδατε. δια τουτο καγω μηκετι στεγων επεμψα εις το γνωναι την

4 καθαπερ

3:12   τη αγαπη εις αλληλους και εις παντας, καθαπερ και ημεις εις υμας, εις το στηριξαι

3:6   παντοτε, επιποθουντες ημας ιδειν καθαπερ και ημεις υμας, δια τουτο

4:5   και τιμη, μη εν παθει επιθυμιας καθαπερ και τα εθνη τα μη ειδοτα τον θεον, το

2:11   υμιν τοις πιστευουσιν εγενηθημεν, καθαπερ οιδατε ως ενα εκαστον υμων ως πατηρ

1 καθευδοντες

5:7   αλλα γρηγορωμεν και νηφωμεν. οι γαρ καθευδοντες νυκτος καθευδουσιν, και οι

1 καθευδουσιν

5:7   νηφωμεν. οι γαρ καθευδοντες νυκτος καθευδουσιν, και οι μεθυσκομενοι νυκτος

2 καθευδωμεν

5:10   υπερ ημων ινα ειτε γρηγορωμεν ειτε καθευδωμεν αμα συν αυτω ζησωμεν. διο

5:6   εσμεν νυκτος ουδε σκοτους. αρα ουν μη καθευδωμεν ως οι λοιποι, αλλα γρηγορωμεν και

13 καθως

		καθως	δεδοκιμασμεθα υπο του θεου πιστευθηναι το
2:4	ουδε εξ ακαθαρσιας ουδε εν δολω. αλλα	καθως	
2:13	θεου εδεξασθε ου λογον ανθρωπων αλλα	καθως	εστιν αληθως λογον θεου. ος και
2:14	και υμεις υπο των ιδιων συμφυλετων	καθως	και αυτοι υπο των ιουδαιων. των και τον
3:4	υμιν οτι μελλομεν θλιβεσθαι.	καθως	και εγενετο και οιδατε. δια τουτο καγω
4:13	περι των κοιμωμενων. ινα μη λυπησθε	καθως	και οι λοιποι οι μη εχοντες ελπιδα. ει
4:1	δει υμας περιπατειν και αρεσκειν θεω.	καθως	και περιπατειτε. ινα περισσευητε μαλλον.
5:11	αλληλους και οικοδομειτε εις τον ενα.	καθως	και ποιειτε. ερωτωμεν δε υμας. αδελφοι.
4:6	εκδικος κυριος περι παντων τουτων.	καθως	και προειπαμεν υμιν και διεμαρτυραμεθα.
2:2	αλλα προπαθοντες και υβρισθεντες	καθως	οιδατε εν φιλιπποις επαρρησιασαμεθα εν τω
1:5	αγιω και (εν) πληροφορια πολλη.	καθως	οιδατε οιοι εγενηθημεν (εν) υμιν δι υμας.
2:5	γαρ ποτε εν λογω κολακειας εγενηθημεν.	καθως	οιδατε. ουτε εν προφασει πλεονεξιας. θεος
4:1	και παρακαλουμεν εν κυριω ιησου. ινα	καθως	παρελαβετε παρ ημων το πως δει υμας
4:11	ιδια και εργαζεσθαι ταις χερσιν υμων.	καθως	υμιν παρηγγειλαμεν. ινα περιπατητε

99 και

		και	αγαπης και περικεφαλαιαν ελπιδα σωτηριας.
5:8	νηφωμεν. ενδυσαμενοι θωρακα πιστεως	και	
1:9	απο των ειδωλων δουλευειν θεω ζωντι	και	αληθινω. και αναμενειν τον υιον αυτου εκ
2:10	και ο θεος. ως οσιως και δικαιως	και	αμεμπτως υμιν τοις πιστευουσιν εγενηθημεν.
1:10	δουλευειν θεω ζωντι και αληθινω.	και	αναμενειν τον υιον αυτου εκ των ουρανων. ον
4:14	ει γαρ πιστευομεν οτι ιησους απεθανεν	και	ανεστη. ουτως και ο θεος τους κοιμηθεντας
2:18	ελθειν προς υμας. εγω μεν παυλος	και	απαξ και δις. και ενεκοψεν ημας ο σατανας.
4:1	παρ ημων το πως δει υμας περιπατειν	και	αρεσκειν θεω. καθως και περιπατειτε. ινα
5:3	ουτως ερχεται. οταν λεγωσιν. ειρηνη	και	ασφαλεια. τοτε αιφνιδιος αυτοις εφισταται
2:14	υμεις υπο των ιδιων συμφυλετων καθως	και	αυτοι υπο των ιουδαιων. των και τον κυριον
3:4	γαρ οιδατε οτι εις τουτο κειμεθα.	και	γαρ οτε προς υμας ημεν. προελεγομεν υμιν
4:10	εστε εις το αγαπαν αλληλους.	και	γαρ ποιειτε αυτο εις παντας τους αδελφους
2:13	εις την εαυτου βασιλειαν και δοξαν.	και	δια τουτο και ημεις ευχαριστουμεν τω θεω
4:6	τουτων. καθως και προειπαμεν υμιν	και	διεμαρτυραμεθα. ου γαρ εκαλεσεν ημας ο
2:10	υμεις μαρτυρες και ο θεος. ως οσιως	και	δικαιως και αμεμπτως υμιν τοις πιστευουσιν
2:18	προς υμας. εγω μεν παυλος και απαξ	και	δις. και ενεκοψεν ημας ο σατανας. τις γαρ
2:12	υμας εις την εαυτου βασιλειαν	και	δοξαν. και δια τουτο και ημεις
3:4	υμιν οτι μελλομεν θλιβεσθαι. καθως	και	εγενετο και οιδατε. δια τουτο καγω μηκετι
1:1	και κυριω ιησου χριστω. χαρις υμιν	και	ειρηνη. ευχαριστουμεν τω θεω παντοτε περι
3:5	υμων. μη πως επειρασεν υμας ο πειραζων	και	εις κενον γενηται ο κοπος ημων. αρτι δε
5:15	παντοτε το αγαθον διωκετε εις αλληλους	και	εις παντας. παντοτε χαιρετε. αδιαλειπτως
3:12	και περισσευσαι τη αγαπη εις αλληλους	και	εις παντας. καθαπερ και ημεις εις υμας.
1:5	εγενηθη εις υμας εν λογω μονον αλλα	και	εν δυναμει και εν πνευματι αγιω και (εν)
1:5	υμας εν λογω μονον αλλα και εν δυναμει	και	εν πνευματι αγιω και (εν) πληροφορια πολλη.
4:16	εν κελευσματι. εν φωνη αρχαγγελου	και	εν σαλπιγγι θεου. καταβησεται απ ουρανου.
1:7	πασιν τοις πιστευουσιν εν τη μακεδονια	και	εν τη αχαια. αφ υμων γαρ εξηχηται ο λογος
2:18	υμας. εγω μεν παυλος και απαξ και δις.	και	ενεκοψεν ημας ο σατανας. τις γαρ ημων
2:13	αλλα καθως εστιν αληθως λογον θεου. ος	και	ενεργειται εν υμιν τοις πιστευουσιν. υμεις
3:2	καταλειφθηναι εν αθηναις μονοι.	και	επεμψαμεν τιμοθεον. τον αδελφον ημων και
4:11	ησυχαζειν και πρασσειν τα ιδια	και	εργαζεσθαι ταις χερσιν υμων. καθως υμιν
3:6	δε ελθοντος τιμοθεου προς ημας αφ υμων	και	ευαγγελισαμενου ημιν την πιστιν και την
2:20	παρουσια; υμεις γαρ εστε η δοξα ημων	και	η χαρα. διο μηκετι στεγοντες ευδοκησαμεν
5:23	και ολοκληρον υμων το πνευμα	και	η ψυχη και το σωμα αμεμπτως εν τη παρουσια
5:13	υμων εν κυριω και νουθετουντας υμας.	και	ηγεισθαι αυτους υπερεκπερισσου εν αγαπη δια
2:15	ιησουν και τους προφητας.	και	ημας εκδιωξαντων. και θεω μη αρεσκοντων.
3:12	εις αλληλους και εις παντας. καθαπερ	και	ημεις εις υμας. εις το στηριξαι υμων τας
2:13	βασιλειαν και δοξαν. και δια τουτο	και	ημεις ευχαριστουμεν τω θεω αδιαλειπτως. οτι
3:6	επιποθουντες ημας ιδειν καθαπερ	και	ημεις υμας. δια τουτο παρεκληθημεν.
2:9	τον κοπον ημων και τον μοχθον. νυκτος	και	ημερας εργαζομενοι προς το μη επιβαρησαι
3:10	υμας εμπροσθεν του θεου ημων. νυκτος	και	ημερας υπερεκπερισσου δεομενοι εις το ιδειν
2:15	τους προφητας. και ημας εκδιωξαντων.	και	θεω μη αρεσκοντων. και πασιν ανθρωποις
3:7	αδελφοι. εφ υμιν επι παση τη αναγκη	και	θλιψει ημων δια της υμων πιστεως. οτι νυν
3:10	δεομενοι εις το ιδειν υμων το προσωπον	και	καταρτισαι τα υστερηματα της πιστεως υμων.
1:1	τη εκκλησια θεσσαλονικεων εν θεω πατρι	και	κυριω ιησου χριστω. χαρις υμιν και ειρηνη.
2:12	παρακαλουντες υμας και παραμυθουμενοι	και	μαρτυρομενοι εις το περιπατειν υμας αξιως
4:12	περιπατητε ευσχημονως προς τους εξω	και	μηδενος χρειαν εχητε. ου θελομεν δε υμας
5:6	ως οι λοιποι. αλλα γρηγορωμεν	και	νηφωμεν. οι γαρ καθευδοντες νυκτος
5:12	υμιν και προισταμενους υμων εν κυριω	και	νουθετουντας υμας. και ηγεισθαι αυτους
4:14	οτι ιησους απεθανεν και ανεστη. ουτως	και	ο θεος τους κοιμηθεντας δια του ιησου αξει
2:10	ευαγγελιον του θεου. υμεις μαρτυρες	και	ο θεος. ως οσιως και δικαιως και αμεμπτως
3:11	υμων; αυτος δε ο θεος και πατηρ ημων	και	ο κυριος ημων ιησους κατευθυναι την οδον
4:13	των κοιμωμενων. ινα μη λυπησθε καθως	και	οι λοιποι οι μη εχοντες ελπιδα. ει γαρ
5:7	οι γαρ καθευδοντες νυκτος καθευδουσιν.	και	οι μεθυσκομενοι νυκτος μεθυουσιν. ημεις δε
4:16	σαλπιγγι θεου. καταβησεται απ ουρανου.	και	οι νεκροι εν χριστω αναστησονται πρωτον.
3:4	μελλομεν θλιβεσθαι. καθως και εγενετο	και	οιδατε. δια τουτο καγω μηκετι στεγων
5:11	ζησωμεν. διο παρακαλειτε αλληλους.	και	οικοδομειτε εις τον ενα. καθως και ποιειτε.
5:23	της ειρηνης αγιασαι υμας ολοτελεις.	και	ολοκληρον υμων το πνευμα και η ψυχη και το

καθως

και

3:6	ημιν την πιστιν και την αγαπην υμων, και	οτι εχετε μνειαν ημων αγαθην παντοτε.
5:3	ωσπερ η ωδιν τη εν γαστρι εχουση, και	ου μη εκφυγωσιν. υμεις δε, αδελφοι, ουκ
4:17	εις απαντησιν του κυριου εις αερα. και	ουτως παντοτε συν κυριω εσομεθα. ωστε
3:2	του χριστου. εις το στηριξαι υμας και	παρακαλεσαι υπερ της πιστεως υμων το
4:1	λοιπον ουν, αδελφοι, ερωτωμεν υμας και	παρακαλουμεν εν κυριω ιησου, ινα καθως
2:12	πατηρ τεκνα εαυτου παρακαλουντες υμας και	παραμυθουμενοι και μαρτυρομενοι εις το
2:15	εκδιωξαντων, και θεω μη αρεσκοντων, και	πασιν ανθρωποις εναντιων, κωλυοντων ημας
3:11	της πιστεως υμων; αυτος δε ο θεος και	πατηρ ημων και ο κυριος ημων ιησους
3:13	εν αγιωσυνη εμπροσθεν του θεου και	πατρος ημων εν τη παρουσια του κυριου ημων
1:3	ημων ιησου χριστου εμπροσθεν του θεου και	πατρος ημων. ειδοτες, αδελφοι ηγαπημενοι
5:8	ενδυσαμενοι θωρακα πιστεως και αγαπης και	περικεφαλαιαν ελπιδα σωτηριας. οτι ουκ
4:1	περιπατειν και αρεσκειν θεω. καθως και	περιπατειτε. ινα περισσευητε μαλλον.
3:12	προς υμας. υμας δε ο κυριος πλεονασαι και	περισσευσαι τη αγαπη εις αλληλους και εις
4:6	μη ειδοτα τον θεον. το μη υπερβαινειν και	πλεονεκτειν εν τω πραγματι τον αδελφον
5:11	και οικοδομειτε εις τον ενα, καθως και	ποιειτε. ερωτωμεν δε υμας, αδελφοι,
5:24	τηρηθειη. πιστος ο καλων υμας, ος και	ποιησει. αδελφοι, προσευχεσθε περι ημων.
4:11	μαλλον. και φιλοτιμεισθαι ησυχαζειν και	πρασσειν τα ιδια και εργαζεσθαι ταις χερσιν
4:6	κυριος περι παντων τουτων. καθως και	προειπαμεν υμιν και διεμαρτυραμεθα. ου γαρ
5:12	ειδεναι τους κοπιωντας εν υμιν και	προισταμενους υμων εν κυριω και
1:9	οποιαν εισοδον εσχομεν προς υμας, και	πως επεστρεψατε προς τον θεον απο των
1:1	παυλος και	σιλουανος και τιμοθεος τη εκκλησια
3:2	επεμψαμεν τιμοθεον, τον αδελφον ημων και	συνεργον του θεου εν τω ευαγγελιω του
4:5	τιμη, μη εν παθει επιθυμιας καθαπερ και	τα εθνη τα μη ειδοτα τον θεον. το μη
2:8	ου μονον το ευαγγελιον του θεου αλλα και	τας εαυτων ψυχας. διοτι αγαπητοι ημιν
3:6	και ευαγγελισαμενου ημιν την πιστιν και	την αγαπην υμων. και οτι εχετε μνειαν ημων
1:3	της πιστεως και του κοπου της αγαπης και	της υπομονης της ελπιδος του κυριου ημων
4:4	το εαυτου σκευος κτασθαι εν αγιασμω και	τιμη. μη εν παθει επιθυμιας καθαπερ και τα
1:1	παυλος και σιλουανος και	τιμοθεος τη εκκλησια θεσσαλονικεων εν θεω
5:23	ολοκληρον υμων το πνευμα και η ψυχη και	το σωμα αμεμπτως εν τη παρουσια του κυριου
2:15	καθως και αυτοι υπο των ιουδαιων. των και	τον κυριον αποκτειναντων ιησουν και τους
2:9	γαρ, αδελφοι. τον κοπον ημων και	τον μοχθον. νυκτος και ημερας εργαζομενοι
1:3	υμων του εργου της πιστεως και	του κοπου της αγαπης και της υπομονης της
1:6	και υμεις μιμηται ημων εγενηθητε και	του κυριου. δεξαμενοι τον λογον εν θλιψει
2:15	και τον κυριον αποκτειναντων ιησουν και	τους προφητας. και ημας εκδιωξαντων, και
5:1	λογοις τουτοις. περι δε των χρονων και	των καιρων, αδελφοι, ου χρειαν εχετε υμιν
2:2	οτι ου κενη γεγονεν. αλλα προπαθοντες και	υβρισθεντες καθως οιδατε εν φιλιπποις
5:5	παντες γαρ υμεις υιοι φωτος εστε και	υιοι ημερας. ουκ εσμεν νυκτος ουδε σκοτους.
1:6	οιοι εγενηθημεν (εν) υμιν δι υμας και	υμεις μιμηται ημων εγενηθητε και του
2:14	εν χριστω ιησου. οτι τα αυτα επαθετε και	υμεις υπο των ιδιων συμφυλετων καθως και
2:19	η χαρα η στεφανος καυχησεως - η ουχι και	υμεις - εμπροσθεν του κυριου ημων ιησου εν
4:11	δε υμας, αδελφοι, περισσευειν μαλλον. και	φιλοτιμεισθαι ησυχαζειν και πρασσειν τα
1:8	του κυριου ου μονον εν τη μακεδονια και	(εν τη) αχαια. αλλ εν παντι τοπω η πιστις
1:5	και εν δυναμει και εν πνευματι αγιω και	(εν) πληροφορια πολλη. καθως οιδατε οιοι

1 καιρον

2:17 | αδελφοι, απορφανισθεντες αφ υμων προς | καιρον ωρας, προσωπω ου καρδια, περισσοτερως

1 καιρων

5:1 | τουτοις. περι δε των χρονων και των | καιρων, αδελφοι, ου χρειαν εχετε υμιν

1 κακον

5:15 | προς παντας. ορατε μη τις κακον αντι | κακου τινι αποδω, αλλα παντοτε το

1 κακου

5:15 | προς παντας. ορατε μη τις κακον αντι | κακου τινι αποδω, αλλα παντοτε το αγαθον

1 καλον

5:21 | εξουθενειτε. παντα δε δοκιμαζετε. το | καλον κατεχετε. απο παντος ειδους πονηρου

1 καλουντος

2:12 | το περιπατειν υμας αξιως του θεου του | καλουντος υμας εις την εαυτου βασιλειαν και

1 καλων

5:24 | ημων ιησου χριστου τηρηθειη. πιστος ο | καλων υμας, ος και ποιησει. αδελφοι,

1 καρδια

2:17 | αφ υμων προς καιρον ωρας, προσωπω ου | καρδια, περισσοτερως εσπουδασαμεν το προσωπον

2 καρδιας

3:13 | εις υμας. εις το στηριξαι υμων τας | καρδιας αμεμπτους εν αγιωσυνη εμπροσθεν του
2:4 | αρεσκοντες αλλα θεω τω δοκιμαζοντι τας | καρδιας ημων. ουτε γαρ ποτε εν λογω κολακειας

```
                                    1  καταβησεται
4:16    φωνη αρχαγγελου και εν σαλπιγγι θεου.  καταβησεται απ ουρανου. και οι νεκροι εν χριστω

                                    1  καταλαβη
5:4     εν σκοτει. ινα η ημερα υμας ως κλεπτης καταλαβη.   παντες γαρ υμεις υιοι φωτος εστε και

                                    1  καταλειφθηναι
3:1         διο μηκετι στεγοντες ευδοκησαμεν καταλειφθηναι εν αθηναις μονοι.   και επεμψαμεν

                                    1  καταρτισαι
3:10      εις το ιδειν υμων το προσωπον και καταρτισαι τα υστερηματα της πιστεως υμων;

                                    1  κατευθυναι
3:11    πατηρ ημων και ο κυριος ημων ιησους κατευθυναι την οδον ημων προς υμας.  υμας δε ο

                                    1  κατεχετε
5:21        παντα δε δοκιμαζετε. το καλον κατεχετε,   απο παντος ειδους πονηρου απεχεσθε.

                                    1  καυχησεως
2:19    τις γαρ ημων ελπις η χαρα η στεφανος καυχησεως - η ουχι και υμεις - εμπροσθεν του

                                    1  κειμεθα
3:3         αυτοι γαρ οιδατε οτι εις τουτο κειμεθα.   και γαρ οτε προς υμας ημεν.

                                    1  κελευσματι
4:16    κοιμηθεντας.  οτι αυτος ο κυριος εν κελευσματι. εν φωνη αρχαγγελου και εν σαλπιγγι

                                    1  κενη
2:1     την εισοδον ημων την προς υμας οτι ου κενη γεγονεν.   αλλα προπαθοντες και υβρισθεντες

                                    1  κενον
3:5     πως επειρασεν υμας ο πειραζων και εις κενον γενηται ο κοπος ημων.   αρτι δε ελθοντος

                                    2  κλεπτης
5:2     γαρ ακριβως οιδατε οτι ημερα κυριου ως κλεπτης εν νυκτι ουτως ερχεται.   οταν λεγωσιν.
5:4         εστε εν σκοτει. ινα η ημερα υμας ως κλεπτης καταλαβη.   παντες γαρ υμεις υιοι φωτος

                                    2  κοιμηθεντας
4:14        και ανεστη. ουτως και ο θεος τους κοιμηθεντας δια του ιησου αξει συν αυτω.   τουτο
4:15        του κυριου ου μη φθασωμεν τους κοιμηθεντας.   οτι αυτος ο κυριος εν κελευσματι.

                                    1  κοιμωμενων
4:13        δε υμας αγνοειν. αδελφοι. περι των κοιμωμενων. ινα μη λυπησθε καθως και οι λοιποι

                                    1  κολακειας
2:5     καρδιας ημων.  ουτε γαρ ποτε εν λογω κολακειας εγενηθημεν. καθως οιδατε. ουτε εν

                                    1  κοπιωντας
5:12        δε υμας. αδελφοι. ειδεναι τους κοπιωντας εν υμιν και προισταμενους υμων εν

                                    1  κοπον
2:9         μνημονευετε γαρ. αδελφοι. τον κοπον ημων και τον μοχθον. νυκτος και ημερας

                                    1  κοπος
3:5     ο πειραζων και εις κενον γενηται ο κοπος ημων.   αρτι δε ελθοντος τιμοθεου προς

                                    1  κοπου
1:3     υμων του εργου της πιστεως και του κοπου της αγαπης και της υπομονης της ελπιδος

                                    1  κτασθαι
4:4     ειδεναι εκαστον υμων το εαυτου σκευος κτασθαι εν αγιασμω και τιμη.   μη εν παθει

                                    2  κυριον
5:27    εν φιληματι αγιω. ενορκιζω υμας τον κυριον αναγνωσθηναι την επιστολην πασιν τοις
2:15    αυτοι υπο των ιουδαιων. των και τον κυριον αποκτειναντων ιησουν και τους προφητας.

                                    4  κυριος
4:16        τους κοιμηθεντας.  οτι αυτος ο κυριος εν κελευσματι. εν φωνη αρχαγγελου και εν
3:11    αυτος δε ο θεος και πατηρ ημων και ο κυριος ημων ιησους κατευθυναι την οδον ημων
4:6         τον αδελφον αυτου. διοτι εκδικος κυριος περι παντων τουτων. καθως και προειπαμεν
3:12    την οδον ημων προς υμας.  υμας δε ο κυριος πλεονασαι και περισσευσαι τη αγαπη εις
```

13 κυριου

4:17	εν νεφελαις εις απαντησιν του κυριου εις αερα· και ουτως παντοτε συν κυριω
2:19	- η ουχι και υμεις - εμπροσθεν του κυριου ημων ιησου εν τη αυτου παρουσια; υμεις
3:13	και πατρος ημων εν τη παρουσια του κυριου ημων ιησου μετα παντων των αγιων αυτου.
1:3	και της υπομονης της ελπιδος του κυριου ημων ιησου χριστου εμπροσθεν του θεου
5:28	πασιν τοις αδελφοις. η χαρις του κυριου ημων ιησου χριστου μεθ υμων.
5:23	το σωμα αμεμπτως εν τη παρουσια του κυριου ημων ιησου χριστου τηρηθειη. πιστος ο
5:9	αλλα εις περιποιησιν σωτηριας δια του κυριου ημων ιησου χριστου. του αποθανοντος
4:2	παραγγελιας εδωκαμεν υμιν δια του κυριου ιησου. τουτο γαρ εστιν θελημα του θεου
4:15	περιλειπομενοι εις την παρουσιαν του κυριου ου μη φθασωμεν τους κοιμηθεντας. οτι
1:8	αφ υμων γαρ εξηχηται ο λογος του κυριου ου μονον εν τη μακεδονια και (εν τη)
5:2	αυτοι γαρ ακριβως οιδατε οτι ημερα κυριου ως κλεπτης εν νυκτι ουτως ερχεται. οταν
1:6	υμεις μιμηται ημων εγενηθητε και του κυριου. δεξαμενοι τον λογον εν θλιψει πολλη
4:15	αυτω. τουτο γαρ υμιν λεγομεν εν λογω κυριου. οτι ημεις οι ζωντες οι περιλειπομενοι

5 κυριω

4:17	κυριου εις αερα· και ουτως παντοτε συν κυριω εσομεθα. ωστε παρακαλειτε αλληλους εν
1:1	θεσσαλονικεων εν θεω πατρι και κυριω ιησου χριστω. χαρις υμιν και ειρηνη.
4:1	ερωτωμεν υμας και παρακαλουμεν εν κυριω ιησου. ινα καθως παρελαβετε παρ ημων το
5:12	εν υμιν και προισταμενους υμων εν κυριω και νουθετουντας υμας. και ηγεισθαι
3:8	οτι νυν ζωμεν εαν υμεις στηκετε εν κυριω. τινα γαρ ευχαριστιαν δυναμεθα τω θεω

1 κωλυοντων

2:16	και πασιν ανθρωποις εναντιων. κωλυοντων ημας τοις εθνεσιν λαλησαι ινα

1 λαλειν

1:8	εξεληλυθεν. ωστε μη χρειαν εχειν ημας λαλειν τι. αυτοι γαρ περι ημων απαγγελουσιν

2 λαλησαι

2:16	εναντιων. κωλυοντων ημας τοις εθνεσιν λαλησαι ινα σωθωσιν. εις το αναπληρωσαι αυτων
2:2	επαρρησιασαμεθα εν τω θεω ημων λαλησαι προς υμας το ευαγγελιον του θεου εν

1 λαλουμεν

2:4	θεου πιστευθηναι το ευαγγελιον ουτως λαλουμεν. ουχ ως ανθρωποις αρεσκοντες αλλα θεω

1 λεγομεν

4:15	ιησου αξει συν αυτω. τουτο γαρ υμιν λεγομεν εν λογω κυριου. οτι ημεις οι ζωντες οι

1 λεγωσιν

5:3	κλεπτης εν νυκτι ουτως ερχεται. οταν λεγωσιν. ειρηνη και ασφαλεια. τοτε αιφνιδιος

1 λογοις

4:18	ωστε παρακαλειτε αλληλους εν τοις λογοις τουτοις. περι δε των χρονων και των

4 λογον

2:13	τω θεω αδιαλειπτως. οτι παραλαβοντες λογον ακοης παρ ημων του θεου εδεξασθε ου λογο
2:13	ακοης παρ ημων του θεου εδεξασθε ου λογον ανθρωπων αλλα καθως εστιν αληθως λογον
1:6	και του κυριου. δεξαμενοι τον λογον εν θλιψει πολλη μετα χαρας πνευματος
2:13	λογον ανθρωπων αλλα καθως εστιν αληθως λογον θεου. ος και ενεργειται εν υμιν τοις

1 λογος

1:8	εν τη αχαια. αφ υμων γαρ εξηχηται ο λογος του κυριου ου μονον εν τη μακεδονια και

3 λογω

2:5	τας καρδιας ημων. ουτε γαρ ποτε εν λογω κολακειας εγενηθημεν. καθως οιδατε. ουτε
4:15	συν αυτω. τουτο γαρ υμιν λεγομεν εν λογω κυριου. οτι ημεις οι ζωντες οι
1:5	ημων ουκ εγενηθη εις υμας εν λογω μονον αλλα και εν δυναμει και εν πνευματι

2 λοιποι

4:13	ινα μη λυπησθε καθως και οι λοιποι οι μη εχοντες ελπιδα. ει γαρ πιστευομεν
5:6	σκοτους. αρα ουν μη καθευδωμεν ως οι λοιποι. αλλα γρηγορωμεν και νηφωμεν. οι γαρ

1 λοιπον

4:1	ιησου μετα παντων των αγιων αυτου. λοιπον ουν. αδελφοι. ερωτωμεν υμας και

1 λυπησθε

4:13	αδελφοι. περι των κοιμωμενων. ινα μη λυπησθε καθως και οι λοιποι οι μη εχοντες

3 μακεδονια

1:7	τυπον πασιν τοις πιστευουσιν εν τη μακεδονια και εν τη αχαια. αφ υμων γαρ
1:8	ο λογος του κυριου ου μονον εν τη μακεδονια και (εν τη) αχαια. αλλ εν παντι τοπω
4:10	παντας τους αδελφους (τους) εν ολη τη μακεδονια παρακαλουμεν δε υμας. αδελφοι.

```
                                    1 μακροθυμειτε
5:14      ολιγοψυχους. αντεχεσθε των ασθενων. μακροθυμειτε προς παντας.    ορατε μη τις κακον

                                    2 μαλλον
4:1     καθως και περιπατειτε. ινα περισσευητε μαλλον.   οιδατε γαρ τινας παραγγελιας εδωκαμεν
4:10          δε υμας. αδελφοι. περισσευειν μαλλον.    και φιλοτιμεισθαι ησυχαζειν και

                                    1 μαρτυρες
2:10      υμας το ευαγγελιον του θεου.   υμεις μαρτυρες και ο θεος. ως οσιως και δικαιως και

                                    1 μαρτυρομενοι
2:12         υμας και παραμυθουμενοι και μαρτυρομενοι εις το περιπατειν υμας αξιως του

                                    1 μαρτυς
2:5        ουτε εν προφασει πλεονεξιας. θεος μαρτυς.   ουτε ζητουντες εξ ανθρωπων δοξαν. ουτε

                                    1 μεθ
5:28      η χαρις του κυριου ημων ιησου χριστου μεθ υμων.

                                    1 μεθυουσιν
5:7         και οι μεθυσκομενοι νυκτος μεθυουσιν.   ημεις δε ημερας οντες νηφωμεν.

                                    1 μεθυσκομενοι
5:7     καθευδοντες νυκτος καθευδουσιν. και οι μεθυσκομενοι νυκτος μεθυουσιν.   ημεις δε ημερας

                                    1 μελλομεν
3:4       προς υμας ημεν. προελεγομεν υμιν οτι μελλομεν θλιβεσθαι. καθως και εγενετο και

                                    1 μεν
2:18    διοτι ηθελησαμεν ελθειν προς υμας. εγω μεν παυλος και απαξ και δις. και ενεκοψεν ημας

                                    1 μεσω
2:7      αποστολοι. αλλα εγενηθημεν ηπιοι εν μεσω υμων. ως εαν τροφος θαλπη τα εαυτης τεκνα.

                                    2 μετα
3:13    εν τη παρουσια του κυριου ημων ιησου μετα παντων των αγιων αυτου.    λοιπον ουν.
1:6      δεξαμενοι τον λογον εν θλιψει πολλη μετα χαρας πνευματος αγιου.   ωστε γενεσθαι υμας

                                    1 μεταδουναι
2:8       ουτως ομειρομενοι υμων ευδοκουμεν μεταδουναι υμιν ου μονον το ευαγγελιον του θεου

                                    15 μη
2:15         και ημας εκδιωξαντων. και θεω μη αρεσκοντων. και πασιν ανθρωποις εναντιων.
4:5     παθει επιθυμιας καθαπερ και τα εθνη τα μη ειδοτα τον θεον.   το μη υπερβαινειν και
5:3        η ωδιν τη εν γαστρι εχουση. και ου μη εκφυγωσιν.  υμεις δε. αδελφοι. ουκ εστε εν
4:5      σκευος κτασθαι εν αγιασμω και τιμη. μη παθει επιθυμιας καθαπερ και τα εθνη τα μη
5:20      το πνευμα μη σβεννυτε.  προφητειας μη εξουθενειτε.  παντα δε δοκιμαζετε. το καλον
2:9     νυκτος και ημερας εργαζομενοι προς το μη επιβαρησαι τινα υμων εκηρυξαμεν εις υμας το
4:13    ινα μη λυπησθε καθως και οι λοιποι οι μη εχοντες ελπιδα.  ει γαρ πιστευομεν οτι
5:6       εσμεν νυκτος ουδε σκοτους.  αρα ουν μη καθευδωμεν ως οι λοιποι. αλλα γρηγορωμεν και
4:13        αδελφοι. περι των κοιμωμενων. ινα μη λυπησθε καθως και οι λοιποι οι μη εχοντες
3:5      επεμψα εις το γνωναι την πιστιν υμων. μη πως επειρασεν υμας ο πειραζων και εις κενον
5:19     εν χριστω ιησου εις υμας.  το πνευμα μη σβεννυτε.  προφητειας μη εξουθενειτε.  παντα
5:15        μακροθυμειτε προς παντας. ορατε μη τις κακον αντι κακου τινι αποδω. αλλα
4:6     και τα εθνη τα μη ειδοτα τον θεον.  το μη υπερβαινειν και πλεονεκτειν εν τω πραγματι
4:15       εις την παρουσιαν του κυριου ου μη φθασωμεν τους κοιμηθεντας.  οτι αυτος ο
1:8     υμων η προς τον θεον εξεληλυθεν. ωστε μη χρειαν εχειν ημας λαλειν τι.  αυτοι γαρ περι

                                    1 μηδενα
3:3    παρακαλεσαι υπερ της πιστεως υμων    το μηδενα σαινεσθαι εν ταις θλιψεσιν ταυταις.

                                    1 μηδενος
4:12      ευσχημονως προς τους εξω και μηδενος χρειαν εχητε.   ου θελομεν δε υμας

                                    2 μηκετι
3:1     γαρ εστε η δοξα ημων και η χαρα.   διο μηκετι στεγοντες ευδοκησαμεν καταλειφθηναι εν
3:5     εγενετο και οιδατε.  δια τουτο καγω μηκετι στεγων επεμψα εις το γνωναι την πιστιν

                                    2 μιμηται
2:14     εν υμιν τοις πιστευουσιν.  υμεις γαρ μιμηται εγενηθητε. αδελφοι. των εκκλησιων του
1:6       (εν) υμιν δι υμας.   και υμεις μιμηται ημων εγενηθητε και του κυριου.
```

2 μνειαν

3:6   και την αγαπην υμων. και οτι εχετε μνειαν ημων αγαθην παντοτε. επιποθουντες ημας
1:2   τω θεω παντοτε περι παντων υμων. μνειαν ποιουμενοι επι των προσευχων ημων.

1 μνημονευετε

2:9   ψυχας, διοτι αγαπητοι ημιν εγενηθητε. μνημονευετε γαρ, αδελφοι, τον κοπον ημων και

1 μνημονευοντες

1:3   επι των προσευχων ημων. αδιαλειπτως μνημονευοντες υμων του εργου της πιστεως και

1 μονοι

3:1   ευδοκησαμεν καταλειφθηναι εν αθηναις μονοι. και επεμψαμεν τιμοθεον. τον αδελφον

3 μονον

1:5   ημων ουκ εγενηθη εις υμας εν λογω μονον αλλα και εν δυναμει και εν πνευματι αγιω
1:8   γαρ εξηχηται ο λογος του κυριου ου μονον εν τη μακεδονια και (εν τη) αχαια. αλλ εν
2:8   υμων ευδοκουμεν μεταδουναι υμιν ου μονον το ευαγγελιον του θεου αλλα και τας

1 μοχθον

2:9   γαρ, αδελφοι. τον κοπον ημων και τον μοχθον. νυκτος και ημερας εργαζομενοι προς το

1 νεκροι

4:16   θεου. καταβησεται απ ουρανου. και οι νεκροι εν χριστω αναστησονται πρωτον. επειτα

1 νεκρων

1:10   εκ των ουρανων. ον ηγειρεν εκ (των) νεκρων. ιησουν τον ρυομενον ημας εκ της οργης

1 νεφελαις

4:17   αμα συν αυτοις αρπαγησομεθα εν νεφελαις εις απαντησιν του κυριου εις αερα. και

2 νηφωμεν

5:6   ως οι λοιποι. αλλα γρηγορωμεν και νηφωμεν. οι γαρ καθευδοντες νυκτος
5:8   μεθυουσιν. ημεις δε ημερας οντες νηφωμεν. ενδυσαμενοι θωρακα πιστεως και αγαπης

1 νουθετειτε

5:14   παρακαλουμεν δε υμας. αδελφοι. νουθετειτε τους ατακτους. παραμυθεισθε τους

1 νουθετουντας

5:12   και προισταμενους υμων εν κυριω και νουθετουντας υμας. και ηγεισθαι αυτους

1 νυκτι

5:2   οιδατε οτι ημερα κυριου ως κλεπτης εν νυκτι ουτως ερχεται. οταν λεγωσιν. ειρηνη και

5 νυκτος

5:7   και νηφωμεν. οι γαρ καθευδοντες νυκτος καθευδουσιν. και οι μεθυσκομενοι νυκτος
2:9   τον κοπον ημων και τον μοχθον. νυκτος και ημερας εργαζομενοι προς το μη
3:10   δι υμας εμπροσθεν του θεου ημων. νυκτος και ημερας υπερεκπερισσου δεομενοι εις
5:7   καθευδουσιν. και οι μεθυσκομενοι νυκτος μεθυουσιν. ημεις δε ημερας οντες
5:5   φωτος εστε και υιοι ημερας. ουκ εσμεν νυκτος ουδε σκοτους. αρα ουν μη καθευδωμεν ως

1 νυν

3:8   θλιψει ημων δια της υμων πιστεως. οτι νυν ζωμεν εαν υμεις στηκετε εν κυριω. τινα γαρ

1 οδον

3:11   ο κυριος ημων ιησους κατευθυναι την οδον ημων προς υμας. υμας δε ο κυριος

9 οιδατε

4:2   περιπατειτε. ινα περισσευητε μαλλον. οιδατε γαρ τινας παραγγελιας εδωκαμεν υμιν δια
2:2   αλλα προπαθοντες και υβρισθεντες καθως οιδατε εν φιλιπποις επαρρησιασαμεθα εν τω θεω
1:5   αγιω και (εν) πληροφορια πολλη. καθως οιδατε οιοι εγενηθημεν (εν) υμιν δι υμας. και
3:3   εν ταις θλιψεσιν ταυταις. αυτοι γαρ οιδατε οτι εις τουτο κειμεθα. και γαρ οτε προς
5:2   υμιν γραφεσθαι. αυτοι γαρ ακριβως οιδατε οτι ημερα κυριου ως κλεπτης εν νυκτι
2:11   τοις πιστευουσιν εγενηθημεν, καθαπερ οιδατε ως ενα εκαστον υμων ως πατηρ τεκνα
3:4   θλιβεσθαι. καθως και εγενετο και οιδατε. δια τουτο καγω μηκετι στεγων επεμψα
2:1   της οργης της ερχομενης. αυτοι γαρ οιδατε. αδελφοι, την εισοδον ημων την προς υμας
2:5   εν λογω κολακειας εγενηθημεν. καθως οιδατε. ουτε εν προφασει πλεονεξιας. θεος

1 οικοδομειτε

5:11   ζησωμεν. διο παρακαλειτε αλληλους και οικοδομειτε εις τον ενα. καθως και ποιειτε.

```
                                          1 οιοι
1:5    (εν) πληροφορια πολλη, καθως οιδατε  οιοι εγενηθημεν (εν) υμιν δι υμας.    και υμεις

                                          1 ολεθρος
5:3       τοτε αιφνιδιος αυτοις εφισταται  ολεθρος ωσπερ η ωδιν τη εν γαστρι εχουση. και

                                          1 ολη
4:10      εις παντας τους αδελφους (τους) εν  ολη τη μακεδονια. παρακαλουμεν δε υμας.

                                          1 ολιγοψυχους
5:14      τους ατακτους, παραμυθεισθε τους  ολιγοψυχους. αντεχεσθε των ασθενων.

                                          1 ολοκληρον
5:23    ειρηνης αγιασαι υμας ολοτελεις, και  ολοκληρον υμων το πνευμα και η ψυχη και το σωμα

                                          1 ολοτελεις
5:23    δε ο θεος της ειρηνης αγιασαι υμας  ολοτελεις. και ολοκληρον υμων το πνευμα και η

                                          1 ομειρομενοι
2:8    τροφος θαλπη τα εαυτης τεκνα.  ουτως  ομειρομενοι υμων ευδοκουμεν μεταδουναι υμιν ου

                                          1 ον
1:10      τον υιον αυτου εκ των ουρανων,  ον ηγειρεν εκ (των) νεκρων, ιησουν τον ρυομενον

                                          1 οντες
5:8     νυκτος μεθυουσιν.   ημεις δε ημερας  οντες νηφωμεν. ενδυσαμενοι θωρακα πιστεως και

                                          1 οποιαν
1:9    τι.   αυτοι γαρ περι ημων απαγγελλουσιν  οποιαν εισοδον εσχομεν προς υμας. και πως

                                          1 ορατε
5:15      ασθενων. μακροθυμειτε προς παντας.  ορατε μη τις κακον αντι κακου τινι αποδω. αλλα

                                          1 οργη
2:16      παντοτε. εφθασεν δε επ αυτους η  οργη εις τελος.   ημεις δε, αδελφοι.

                                          1 οργην
5:9       οτι ουκ εθετο ημας ο θεος εις  οργην αλλα εις περιποιησιν σωτηριας δια του

                                          1 οργης
1:10     ιησουν τον ρυομενον ημας εκ της  οργης της ερχομενης.    αυτοι γαρ οιδατε,

                                          1 οσιως
2:10    θεου.   υμεις μαρτυρες και ο θεος. ως  οσιως και δικαιως και αμεμπτως υμιν τοις

                                          2 ος
2:13    αλλα καθως εστιν αληθως λογον θεου.  ος και ενεργειται εν υμιν τοις πιστευουσιν.
5:24      τηρηθειη.   πιστος ο καλων υμας.  ος και ποιησει.   αδελφοι. προσευχεσθε περι

                                          1 οταν
5:3    ως κλεπτης εν νυκτι ουτως ερχεται.  οταν λεγωσιν, ειρηνη και ασφαλεια. τοτε

                                          1 οτε
3:4    οιδατε οτι εις τουτο κειμεθα.   και γαρ  οτε προς υμας ημεν. προελεγομεν υμιν οτι

                                          13 οτι
4:16      ου μη φθασωμεν τους κοιμηθεντας.  οτι αυτος ο κυριος εν κελευσματι. εν φωνη
3:3       θλιψεσιν ταυταις. αυτοι γαρ οιδατε  οτι εις τουτο κειμεθα.   και γαρ οτε προς υμας
3:6     την πιστιν και την αγαπην υμων. και  οτι εχετε μνειαν ημων αγαθην παντοτε.
4:15    τουτο γαρ υμιν λεγομεν εν λογω κυριου.  οτι ημεις οι ζωντες οι περιλειπομενοι εις την
5:2      γραφεσθαι.   αυτοι γαρ ακριβως οιδατε  οτι ημερα κυριου ως κλεπτης εν νυκτι ουτως
4:14     μη εχοντες ελπιδα.   ει γαρ πιστευομεν  οτι ιησους απεθανεν και ανεστη, ουτως και ο
3:4      οτε προς υμας ημεν. προελεγομεν υμιν  οτι μελλομεν θλιβεσθαι, καθως και εγενετο και
3:8    και θλιψει ημων δια της υμων πιστεως.  οτι νυν ζωμεν εαν υμεις στηκετε εν κυριω.   τινα
2:1        την εισοδον ημων την προς υμας  οτι ου κενη γεγονεν.   αλλα προπαθοντες και
5:9     και περικεφαλαιαν ελπιδα σωτηριας.  οτι ουκ εθετο ημας ο θεος εις οργην αλλα εις
2:13     ευχαριστουμεν τω θεω αδιαλειπτως.  οτι παραλαβοντες λογον ακοης παρ ημων του θεου
2:14    ουσων εν τη ιουδαια εν χριστω ιησου.  οτι τα αυτα επαθετε και υμεις υπο των ιδιων
1:5      υπο (του) θεου. την εκλογην υμων.  οτι το ευαγγελιον ημων ουκ εγενηθη εις υμας εν
```

11 ου

4:7	προειπαμεν υμιν και διεμαρτυραμεθα. ου γαρ εκαλεσεν ημας ο θεος επι ακαθαρσια αλλ
4:13	τους εξω και μηδενος χρειαν εχητε. ου θελομεν δε υμας αγνοειν, αδελφοι, περι των
2:17	αφ υμων προς καιρον ωρας. προσωπω ου καρδια. περισσοτερως εσπουδασαμεν το
2:1	την εισοδον ημων την προς υμας οτι ου κενη γεγονεν. αλλα προπαθοντες και
2:13	λογον ακοης παρ ημων του θεου εδεξασθε ου λογον ανθρωπων αλλα καθως εστιν αληθως λογο
5:3	ωσπερ η ωδιν τη εν γαστρι εχουση. και ου μη εκφυγωσιν. υμεις δε, αδελφοι, ουκ εστε
4:15	εις την παρουσιαν του κυριου ου μη φθασωμεν τους κοιμηθεντας. οτι αυτος ο
1:8	υμων γαρ εξηχηται ο λογος του κυριου ου μονον εν τη μακεδονια και (εν τη) αχαια, αλλ
2:8	υμων ευδοκουμεν μεταδουναι υμιν ου μονον το ευαγγελιον του θεου αλλα και τας
4:9	εις υμας. περι δε της φιλαδελφιας ου χρειαν εχετε γραφειν υμιν. αυτοι γαρ υμεις
5:1	δε των χρονων και των καιρων, αδελφοι, ου χρειαν εχετε υμιν γραφεσθαι. αυτοι γαρ

3 ουδε

2:3	ημων ουκ εκ πλανης ουδε εξ ακαθαρσιας ουδε εν δολω. αλλα καθως δεδοκιμασμεθα υπο το
2:3	η γαρ παρακλησις ημων ουκ εκ πλανης ουδε εξ ακαθαρσιας ουδε εν δολω. αλλα καθως
5:5	εστε και υιοι ημερας. ουκ εσμεν νυκτος ουδε σκοτους. αρα ουν μη καθευδωμεν ως οι

6 ουκ

4:8	αλλ εν αγιασμω. τοιγαρουν ο αθετων ουκ ανθρωπον αθετει αλλα τον θεον τον (και)
1:5	εκλογην υμων. οτι το ευαγγελιον ημων ουκ εγενηθη εις υμας εν λογω μονον αλλα και εν
5:9	περικεφαλαιαν ελπιδα σωτηριας. οτι ουκ εθετο ημας ο θεος εις οργην αλλα εις
2:3	εν πολλω αγωνι. η γαρ παρακλησις ημων ουκ εκ πλανης ουδε εξ ακαθαρσιας ουδε εν δολω.
5:5	υμεις υιοι φωτος εστε και υιοι ημερας. ουκ εσμεν νυκτος ουδε σκοτους. αρα ουν μη
5:4	ου μη εκφυγωσιν. υμεις δε, αδελφοι, ουκ εστε εν σκοτει. ινα η ημερα υμας ως κλεπτης

2 ουν

5:6	ουκ εσμεν νυκτος ουδε σκοτους. αρα ουν μη καθευδωμεν ως οι λοιποι, αλλα γρηγορωμε
4:1	μετα παντων των αγιων αυτου. λοιπον ουν, αδελφοι, ερωτωμεν υμας και παρακαλουμεν εν

1 ουρανου

4:16	και εν σαλπιγγι θεου. καταβησεται απ ουρανου. και οι νεκροι εν χριστω αναστησονται

1 ουρανων

1:10	και αναμενειν τον υιον αυτου εκ των ουρανων. ον ηγειρεν εκ (των) νεκρων. ιησουν τον

1 ουσων

2:14	αδελφοι, των εκκλησιων του θεου των ουσων εν τη ιουδαια εν χριστω ιησου. οτι τα

5 ουτε

2:6	εξ ανθρωπων δοξαν. ουτε αφ υμων ουτε απ αλλων. δυναμενοι εν βαρει ειναι ως
2:6	ουτε ζητουντες εξ ανθρωπων δοξαν. ουτε αφ υμων ουτε απ αλλων. δυναμενοι εν βαρε
2:5	θεω τω δοκιμαζοντι τας καρδιας ημων. ουτε γαρ ποτε εν λογω κολακειας εγενηθημεν.
2:5	κολακειας εγενηθημεν. καθως οιδατε. ουτε εν προφασει πλεονεξιας. θεος μαρτυς, ουτε
2:6	εν προφασει πλεονεξιας. θεος μαρτυς, ουτε ζητουντες εξ ανθρωπων δοξαν. ουτε αφ υμων

5 ουτως

5:2	οτι ημερα κυριου ως κλεπτης εν νυκτι ουτως ερχεται. οταν λεγωσιν. ειρηνη και
4:14	οτι ιησους απεθανεν και ανεστη, ουτως και ο θεος τους κοιμηθεντας δια του ιησου
2:4	υπο του θεου πιστευθηναι το ευαγγελιον ουτως λαλουμεν. ουχ ως ανθρωποις αρεσκοντες
2:8	ως εαν τροφος θαλπη τα εαυτης τεκνα. ουτως ομειρομενοι υμων ευδοκουμεν μεταδουναι
4:17	εις απαντησιν του κυριου εις αερα. και ουτως παντοτε συν κυριω εσομεθα. ωστε

1 ουχ

2:4	το ευαγγελιον ουτως λαλουμεν. ουχ ως ανθρωποις αρεσκοντες αλλα θεω τω

1 ουχι

2:19	ελπις η χαρα η στεφανος καυχησεως - η ουχι και υμεις - εμπροσθεν του κυριου ημων

1 παθει

4:5	κτασθαι εν αγιασμω και τιμη. μη εν παθει επιθυμιας καθαπερ και τα εθνη τα μη

1 παντα

5:21	σβεννυτε. προφητειας μη εξουθενειτε. παντα δε δοκιμαζετε. το καλον κατεχετε. απο

5 παντας

5:26	περι ημων. ασπασασθε τους αδελφους παντας εν φιληματι αγιω. ενορκιζω υμας τον
4:10	αλληλους. και γαρ ποιειτε αυτο εις παντας τους αδελφους (τους) εν ολη τη
5:14	των ασθενων, μακροθυμειτε προς παντας. ορατε μη τις κακον αντι κακου τινι
5:15	το αγαθον διωκετε εις αλληλους και εις παντας. παντοτε χαιρετε. αδιαλειπτως
3:12	τη αγαπη εις αλληλους και εις παντας. καθαπερ και ημεις εις υμας. εις το

ου

παντας

1 παντες

5:5 ινα η ημερα υμας ως κλεπτης καταλαβη. παντες γαρ υμεις υιοι φωτος εστε και υιοι

2 παντι

5:18 χαιρετε. αδιαλειπτως προσευχεσθε. εν παντι ευχαριστειτε. τουτο γαρ θελημα θεου εν
1:8 τη μακεδονια και (εν τη) αχαια. αλλ εν παντι τοτω η πιστις υμων η προς τον θεον

1 παντος

5:22 δε δοκιμαζετε. το καλον κατεχετε. απο παντος ειδους πονηρου απεχεσθε. αυτος δε ο

6 παντοτε

1:2 υμιν και ειρηνη. ευχαριστουμεν τω θεω παντοτε περι παντων υμων, μνειαν ποιουμενοι επι
4:17 του κυριου εις αερα. και ουτως παντοτε συν κυριω εσομεθα. ωστε παρακαλειτε
5:15 τις κακον αντι κακου τινι αποδω, αλλα παντοτε το αγαθον διωκετε εις αλληλους και εις
5:16 διωκετε εις αλληλους και εις παντας. παντοτε χαιρετε. αδιαλειπτως προσευχεσθε. εν
2:16 εις το αναπληρωσαι αυτων τας αμαρτιας παντοτε. εφθασεν δε επ αυτους η οργη εις τελος.
3:6 υμων, και οτι εχετε μνειαν ημων αγαθην παντοτε. επιποθουντες ημας ιδειν καθαπερ και

3 παντων

4:6 αυτου. διοτι εκδικος κυριος περι παντων τουτων, καθως και προειπαμεν υμιν και
3:13 τη παρουσια του κυριου ημων ιησου μετα παντων των αγιων αυτου. λοιπον ουν, αδελφοι.
1:2 ευχαριστουμεν τω θεω παντοτε περι παντων υμων, μνειαν ποιουμενοι επι των

2 παρ

4:1 εν κυριω ιησου. ινα καθως παρελαβετε παρ ημων το πως δει υμας περιπατειν και
2:13 οτι παραλαβοντες λογον ακοης παρ ημων του θεου εδεξασθε ου λογον ανθρωπων

1 παραγγελιας

4:2 περισσευητε μαλλον. οιδατε γαρ τινας παραγγελιας εδωκαμεν υμιν δια του κυριου ιησου.

2 παρακαλειτε

4:18 ουτως παντοτε συν κυριω εσομεθα. ωστε παρακαλειτε αλληλους εν τοις λογοις τουτοις.
5:11 καθευδωμεν αμα συν αυτω ζησωμεν. διο παρακαλειτε αλληλους και οικοδομειτε εις τον

1 παρακαλεσαι

3:2 του χριστου. εις το στηριξαι υμας και παρακαλεσαι υπερ της πιστεως υμων το μηδενα

3 παρακαλουμεν

5:14 εργον αυτων. ειρηνευετε εν εαυτοις. παρακαλουμεν δε υμας. αδελφοι. νουθετειτε τους
4:10 αδελφους (τους) εν ολη τη μακεδονια. παρακαλουμεν δε υμας, αδελφοι. περισσευειν
4:1 λοιπον ουν. αδελφοι. ερωτωμεν υμας και παρακαλουμεν εν κυριω ιησου. ινα καθως

1 παρακαλουντες

2:12 εκαστον υμων ως πατηρ τεκνα εαυτου παρακαλουντες υμας και παραμυθουμενοι και

1 παρακλησις

2:3 του θεου εν πολλω αγωνι. η γαρ παρακλησις ημων ουκ εκ πλανης ουδε εξ

1 παραλαβοντες

2:13 ευχαριστουμεν τω θεω αδιαλειπτως. οτι παραλαβοντες λογον ακοης παρ ημων του θεου

1 παραμυθεισθε

5:14 αδελφοι. νουθετειτε τους ατακτους. παραμυθεισθε τους ολιγοψυχους, αντεχεσθε των

1 παραμυθουμενοι

2:12 τεκνα εαυτου παρακαλουντες υμας και παραμυθουμενοι και μαρτυρομενοι εις το

1 παρεκληθημεν

3:7 καθαπερ και ημεις υμας. δια τουτο παρεκληθημεν. αδελφοι. εφ υμιν επι παση τη

1 παρελαβετε

4:1 παρακαλουμεν εν κυριω ιησου. ινα καθως παρελαβετε παρ ημων το πως δει υμας περιπατειν

1 παρηγγειλαμεν

4:11 ταις χερσιν υμων. καθως υμιν παρηγγειλαμεν. ινα περιπατητε ευσχημονως προς

3 παρουσια

3:13 του θεου και πατρος ημων εν τη παρουσια του κυριου ημων ιησου μετα παντων των
5:23 και η ψυχη και το σωμα αμεμπτως εν τη παρουσια του κυριου ημων ιησου χριστου
2:19 του κυριου ημων ιησου εν τη αυτου παρουσια; υμεις γαρ εστε η δοξα ημων και η

1 παρουσιαν

4:15   οι ζωντες οι περιλειπομενοι εις την παρουσιαν του κυριου ου μη φθασωμεν τους

2 παση

3:7   παρεκληθημεν. αδελφοι. εφ υμιν επι παση τη αναγκη και θλιψει ημων δια της υμων
3:9   τω θεω ανταποδουναι περι υμων επι παση τη χαρα η χαιρομεν δι υμας εμπροσθεν του

3 πασιν

2:15   και θεω μη αρεσκοντων. και πασιν ανθρωποις εναντιων. κωλυοντων ημας τοις
5:27   τον κυριον αναγνωσθηναι την επιστολην πασιν τοις αδελφοις. η χαρις του κυριου ημων
1:7   αγιου. ωστε γενεσθαι υμας τυπον πασιν τοις πιστευουσιν εν τη μακεδονια και εν

2 πατηρ

3:11   της πιστεως υμων; αυτος δε ο θεος και πατηρ ημων και ο κυριος ημων ιησους κατευθυναι
2:11   καθαπερ οιδατε ως ενα εκαστον υμων ως πατηρ τεκνα εαυτου παρακαλουντες υμας και

1 πατρι

1:1   τη εκκλησια θεσσαλονικεων εν θεω πατρι και κυριω ιησου χριστω. χαρις υμιν και

2 πατρος

3:13   εν αγιωσυνη εμπροσθεν του θεου και πατρος ημων εν τη παρουσια του κυριου ημων
1:3   ιησου χριστου εμπροσθεν του θεου και πατρος ημων. ειδοτες. αδελφοι ηγαπημενοι υπο

2 παυλος

2:18   ηθελησαμεν ελθειν προς υμας. εγω μεν παυλος και απαξ και δις. και ενεκοψεν ημας ο
1:1   παυλος και σιλουανος και τιμοθεος τη εκκλησια

1 πειραζων

3:5   πιστιν υμων. μη πως επειρασεν υμας ο πειραζων και εις κενον γενηται ο κοπος ημων.

8 περι

4:9   το πνευμα αυτου το αγιον εις υμας. περι δε της φιλαδελφιας ου χρειαν εχετε γραφειν
5:1   αλληλους εν τοις λογοις τουτοις. περι δε των χρονων και των καιρων. αδελφοι. ου
1:9   εχειν ημας λαλειν τι. αυτοι γαρ περι ημων απαγγελλουσιν οποιαν εισοδον εσχομεν
5:25   ος και ποιησει. αδελφοι. προσευχεσθε περι ημων. ασπασασθε τους αδελφους παντας εν
4:6   αδελφον αυτου. διοτι εκδικος κυριος περι παντων τουτων. καθως και προειπαμεν υμιν
1:2   ειρηνη. ευχαριστουμεν τω θεω παντοτε περι παντων υμων. μνειαν ποιουμενοι επι των
4:13   ου θελομεν δε υμας αγνοειν. αδελφοι. περι των κοιμωμενων. ινα μη λυπησθε καθως και
3:9   δυναμεθα τω θεω ανταποδουναι περι υμων επι παση τη χαρα η χαιρομεν δι υμας

1 περικεφαλαιαν

5:8   θωρακα πιστεως και αγαπης και περικεφαλαιαν ελπιδα σωτηριας. οτι ουκ εθετο

2 περιλειπομενοι

4:17   πρωτον. επειτα ημεις οι ζωντες οι περιλειπομενοι αμα συν αυτοις αρπαγησομεθα εν
4:15   εν λογω κυριου. οτι ημεις οι ζωντες οι περιλειπομενοι εις την παρουσιαν του κυριου ου

2 περιπατειν

4:1   παρελαβετε παρ ημων το πως δει υμας περιπατειν και αρεσκειν θεω. καθως και
2:12   παραμυθουμενοι και μαρτυρομενοι εις το περιπατειν υμας αξιως του θεου του καλουντος

1 περιπατειτε

4:1   περιπατειν και αρεσκειν θεω. καθως και περιπατειτε. ινα περισσευητε μαλλον. οιδατε

1 περιπατητε

4:12   υμων. καθως υμιν παρηγγειλαμεν. ινα περιπατητε ευσχημονως προς τους εξω και μηδενος

1 περιποιησιν

5:9   εθετο ημας ο θεος εις οργην αλλα εις περιποιησιν σωτηριας δια του κυριου ημων ιησου

1 περισσευειν

4:10   παρακαλουμεν δε υμας, αδελφοι. περισσευειν μαλλον. και φιλοτιμεισθαι

1 περισσευητε

4:1   θεω. καθως και περιπατειτε. ινα περισσευητε μαλλον. οιδατε γαρ τινας

1 περισσευσαι

3:12   υμας. υμας δε ο κυριος πλεονασαι και περισσευσαι τη αγαπη εις αλληλους και εις

1 περισσοτερως

2:17   προς καιρον ωρας. προσωπω ου καρδια. περισσοτερως εσπουδασαμεν το προσωπον υμων

```
                                          1  πιστευθηναι
2:4  αλλα καθως δεδοκιμασμεθα υπο του θεου  πιστευθηναι το ευαγγελιον ουτως λαλουμεν, ουχ

                                          1  πιστευομεν
4:14  λοιποι οι μη εχοντες ελπιδα.  ει γαρ  πιστευομεν οτι ιησους απεθανεν και ανεστη.

                                          3  πιστευουσιν
2:10  και δικαιως και αμεμπτως υμιν τοις   πιστευουσιν εγενηθημεν.  καθαπερ οιδατε ως ενα
1:7   ωστε γενεσθαι υμας τυπον πασιν τοις   πιστευουσιν εν τη μακεδονια και εν τη αχαια.
2:13  θεου, ος και ενεργειται εν υμιν τοις  πιστευουσιν.  υμεις γαρ μιμηται εγενηθητε.

                                          5  πιστεως
5:8   οντες νηφωμεν, ενδυσαμενοι θωρακα    πιστεως και αγαπης και περικεφαλαιαν ελπιδα
1:3   μνημονευοντες υμων του εργου της     πιστεως και του κοπου της αγαπης και της
3:2   στηριξαι υμας και παρακαλεσαι υπερ της πιστεως υμων   το μηδενα σαινεσθαι εν ταις
3:10  και καταρτισαι τα υστερηματα της     πιστεως υμων;  αυτος δε ο θεος και πατηρ ημων
3:7   τη αναγκη και θλιψει ημων δια της υμων πιστεως.  οτι νυν ζωμεν εαν υμεις στηκετε εν

                                          2  πιστιν
3:6   αφ υμων και ευαγγελισαμενου ημιν την  πιστιν και την αγαπην υμων, και οτι εχετε
3:5   μηκετι στεγων επεμψα εις το γνωναι την πιστιν υμων, μη πως επειρασεν υμας ο πειραζων

                                          1  πιστις
1:8   και (εν τη) αχαια. αλλ εν παντι τοπω η πιστις υμων η προς τον θεον εξεληλυθεν, ωστε μη

                                          1  πιστος
5:24  κυριου ημων ιησου χριστου τηρηθειη.  πιστος ο καλων υμας, ος και ποιησει.  αδελφοι,

                                          1  πλανης
2:3   αγωνι.  η γαρ παρακλησις ημων ουκ εκ  πλανης ουδε εξ ακαθαρσιας ουδε εν δολω.  αλλα

                                          1  πλεονασαι
3:12  οδον ημων προς υμας.  υμας δε ο κυριος πλεονασαι και περισσευσαι τη αγαπη εις αλληλους

                                          1  πλεονεκτειν
4:6   τον θεον.  το μη υπερβαινειν και      πλεονεκτειν εν τω πραγματι τον αδελφον αυτου.

                                          1  πλεονεξιας
2:5   καθως οιδατε. ουτε εν προφασει        πλεονεξιας. θεος μαρτυς.  ουτε ζητουντες εξ

                                          1  πληροφορια
1:5   δυναμει και εν πνευματι αγιω και (εν) πληροφορια πολλη. καθως οιδατε οιοι εγενηθημεν

                                          3  πνευμα
4:8   αλλα τον θεον τον (και) διδοντα το    πνευμα αυτου το αγιον εις υμας.  περι δε της
5:23  υμας ολοτελεις. και ολοκληρον υμων το πνευμα και η ψυχη και το σωμα αμεμπτως εν τη
5:19  θεου εν χριστω ιησου εις υμας.   το   πνευμα μη σβεννυτε.  προφητειας μη εξουθενειτε.

                                          1  πνευματι
1:5   λογω μονον αλλα και εν δυναμει και εν πνευματι αγιω και (εν) πληροφορια πολλη. καθως

                                          1  πνευματος
1:6   τον λογον εν θλιψει πολλη μετα χαρας  πνευματος αγιου.  ωστε γενεσθαι υμας τυπον

                                          2  ποιειτε
5:10  εστε εις το αγαπαν αλληλους.  και γαρ ποιειτε αυτο εις παντας τους αδελφους (τους) εν
5:11  και οικοδομειτε εις τον ενα, καθως και ποιειτε.  ερωτωμεν δε υμας, αδελφοι, ειδεναι

                                          1  ποιησει
5:24  τηρηθειη.  πιστος ο καλων υμας. ος και ποιησει.  αδελφοι, προσευχεσθε περι ημων.

                                          1  ποιουμενοι
1:2   θεω παντοτε περι παντων υμων, μνειαν  ποιουμενοι επι των προσευχων ημων, αδιαλειπτως

                                          3  πολλη
2:17  εσπουδασαμεν το προσωπον υμων ιδειν εν πολλη επιθυμια.  διοτι ηθελησαμεν ελθειν προς
1:6   κυριου. δεξαμενοι τον λογον εν θλιψει  πολλη μετα χαρας πνευματος αγιου.  ωστε
1:5   εν πνευματι αγιω και (εν) πληροφορια  πολλη, καθως οιδατε οιοι εγενηθημεν (εν) υμιν

                                          1  πολλω
2:2   προς υμας το ευαγγελιον του θεου εν   πολλω αγωνι.  η γαρ παρακλησις ημων ουκ εκ
```

	1 πονηρου
5:22	το καλον κατεχετε. απο παντος ειδους πονηρου απεχεσθε. αυτος δε ο θεος της ειρηνης

	1 πορνειας
4:3	αγιασμος υμων. απεχεσθαι υμας απο της πορνειας. ειδεναι εκαστον υμων το εαυτου

	1 ποτε
2:5	τας καρδιας ημων. ουτε γαρ ποτε εν λογω κολακειας εγενηθημεν. καθως

	1 πραγματι
4:6	μη υπερβαινειν και πλεονεκτειν εν τω πραγματι τον αδελφον αυτου. διοτι εκδικος

	1 πρασσειν
4:11	και φιλοτιμεισθαι ησυχαζειν και πρασσειν τα ιδια και εργαζεσθαι ταις χερσιν

	1 προειπαμεν
4:6	κυριος περι παντων τουτων. καθως και προειπαμεν υμιν και διεμαρτυραμεθα. ου γαρ

	1 προελεγομεν
3:4	κειμεθα. και γαρ οτε προς υμας ημεν. προελεγομεν υμιν οτι μελλομεν θλιβεσθαι. καθως

	1 προισταμενους
5:12	ειδεναι τους κοπιωντας εν υμιν και προισταμενους υμων εν κυριω και νουθετουντας

	1 προπαθοντες
2:2	προς υμας οτι ου κενη γεγονεν. αλλα προπαθοντες και υβρισθεντες καθως οιδατε εν

	2 προσευχεσθε
5:25	καλων υμας. ος και ποιησει. αδελφοι. προσευχεσθε περι ημων. ασπασασθε τους αδελφου
5:17	παντας. παντοτε χαιρετε, αδιαλειπτως προσευχεσθε. εν παντι ευχαριστειτε. τουτο γαρ

	1 προσευχων
1:2	παντων υμων. μνειαν ποιουμενοι επι των προσευχων ημων. αδιαλειπτως μνημονευοντες υμων

	2 προσωπον
3:10	δεομενοι εις το ιδειν υμων το προσωπον και καταρτισαι τα υστερηματα της
2:17	καρδια. περισσοτερως εσπουδασαμεν το προσωπον υμων ιδειν εν πολλη επιθυμια. διοτι

	1 προσωπω
2:17	αφ υμων προς καιρον ωρας. προσωπω ου καρδια. περισσοτερως εσπουδασαμεν τ

	13 προς
3:6	κοπος ημων. αρτι δε ελθοντος τιμοθεου προς ημας αφ υμων και ευαγγελισαμενου ημιν την
2:17	δε. αδελφοι. απορφανισθεντες αφ υμων προς καιρον ωρας. προσωπω ου καρδια.
5:14	αντεχεσθε των ασθενων. μακροθυμειτε προς παντας. ορατε μη τις κακον αντι κακου
2:9	μοχθον. νυκτος και ημερας εργαζομενοι προς το μη επιβαρησαι τινα υμων εκηρυξαμεν εις
1:9	εσχομεν προς υμας. και πως επεστρεψατε προς τον θεον απο των ειδωλων δουλευειν θεω
1:8	αλλ εν παντι τοπω η πιστις υμων η προς τον θεον εξεληλυθεν. ωστε μη χρειαν εχειν
4:12	ινα περιπατητε ευσχημονως προς τους εξω και μηδενος χρειαν εχητε. ου
3:4	οτι εις τουτο κειμεθα. και γαρ οτε προς υμας ημεν. προελεγομεν υμιν οτι μελλομεν
2:1	οιδατε. αδελφοι. την εισοδον ημων την προς υμας οτι ου κενη γεγονεν. αλλα
2:2	επαρρησιασαμεθα εν τω θεω ημων λαλησαι προς υμας το ευαγγελιον του θεου εν πολλω
3:11	ημων ιησους κατευθυναι την οδον ημων προς υμας. υμας δε ο κυριος πλεονασαι και
2:18	επιθυμια. διοτι ηθελησαμεν ελθειν προς υμας. εγω μεν παυλος και απαξ και δις. κα
1:9	απαγγελλουσιν οποιαν εισοδον εσχομεν προς υμας. και πως επεστρεψατε προς τον θεον

	1 προφασει
2:5	εγενηθημεν. καθως οιδατε. ουτε εν προφασει πλεονεξιας. θεος μαρτυς. ουτε

	1 προφητας
2:15	κυριον αποκτειναντων ιησουν και τους προφητας, και ημας εκδιωξαντων. και θεω μη

	1 προφητειας
5:20	εις υμας. το πνευμα μη σβεννυτε, προφητειας μη εξουθενειτε. παντα δε

	1 πρωτον
4:16	και οι νεκροι εν χριστω αναστησονται πρωτον. επειτα ημεις οι ζωντες οι

	3 πως
4:1	ινα καθως παρελαβετε παρ ημων το πως δει υμας περιπατειν και αρεσκειν θεω, καθως
3:5	εις το γνωναι την πιστιν υμων. μη πως επειρασεν υμας ο πειραζων και εις κενον
1:9	οποιαν εισοδον εσχομεν προς υμας. και πως επεστρεψατε προς τον θεον απο των ειδωλων

```
                                          1  ρυομενον
1:10   ον ηγειρεν εκ (των) νεκρων. ιησουν τον  ρυομενον ημας εκ της οργης της ερχομενης.

                                          1  σαινεσθαι
3:3        υπερ της πιστεως υμων   το μηδενα  σαινεσθαι εν ταις θλιψεσιν ταυταις. αυτοι γαρ

                                          1  σαλπιγγι
4:16   κελευσματι. εν φωνη αρχαγγελου και εν  σαλπιγγι θεου. καταβησεται απ ουρανου. και οι

                                          1  σατανας
2:18   και απαξ και δις. και ενεκοψεν ημας ο  σατανας.   τις γαρ ημων ελπις η χαρα η στεφανος

                                          1  σβεννυτε
5:19   χριστω ιησου εις υμας.   το πνευμα μη  σβεννυτε.   προφητειας μη εξουθενειτε.   παντα δε

                                          1  σιλουανος
1:1                    παυλος και  σιλουανος και τιμοθεος τη εκκλησια

                                          1  σκευος
4:4        ειδεναι εκαστον υμων το εαυτου  σκευος κτασθαι εν αγιασμω και τιμη.   μη εν

                                          1  σκοτει
5:4          υμεις δε. αδελφοι. ουκ εστε εν  σκοτει. ινα η ημερα υμας ως κλεπτης καταλαβη.

                                          1  σκοτους
5:5    και υιοι ημερας. ουκ εσμεν νυκτος ουδε  σκοτους.   αρα ουν μη καθευδωμεν ως οι λοιποι.

                                          1  στεγοντες
3:1    η δοξα ημων και η χαρα.   διο μηκετι  στεγοντες ευδοκησαμεν καταλειφθηναι εν αθηναις

                                          1  στεγων
3:5        και οιδατε.   δια τουτο καγω μηκετι  στεγων επεμψα εις το γνωναι την πιστιν υμων. μη

                                          1  στεφανος
2:19   σατανας.   τις γαρ ημων ελπις η χαρα η  στεφανος καυχησεως – η ουχι και υμεις –

                                          1  στηκετε
3:8    υμων πιστεως.   οτι νυν ζωμεν εαν υμεις  στηκετε εν κυριω.   τινα γαρ ευχαριστιαν

                                          2  στηριξαι
3:2    εν τω ευαγγελιω του χριστου. εις το  στηριξαι υμας και παρακαλεσαι υπερ της πιστεως
3:13   καθαπερ και ημεις εις υμας.   εις το  στηριξαι υμων τας καρδιας αμεμπτους εν αγιωσυνη

                                          1  συμφυλετων
2:14   αυτα επαθετε και υμεις υπο των ιδιων  συμφυλετων καθως και αυτοι υπο των ιουδαιων.

                                          4  συν
4:17   ημεις οι ζωντες οι περιλειπομενοι αμα  συν αυτοις αρπαγησομεθα εν νεφελαις εις
5:10   ειτε γρηγορωμεν ειτε καθευδωμεν αμα  συν αυτω ζησωμεν.   διο παρακαλειτε αλληλους και
4:14   τους κοιμηθεντας δια του ιησου αξει  συν αυτω.   τουτο γαρ υμιν λεγομεν εν λογω
4:17   του κυριου εις αερα. και ουτως παντοτε  συν κυριω εσομεθα.   ωστε παρακαλειτε αλληλους

                                          1  συνεργον
3:2    τιμοθεον. τον αδελφον ημων και  συνεργον του θεου εν τω ευαγγελιω του χριστου.

                                          1  σωθωσιν
2:16     ημας τοις εθνεσιν λαλησαι ινα  σωθωσιν. εις το αναπληρωσαι αυτων τας αμαρτιας

                                          1  σωμα
5:23   υμων το πνευμα και η ψυχη και το  σωμα αμεμπτως εν τη παρουσια του κυριου ημων

                                          2  σωτηριας
5:9    ο θεος εις οργην αλλα εις περιποιησιν  σωτηριας δια του κυριου ημων ιησου χριστου.
5:8    και αγαπης και περικεφαλαιαν ελπιδα  σωτηριας.   οτι ουκ εθετο ημας ο θεος εις οργην

                                          1  ταυταις
3:3      το μηδενα σαινεσθαι εν ταις θλιψεσιν  ταυταις. αυτοι γαρ οιδατε οτι εις τουτο

                                          2  τεκνα
2:11   οιδατε ως ενα εκαστον υμων ως πατηρ  τεκνα εαυτου   παρακαλουντες υμας και
2:7    υμων. ως εαν τροφος θαλπη τα εαυτης  τεκνα.   ουτως ομειρομενοι υμων ευδοκουμεν
```

	1 τελος	
2:16	εφθασεν δε επ αυτους η οργη εις τελος.	ημεις δε. αδελφοι. απορφανισθεντες αφ

	1 τηρηθειη	
5:23	παρουσια του κυριου ημων ιησου χριστου τηρηθειη.	πιστος ο καλων υμας. ος και ποιησει

	1 τι	
1:8	ωστε μη χρειαν εχειν ημας λαλειν τι.	αυτοι γαρ περι ημων απαγγελλουσιν οποιαν

	1 τιμη	
4:4	εαυτου σκευος κτασθαι εν αγιασμω και τιμη.	μη εν παθει επιθυμιας καθαπερ και τα

	1 τιμοθεον	
3:2	εν αθηναις μονοι. και επεμψαμεν τιμοθεον.	τον αδελφον ημων και συνεργον του

	1 τιμοθεος	
1:1	παυλος και σιλουανος και τιμοθεος	τη εκκλησια θεσσαλονικεων εν θεω πατρι

	1 τιμοθεου	
3:6	ο κοπος ημων. αρτι δε ελθοντος τιμοθεου	προς ημας αφ υμων και ευαγγελισαμενου

	2 τινα	
3:9	νυν ζωμεν εαν υμεις στηκετε εν κυριω.	τινα γαρ ευχαριστιαν δυναμεθα τω θεω
2:9	εργαζομενοι προς το μη επιβαρησαι	τινα υμων εκηρυξαμεν εις υμας το ευαγγελιον του

	1 τινας	
4:2	ινα περισσευητε μαλλον. οιδατε γαρ	τινας παραγγελιας εδωκαμεν υμιν δια του κυριου

	1 τινι	
5:15	παντας. ορατε μη τις κακον αντι κακου	τινι αποδω. αλλα παντοτε το αγαθον διωκετε εις

	2 τις	
2:19	και δις. και ενεκοψεν ημας ο σατανας.	τις γαρ ημων ελπις η χαρα η στεφανος καυχησεω
5:15	μακροθυμειτε προς παντας. ορατε μη	τις κακον αντι κακου τινι αποδω. αλλα παντοτε

	1 τοιγαρουν	
4:8	ο θεος επι ακαθαρσια αλλ εν αγιασμω.	τοιγαρουν ο αθετων ουκ ανθρωπον αθετει αλλα τον

	1 τοπω	
1:8	και (εν τη) αχαια. αλλ εν παντι	τοπω η πιστις υμων η προς τον θεον εξεληλυθεν.

	1 τοτε	
5:3	οταν λεγωσιν. ειρηνη και ασφαλεια.	τοτε αιφνιδιος αυτοις εφισταται ολεθρος ωσπερ η

	7 τουτο	
4:3	εδωκαμεν υμιν δια του κυριου ιησου.	τουτο γαρ εστιν θελημα του θεου. ο αγιασμος
5:18	προσευχεσθε. εν παντι ευχαριστειτε.	τουτο γαρ θελημα θεου εν χριστω ιησου εις υμας
4:15	δια του ιησου αξει συν αυτω.	τουτο γαρ υμιν λεγομεν εν λογω κυριου. οτι
3:5	καθως και εγενετο και οιδατε. δια	τουτο καγω μηκετι στεγων επεμψα εις το γνωναι
2:13	εαυτου βασιλειαν και δοξαν. και δια	τουτο και ημεις ευχαριστουμεν τω θεω
3:3	ταυταις. αυτοι γαρ οιδατε οτι εις	τουτο κειμεθα. και γαρ οτε προς υμας ημεν.
3:7	ιδειν καθαπερ και ημεις υμας. δια	τουτο παρεκληθημεν. αδελφοι. εφ υμιν επι παση

	1 τουτοις	
4:18	παρακαλειτε αλληλους εν τοις λογοις τουτοις.	περι δε των χρονων και των καιρων.

	1 τουτων	
4:6	διοτι εκδικος κυριος περι παντων	τουτων. καθως και προειπαμεν υμιν και

	1 τροφος	
2:7	εγενηθημεν ηπιοι εν μεσω υμων. ως εαν	τροφος θαλπη τα εαυτης τεκνα. ουτως

	1 τυπον	
1:7	πνευματος αγιου. ωστε γενεσθαι υμας	τυπον πασιν τοις πιστευουσιν εν τη μακεδονια

	1 υβρισθεντες	
2:2	ου κενη γεγονεν. αλλα προπαθοντες και	υβρισθεντες καθως οιδατε εν φιλιπποις

	2 υιοι	
5:5	παντες γαρ υμεις υιοι φωτος εστε και	υιοι ημερας. ουκ εσμεν νυκτος ουδε σκοτους.
5:5	ως κλεπτης καταλαβη. παντες γαρ υμεις	υιοι φωτος εστε και υιοι ημερας. ουκ εσμεν

1 υιον

1:10 ζωντι και αληθινω.   και αναμενειν τον υιον αυτου εκ των ουρανων, ον ηγειρεν εκ (των)

33 υμας

4:13 μηδενος χρειαν εχητε.   ου θελομεν δε υμας αγνοειν, αδελφοι, περι των κοιμωμενων, ινα
4:12 και μαρτυρομενοι εις το περιπατειν υμας αξιως του θεου του καλουντος υμας εις την
4:3 του θεου, ο αγιασμος υμων, απεχεσθαι υμας απο της πορνειας.   ειδεναι εκαστον υμων το
3:12 κατευθυναι την οδον ημων προς υμας. υμας δε ο κυριος πλεονασαι και περισσευσαι τη
2:12 υμας αξιως του θεου του καλουντος υμας εις την εαυτου βασιλειαν και δοξαν.   και
3:9 υμων επι παση τη χαρα η χαιρομεν δι υμας εμπροσθεν του θεου ημων.   νυκτος και
1:5 οτι το ευαγγελιον ημων ουκ εγενηθη εις υμας εν λογω μονον αλλα και εν δυναμει και εν
3:4 εις τουτο κειμεθα.   και γαρ οτε προς υμας ημεν.   προελεγομεν υμιν οτι μελλομεν
3:2 ευαγγελιω του χριστου, εις το στηριξαι υμας και παρακαλεσαι υπερ της πιστεως υμων   το
4:1 αυτου.   λοιπον ουν, αδελφοι, ερωτωμεν υμας και παρακαλουμεν εν κυριω ιησου, ινα καθως
2:12 ως πατηρ τεκνα εαυτου παρακαλουντες υμας και παραμυθουμενοι και μαρτυρομενοι εις το
3:5 την πιστιν υμων, μη πως επειρασεν υμας ο πειραζων και εις κενον γενηται ο κοπος
5:23 αυτος δε ο θεος της ειρηνης αγιασαι υμας ολοτελεις, και ολοκληρον υμων το πνευμα
2:1 αδελφοι, την εισοδον ημων την προς υμας οτι ου κενη γεγονεν.   αλλα προπαθοντες και
4:1 καθως παρελαβετε παρ ημων το πως δει υμας περιπατειν και αρεσκειν θεω, καθως και
2:2 εν τω θεω ημων λαλησαι προς υμας το ευαγγελιον του θεου εν πολλω αγωνι.   η
2:9 μη επιβαρησαι τινα υμων εκηρυξαμεν εις υμας το ευαγγελιον του θεου.   υμεις μαρτυρες
5:27 παντας εν φιληματι αγιω.   ενορκιζω υμας τον κυριον αναγνωσθηναι την επιστολην
1:7 χαρας πνευματος αγιου,   ωστε γενεσθαι υμας τυπον πασιν τοις πιστευουσιν εν τη
5:4 ουκ εστε εν σκοτει, ινα η ημερα υμας ως κλεπτης καταλαβη,   παντες γαρ υμεις
1:6 οιδατε οιοι εγενηθημεν (εν) υμιν δι υμας. και υμεις μιμηται ημων εγενηθητε και του
4:8 διδοντα το πνευμα αυτου το αγιον εις υμας. περι δε της φιλαδελφιας ου χρειαν εχετε
5:18 γαρ θελημα θεου εν χριστω ιησου εις υμας. το πνευμα μη σβεννυτε.   προφητειας μη
3:11 ιησους κατευθυναι την οδον ημων προς υμας. υμας δε ο κυριος πλεονασαι και
3:6 ημας ιδειν καθαπερ και ημεις υμας. δια τουτο παρεκληθημεν, αδελφοι, εφ υμιν
3:12 και εις παντας, καθαπερ και ημεις εις υμας. εις το στηριξαι υμων τας καρδιας
5:12 υμων εν κυριω και νουθετουντας υμας. και ηγεισθαι αυτους υπερεκπερισσου εν
5:12 ενα, καθως και ποιειτε.   ερωτωμεν δε υμας. αδελφοι, ειδεναι τους κοπιωντας εν υμιν
5:14 εαυτοις.   παρακαλουμεν δε υμας. αδελφοι, νουθετειτε τους ατακτους.
4:10 εν ολη τη μακεδονια.   παρακαλουμεν δε υμας. αδελφοι, περισσευειν μαλλον.   και
2:18 διοτι ηθελησαμεν ελθειν προς υμας. εγω μεν παυλος και απαξ και δις. και
1:9 οποιαν εισοδον εσχομεν προς υμας. και πως επεστρεψατε προς τον θεον απο των
5:24 χριστου τηρηθειη.   πιστος ο καλων υμας. ος και ποιησει.   αδελφοι, προσευχεσθε

10 υμεις

2:20 ημων ιησου εν τη αυτου παρουσια; υμεις γαρ εστε η δοξα ημων και η χαρα.   διο
2:14 ενεργειται εν υμιν τοις πιστευουσιν. υμεις γαρ μιμηται εγενηθητε, αδελφοι, των
5:4 γαστρι εχουση, και ου μη εκφυγωσιν. υμεις δε, αδελφοι, ουκ εστε εν σκοτει, ινα η
4:9 χρειαν εχετε γραφειν υμιν, αυτοι γαρ υμεις θεοδιδακτοι εστε εις το αγαπαν αλληλους.
2:10 εις υμας το ευαγγελιον του θεου. υμεις μαρτυρες και ο θεος, ως οσιως και δικαιως
1:6 εγενηθημεν (εν) υμιν δι υμας.   και υμεις μιμηται ημων εγενηθητε και του κυριου.
4:8 της υμων πιστεως.   οτι νυν ζωμεν εαν υμεις στηκετε εν κυριω.   τινα γαρ ευχαριστιαν
5:5 υμας ως κλεπτης καταλαβη.   παντες γαρ υμεις υιοι φωτος εστε και υιοι ημερας. ουκ
2:14 χριστου ιησου. οτι τα αυτα επαθετε και υμεις υπο των ιδιων συμφυλετων καθως και αυτοι
2:19 χαρα η στεφανος καυχησεως - η ουχι και υμεις - εμπροσθεν του κυριου ημων ιησου εν τη

14 υμιν

5:1 των καιρων, αδελφοι, ου χρειαν εχετε υμιν γραφεσθαι.   αυτοι γαρ ακριβως οιδατε οτι
1:5 καθως οιδατε οιοι εγενηθημεν (εν) υμιν δι υμας.   και υμεις μιμηται ημων εγενηθητε
4:2 οιδατε γαρ τινας παραγγελιας εδωκαμεν υμιν δια του κυριου ιησου.   τουτο γαρ εστιν
3:7 δια τουτο παρεκληθημεν, αδελφοι, εφ υμιν επι παση τη αναγκη και θλιψει ημων δια της
3:6 παντων τουτων, καθως και προειπαμεν υμιν και διεμαρτυραμεθα.   ου γαρ εκαλεσεν ημας
1:1 πατρι και κυριω ιησου χριστω.   χαρις υμιν και ειρηνη.   ευχαριστουμεν τω θεω παντοτε
5:12 αδελφοι, ειδεναι τους κοπιωντας εν υμιν και προισταμενους υμων εν κυριω και
4:15 του ιησου αξει συν αυτω.   τουτο γαρ υμιν λεγομεν εν λογω κυριου. οτι ημεις οι
3:4 γαρ οτε προς υμας ημεν, προελεγομεν υμιν οτι μελλομεν θλιβεσθαι, καθως και εγενετο
4:8 ομειρομενοι υμων ευδοκουμεν μεταδουναι υμιν ου μονον το ευαγγελιον του θεου αλλα και
2:11 και εργαζεσθαι ταις χερσιν υμων, καθως υμιν παρηγγειλαμεν, ινα περιπατητε ευσχημονως
2:10 ως οσιως και δικαιως και αμεμπτως υμιν τοις πιστευουσιν εγενηθημεν.   καθαπερ
2:13 λογον θεου, ος και ενεργειται εν υμιν τοις πιστευουσιν.   υμεις γαρ μιμηται
4:9 φιλαδελφιας ου χρειαν εχετε γραφειν υμιν, αυτοι γαρ υμεις θεοδιδακτοι εστε εις το

27 υμων

3:2 υμας και παρακαλεσαι υπερ της πιστεως υμων   το μηδενα σαινεσθαι εν ταις θλιψεσιν
2:8 εν τη μακεδονια και εν τη αχαια.   αφ υμων γαρ εξηχηται ο λογος του κυριου ου μονον
2:9 εργαζομενοι προς το μη επιβαρησαι τινα υμων εκηρυξαμεν εις υμας το ευαγγελιον του
5:12 κοπιωντας εν υμιν και προισταμενους υμων εν κυριω και νουθετουντας υμας.   και
3:9 δυναμεθα τω θεω ανταποδουναι περι υμων επι παση τη χαρα η χαιρομεν δι υμας

2:8	τα εαυτης τεκνα· ουτως ομειρομενοι υμων	ευδοκουμεν μεταδουναι υμιν ου μονον το
1:8	τη) αχαια. αλλ εν παντι τοπω η πιστις υμων	η προς τον θεον εξεληλυθεν. ωστε μη χρεια
2:17	περισσοτερως εσπουδασαμεν το προσωπον υμων	ιδειν εν πολλη επιθυμια. διοτι ηθελησαμεν
3:6	αρτι δε ελθοντος τιμοθεου προς ημας αφ υμων	και ευαγγελισαμενου ημιν την πιστιν και
2:6	ζητουντες εξ ανθρωπων δοξαν. ουτε αφ υμων	ουτε απ αλλων. δυναμενοι εν βαρει ειναι
3:7	παση τη αναγκη και θλιψει ημων δια της υμων	πιστεως. οτι νυν ζωμεν εαν υμεις στηκετε
2:17	ημεις δε. αδελφοι. απορφανισθεντες αφ υμων	προς καιρον ωρας. προσωπω ου καρδια.
3:13	και ημεις εις υμας. εις το στηριξαι υμων	τας καρδιας αμεμπτους εν αγιωσυνη
4:4	απο της πορνειας. ειδεναι εκαστον υμων	το εαυτου σκευος κτασθαι εν αγιασμω και
5:23	αγιασαι υμας ολοτελεις. και ολοκληρον υμων	το πνευμα και η ψυχη και το σωμα αμεμπτω
3:10	υπερεκπερισσου δεομενοι εις το ιδειν υμων	το προσωπον και καταρτισαι τα υστερηματα
1:3	ημων. αδιαλειπτως μνημονευοντες υμων	του εργου της πιστεως και του κοπου της
2:11	καθαπερ οιδατε ως ενα εκαστον υμων	ως πατηρ τεκνα εαυτου παρακαλουντες υμας
5:28	του κυριου ημων ιησου χριστου μεθ υμων.	
3:10	καταρτισαι τα υστερηματα της πιστεως υμων:	αυτος δε ο θεος και πατηρ ημων και ο
1:4	ηγαπημενοι υπο (του) θεου. την εκλογην υμων.	οτι το ευαγγελιον ημων ουκ εγενηθη εις
4:3	γαρ εστιν θελημα του θεου. ο αγιασμος υμων.	απεχεσθαι υμας απο της πορνειας. ειδεναι
4:11	τα ιδια και εργαζεσθαι ταις χερσιν υμων.	καθως υμιν παρηγγειλαμεν. ινα περιπατητε
3:6	ημιν την πιστιν και την αγαπην υμων.	και οτι εχετε μνειαν ημων αγαθην παντοτε
3:5	στεγων επεμψα εις το γνωναι την πιστιν υμων.	μη πως επειρασεν υμας ο πειραζων και εις
1:2	τω θεω παντοτε περι παντων υμων.	μνειαν ποιουμενοι επι των προσευχων ημων.
2:7	αλλα εγενηθημεν ηπιοι εν μεσω υμων.	ως εαν τροφος θαλπη τα εαυτης τεκνα.

2 υπερ

5:10	ημων ιησου χριστου. του αποθανοντος υπερ	ημων ινα ειτε γρηγορωμεν ειτε καθευδωμεν
3:2	εις το στηριξαι υμας και παρακαλεσαι υπερ	της πιστεως υμων το μηδενα σαινεσθαι εν

1 υπερβαινειν

4:6	τα εθνη τα μη ειδοτα τον θεον. το μη	υπερβαινειν και πλεονεκτειν εν τω πραγματι τον

2 υπερεκπερισσου

3:10	του θεου ημων. νυκτος και ημερας	υπερεκπερισσου δεομενοι εις το ιδειν υμων το
5:13	υμας. και ηγεισθαι αυτους	υπερεκπερισσου εν αγαπη δια το εργον αυτων.

4 υπο

2:4	εν δολω. αλλα καθως δεδοκιμασμεθα	υπο του θεου πιστευθηναι το ευαγγελιον ουτως
2:14	ιησου. οτι τα αυτα επαθετε και υμεις	υπο των ιδιων συμφυλετων καθως και αυτοι υπο
2:14	των ιδιων συμφυλετων καθως και αυτοι	υπο των ιουδαιων. των και τον κυριον
1:4	ημων. ειδοτες. αδελφοι ηγαπημενοι	υπο (του) θεου. την εκλογην υμων. οτι το

1 υπομονης

1:3	και του κοπου της αγαπης και της	υπομονης της ελπιδος του κυριου ημων ιησου

1 υστερηματα

3:10	υμων το προσωπον και καταρτισαι τα	υστερηματα της πιστεως υμων: αυτος δε ο θεος

1 φθασωμεν

4:15	εις την παρουσιαν του κυριου ου μη	φθασωμεν τους κοιμηθεντας. οτι αυτος ο κυριος

1 φιλαδελφιας

4:9	αυτου το αγιον εις υμας. περι δε της	φιλαδελφιας ου χρειαν εχετε γραφειν υμιν. αυτοι

1 φιληματι

5:26	ασπασασθε τους αδελφους παντας εν	φιληματι αγιω. ενορκιζω υμας τον κυριον

1 φιλιπποις

2:2	και υβρισθεντες καθως οιδατε εν	φιλιπποις επαρρησιασαμεθα εν τω θεω ημων

1 φιλοτιμεισθαι

4:11	αδελφοι. περισσευειν μαλλον. και	φιλοτιμεισθαι ησυχαζειν και πρασσειν τα ιδια

1 φωνη

4:16	οτι αυτος ο κυριος εν κελευσματι. εν	φωνη αρχαγγελου και εν σαλπιγγι θεου.

1 φωτος

5:5	καταλαβη. παντες γαρ υμεις υιοι	φωτος εστε και υιοι ημερας. ουκ εσμεν νυκτος

1 χαιρετε

5:16	εις αλληλους και εις παντας. παντοτε	χαιρετε. αδιαλειπτως προσευχεσθε. εν παντι

1 χαιρομεν

3:9	περι υμων επι παση τη χαρα η	χαιρομεν δι υμας εμπροσθεν του θεου ημων.

3 χαρα

:19 ημας ο σατανας· τις γαρ ημων ελπις η χαρα η στεφανος καυχησεως - η ουχι και υμεις -
:9 θεω ανταποδουναι περι υμων επι παση τη χαρα η χαιρομεν δι υμας εμπροσθεν του θεου
:20 υμεις γαρ εστε η δοξα ημων και η χαρα. διο μηκετι στεγοντες ευδοκησαμεν

1 χαρας

:6 τον λογον εν θλιψει πολλη μετα χαρας πνευματος αγιου. ωστε γενεσθαι υμας

2 χαρις

:28 την επιστολην πασιν τοις αδελφοις. η χαρις του κυριου ημων ιησου χριστου μεθ υμων.
:1 εν θεω πατρι και κυριω ιησου χριστω. χαρις υμιν και ειρηνη. ευχαριστουμεν τω θεω

1 χερσιν

:11 πρασσειν τα ιδια και εργαζεσθαι ταις χερσιν υμων, καθως υμιν παρηγγειλαμεν. ινα

4 χρειαν

:8 η προς τον θεον εξεληλυθεν, ωστε μη χρειαν εχειν ημας λαλειν τι. αυτοι γαρ περι
:9 εις υμας. περι δε της φιλαδελφιας ου χρειαν εχετε γραφειν υμιν. αυτοι γαρ υμεις
:1 των χρονων και των καιρων, αδελφοι, ου χρειαν εχετε υμιν γραφεσθαι. αυτοι γαρ ακριβως
:12 ευσχημονως προς τους εξω και μηδενος χρειαν εχητε. ου θελομεν δε υμας αγνοειν.

6 χριστου

:7 απ αλλων. δυναμενοι εν βαρει ειναι ως χριστου αποστολοι. αλλα εγενηθημεν ηπιοι εν
:3 της ελπιδος του κυριου ημων ιησου χριστου εμπροσθεν του θεου και πατρος ημων.
:28 η χαρις του κυριου ημων ιησου χριστου μεθ υμων.
:23 εν τη παρουσια του κυριου ημων ιησου χριστου τηρηθειη. πιστος ο καλων υμας. ος και
:9 σωτηριας δια του κυριου ημων ιησου χριστου. του αποθανοντος υπερ ημων ινα ειτε
:2 συνεργον του θεου εν τω ευαγγελιω του χριστου. εις το στηριξαι υμας και παρακαλεσαι

4 χριστω

:16 απ ουρανου. και οι νεκροι εν χριστω αναστησονται πρωτον. επειτα ημεις οι
:18 ευχαριστειτε. τουτο γαρ θελημα θεου εν χριστω ιησου εις υμας. το πνευμα μη σβεννυτε.
:14 του θεου των ουσων εν τη ιουδαια εν χριστω ιησου. οτι τα αυτα επαθετε και υμεις υπο
:1 εν θεω πατρι και κυριω ιησου χριστω. χαρις υμιν και ειρηνη. ευχαριστουμεν

1 χρονων

:1 εν τοις λογοις τουτοις. περι δε των χρονων και των καιρων, αδελφοι, ου χρειαν εχετε

1 ψυχας

:8 του θεου αλλα και τας εαυτων ψυχας. διοτι αγαπητοι ημιν εγενηθητε.

1 ψυχη

:23 και ολοκληρον υμων το πνευμα και η ψυχη και το σωμα αμεμπτως εν τη παρουσια του

1 ωδιν

:3 αυτοις εφισταται ολεθρος ωσπερ η ωδιν τη εν γαστρι εχουση, και ου μη εκφυγωσιν.

1 ωρας

:17 απορφανισθεντες αφ υμων προς καιρον ωρας, προσωπω ου καρδια, περισσοτερως

1 ωσπερ

:3 αιφνιδιος αυτοις εφισταται ολεθρος ωσπερ η ωδιν τη εν γαστρι εχουση. και ου μη

3 ωστε

:7 πολλη μετα χαρας πνευματος αγιου. ωστε γενεσθαι υμας τυπον πασιν τοις πιστευουσιν
:8 υμων η προς τον θεον εξεληλυθεν. ωστε μη χρειαν εχειν ημας λαλειν τι. αυτοι γαρ
:18 και ουτως παντοτε συν κυριω εσομεθα. ωστε παρακαλειτε αλληλους εν τοις λογοις

9 ως

:4 το ευαγγελιον ουτως λαλουμεν, ουχ ως ανθρωποις αρεσκοντες αλλα θεω τω δοκιμαζοντι
:7 αλλα εγενηθημεν ηπιοι εν μεσω υμων. ως εαν τροφος θαλτη τα εαυτης τεκνα. ουτως
:11 εγενηθημεν. καθαπερ οιδατε ως ενα εκαστον υμων ως πατηρ τεκνα εαυτου
:2 γαρ ακριβως οιδατε οτι ημερα κυριου ως κλεπτης εν νυκτι ουτως ερχεται. οταν
:4 ουκ εστε εν σκοτει. ινα η ημερα υμας ως κλεπτης καταλαβη. παντες γαρ υμεις υιοι
:6 ουδε σκοτους. αρα ουν μη καθευδωμεν ως οι λοιποι. αλλα γρηγορωμεν και νηφωμεν. οι
:10 του θεου. υμεις μαρτυρες και ο θεος. ως οσιως και δικαιως και αμεμπτως υμιν τοις
:11 καθαπερ οιδατε ως ενα εκαστον υμων ως πατηρ τεκνα εαυτου παρακαλουντες υμας και
:7 απ αλλων. δυναμενοι εν βαρει ειναι ως χριστου αποστολοι. αλλα εγενηθημεν ηπιοι εν

I THESSALONIANS
PART VI
REVERSE CONCORDANCE

```
8    και  αγαπης  και  περικεφαλαιαν  ελπιδα   σωτηριας.   οτι  ουκ  εθετο  ημας  ο  θεος  εις  οργην
13   και  οι  λοιποι  οι  μη  εχοντες  ελπιδα    ει  γαρ  πιστευομεν  οτι  ιησους  απεθανεν  και
```

```
9      κυριω.   τινα  γαρ  ευχαριστιαν  δυναμεθα   τω  θεω  ανταποδουναι  περι  υμων  επι  παση  τη  χαρα
```

```
6    και  προειπαμεν  υμιν  και  διεμαρτυραμεθα   ου  γαρ  εκαλεσεν  ημας  ο  θεος  επι  ακαθαρσια
```

```
2    οιδατε  εν  φιλιπποις  επαρρησιασαμεθα   εν  τω  θεω  ημων  λαλησαι  προς  υμας  το  ευαγγελιον
```

```
3    αυτοι  γαρ  οιδατε  οτι  εις  τουτο  κειμεθα   και  γαρ  οτε  προς  υμας  ημεν.  προελεγομεν  υμιν
```

```
17    και  ουτως  παντοτε  συν  κυριω  εσομεθα   ωστε  παρακαλειτε  αλληλους  εν  τοις  λογοις
```

```
17      αμα  συν  αυτοις  αρπαγησομεθα   εν  νεφελαις  εις  απαντησιν  του  κυριου  εις  αερα.
```

```
4    ουδε  εν  δολω.   αλλα  καθως  δεδοκιμασμεθα   υπο  του  θεου  πιστευθηναι  το  ευαγγελιον  ουτως
```

```
14      του  θεου  των  ουσων  εν  τη  ιουδαια   εν  χριστω  ιησου.  οτι  τα  αυτα  επαθετε  και  υμεις
```

```
7      εν  τη  μακεδονια  και  εν  τη  αχαια   αφ  υμων  γαρ  εξηχηται  ο  λογος  του  κυριου  ου
8    μονον  εν  τη  μακεδονια  και  (εν  τη)  αχαια   αλλ  εν  παντι  τοπω  η  πιστις  υμων  η  προς  τον
```

```
5        καθως  και  εγενετο  και  οιδατε.   δια  τουτο  καγω  μηκετι  στεγων  επεμψα  εις  το  γνωναι
7    ημας  ιδειν  καθαπερ  και  ημεις  υμας.   δια  τουτο  παρεκληθημεν.  αδελφοι.  εφ  υμιν  επι  παση
13     αυτους  υπερεκπερισσου  εν  αγαπη   δια  το  εργον  αυτων.  ειρηνευετε  εν  εαυτοις.
13    εαυτου  βασιλειαν  και  δοξαν.   και  δια  τουτο  και  ημεις  ευχαριστουμεν  τω  θεω
2    γαρ  τινας  παραγγελιας  εδωκαμεν  υμιν   δια  του  κυριου  ιησου.   τουτο  γαρ  εστιν  θελημα  του
7    επι  παση  τη  αναγκη  και  θλιψει  ημων   δια  της  υμων  πιστεως.   οτι  νυν  ζωμεν  εαν  υμεις
9    οργην  αλλα  εις  περιποιησιν  σωτηριας   δια  του  κυριου  ημων  ιησου  χριστου.   του
14    ουτως  και  ο  θεος  τους  κοιμηθεντας   δια  του  ιησου  αξει  συν  αυτω.   τουτο  γαρ  υμιν
```

```
11    ησυχαζειν  και  πρασσειν  τα  ιδια   και  εργαζεσθαι  ταις  χερσιν  υμων.  καθως  υμιν
```

```
17    προς  καιρον  ωρας.  προσωπω  ου  καρδια   περισσοτερως  εσπουδασαμεν  το  προσωπον  υμων
```

```
3    οταν  λεγωσιν.  ειρηνη  και  ασφαλεια   τοτε  αιφνιδιος  αυτοις  εφισταται  ολεθρος  ωσπερ
```

```
17    προσωπον  υμων  ιδειν  εν  πολλη  επιθυμια   διοτι  ηθελησαμεν  ελθειν  προς  υμας.  εγω  μεν
```

```
10    αδελφους  (τους)  εν  ολη  τη  μακεδονια   παρακαλουμεν  δε  υμας.  αδελφοι.  περισσευειν
7    πασιν  τοις  πιστευουσιν  εν  τη  μακεδονια   και  εν  τη  αχαια.   αφ  υμων  γαρ  εξηχηται  ο  λογος
8    του  κυριου  ου  μονον  εν  τη  μακεδονια   και  (εν  τη)  αχαια.  αλλ  εν  παντι  τοπω  η  πιστις
```

```
5    εν  πνευματι  αγιω  και  (εν)  πληροφορια   πολλη.  καθως  οιδατε  οιοι  εγενηθημεν  (εν)  υμιν
```

```
1    και  σιλουανος  και  τιμοθεος  τη  εκκλησια   θεσσαλονικεων  εν  θεω  πατρι  και  κυριω  ιησου
```

```
7    γαρ  εκαλεσεν  ημας  ο  θεος  επι  ακαθαρσια   αλλ  εν  αγιασμω.   τοιγαρουν  ο  αθετων  ουκ
```

```
13    του  θεου  και  πατρος  ημων  εν  τη  παρουσια   του  κυριου  ημων  ιησου  μετα  παντων  των  αγιων
23    και  το  σωμα  αμεμπτως  εν  τη  παρουσια   του  κυριου  ημων  ιησου  χριστου  τηρηθειη.
19    κυριου  ημων  ιησου  εν  τη  αυτου  παρουσια   υμεις  γαρ  εστε  η  δοξα  ημων  και  η  χαρα.      διο
```

1 θωρακα

5:8   οντες νηφωμεν. ενδυσαμενοι θωρακα πιστεως και αγαπης και περικεφαλαιαν ελπιδα

11 αλλα

2:2   προς υμας οτι ου κενη γεγονεν. αλλα προπαθοντες και υβρισθεντες καθως οιδατε εν
2:4   ουδε εξ ακαθαρσιας ουδε εν δολω. αλλα καθως δεδοκιμασμεθα υπο του θεου πιστευθηναι
4:8   ο αθετων ουκ ανθρωπον αθετει αλλα τον θεον τον (και) διδοντα το πνευμα αυτου το
5:9   ουκ εθετο ημας ο θεος εις οργην αλλα εις περιποιησιν σωτηριας δια του κυριου ημων
1:5   ουκ εγενηθη εις υμας εν λογω μονον αλλα και εν δυναμει και εν πνευματι αγιω και (εν)
2:13   θεου εδεξασθε ου λογον ανθρωπων αλλα καθως εστιν αληθως λογον θεου. ος και
2:4   ουχ ως ανθρωποις αρεσκοντες αλλα θεω τω δοκιμαζοντι τας καρδιας ημων. ουτε γαρ
2:8   ου μονον το ευαγγελιον του θεου αλλα και τας εαυτων ψυχας. διοτι αγαπητοι ημιν
2:7   βαρει ειναι ως χριστου αποστολοι. αλλα εγενηθημεν ηπιοι εν μεσω υμων. ως εαν τροφος
5:6   ουν μη καθευδωμεν ως οι λοιποι. αλλα γρηγορωμεν και νηφωμεν. οι γαρ καθευδοντες
5:15   τις κακον αντι κακου τινι αποδω, αλλα παντοτε το αγαθον διωκετε εις αλληλους και εις

2 αμα

4:17   ημεις οι ζωντες οι περιλειπομενοι αμα συν αυτοις αρπαγησομεθα εν νεφελαις εις
5:10   ινα ειτε γρηγορωμεν ειτε καθευδωμεν αμα συν αυτω ζησωμεν. διο παρακαλειτε αλληλους

2 θελημα

4:3   κυριου ιησου. τουτο γαρ εστιν θελημα του θεου. ο αγιασμος υμων. απεχεσθαι υμας απο
5:18   εν παντι ευχαριστειτε. τουτο γαρ θελημα θεου εν χριστω ιησου εις υμας. το πνευμα μη

3 πνευμα

5:19   εν χριστω ιησου εις υμας. το πνευμα μη σβεννυτε. προφητειας μη εξουθενειτε.
4:8   τον θεον τον (και) διδοντα το πνευμα αυτου το αγιον εις υμας. περι δε της
5:23   ολοτελεις. και ολοκληρον υμων το πνευμα και η ψυχη και το σωμα αμεμπτως εν τη παρουσ

1 σωμα

5:23   υμων το πνευμα και η ψυχη και το σωμα αμεμπτως εν τη παρουσια του κυριου ημων ιησου

2 ενα

5:11   αλληλους και οικοδομειτε εις τον ενα καθως και ποιειτε. ερωτωμεν δε υμας.
2:11   εγενηθημεν. καθαπερ οιδατε ως ενα εκαστον υμων ως πατηρ τεκνα εαυτου

1 μηδενα

3:3   υπερ της πιστεως υμων το μηδενα σαινεσθαι εν ταις θλιψεσιν ταυταις. αυτοι γαρ

7 ινα

4:12   υμων. καθως υμιν παρηγγειλαμεν. ινα περιπατητε ευσχημονως προς τους εξω και
2:16   κωλυοντων ημας τοις εθνεσιν λαλησαι ινα σωθωσιν. εις το αναπληρωσαι αυτων τας αμαρτιας
5:10   χριστου. του αποθανοντος υπερ ημων ινα ειτε γρηγορωμεν ειτε καθευδωμεν αμα συν αυτω
4:1   θεω. καθως και περιπατειτε. ινα περισσευητε μαλλον. οιδατε γαρ τινας
5:4   δε. αδελφοι. ουκ εστε εν σκοτει. ινα η ημερα υμας ως κλεπτης καταλαβη. παντες γαρ
4:13   αδελφοι. περι των κοιμωμενων. ινα μη λυπησθε καθως και οι λοιποι οι μη εχοντες
4:1   και παρακαλουμεν εν κυριω ιησου. ινα καθως παρελαβετε παρ ημων το πως δει υμας

2 τινα

3:9   ζωμεν εαν υμεις στηκετε εν κυριω. τινα γαρ ευχαριστιαν δυναμεθα τω θεω ανταποδουναι
2:9   εργαζομενοι προς το μη επιβαρησαι τινα υμων εκηρυξαμεν εις υμας το ευαγγελιον του

2 τεκνα

2:11   ως ενα εκαστον υμων ως πατηρ τεκνα εαυτου παρακαλουντες υμας και παραμυθουμενοι
2:7   ως εαν τροφος θαλπη τα εαυτης τεκνα ουτως ομειρομενοι υμων ευδοκουμεν μεταδουναι

1 δοξα

2:20   αυτου παρουσια. υμεις γαρ εστε η δοξα ημων και η χαρα. διο μηκετι στεγοντες

1 αρα

5:6   ουκ εσμεν νυκτος ουδε σκοτους. αρα ουν μη καθευδωμεν ως οι λοιποι. αλλα

3 χαρα

2:20   υμεις γαρ εστε η δοξα ημων και η χαρα διο μηκετι στεγοντες ευδοκησαμεν
2:19   ο σατανας. τις γαρ ημων ελπις η χαρα η στεφανος καυχησεως - η ουχι και υμεις -
3:9   ανταποδουναι περι υμων επι παση τη χαρα η χαιρομεν δι υμας εμπροσθεν του θεου ημων

1 αερα

4:17   εις απαντησιν του κυριου εις αερα και ουτως παντοτε συν κυριω εσομεθα. ωστε

                                        2 ημερα
5:4   ουκ εστε εν σκοτει. ινα η ημερα υμας ως κλεπτης καταλαβη.   παντες γαρ υμεις
5:2   αυτοι γαρ ακριβως οιδατε οτι ημερα κυριου ως κλεπτης εν νυκτι ουτως ερχεται.

                                        6 τα
4:5   παθει επιθυμιας καθαπερ και τα εθνη τα μη ειδοτα τον θεον.   το μη υπερβαινειν και
2:7   εν μεσω υμων. ως εαν τροφος θαλπη τα εαυτης τεκνα.   ουτως ομειρομενοι υμων
4:5   μη εν παθει επιθυμιας καθαπερ και τα εθνη τα μη ειδοτα τον θεον.   το μη υπερβαινειν
3:10   υμων το προσωπον και καταρτισαι τα υστερηματα της πιστεως υμων: αυτος δε ο θεος
2:14   εν τη ιουδαια εν χριστω ιησου. οτι τα αυτα επαθετε και υμεις υπο των ιδιων
4:11   φιλοτιμεισθαι ησυχαζειν και πρασσειν τα ιδια και εργαζεσθαι ταις χερσιν υμων. καθως

                                        1 υστερηματα
3:10   προσωπον και καταρτισαι τα υστερηματα της πιστεως υμων: αυτος δε ο θεος και πατηρ

                                        2 μετα
1:6   τον λογον εν θλιψει πολλη μετα χαρας πνευματος αγιου.   ωστε γενεσθαι υμας
3:13   τη παρουσια του κυριου ημων ιησου μετα παντων των αγιων αυτου.   λοιπον ουν. αδελφοι.

                                        1 επειτα
4:17   εν χριστω αναστησονται πρωτον.   επειτα ημεις οι ζωντες οι περιλειπομενοι αμα συν

                                        1 παντα
5:21   προφητειας μη εξουθενειτε.   παντα δε δοκιμαζετε. το καλον κατεχετε.   απο παντος

                                        1 διδοντα
4:8   αθετει αλλα τον θεον τον (και) διδοντα το πνευμα αυτου το αγιον εις υμας.   περι δε

                                        1 ειδοτα
4:5   καθαπερ και τα εθνη τα μη ειδοτα τον θεον.   το μη υπερβαινειν και πλεονεκτειν

                                        1 αυτα
2:14   τη ιουδαια εν χριστω ιησου. οτι τα αυτα επαθετε και υμεις υπο των ιδιων συμφυλετων

                                        1 επεμψα
3:5   δια τουτο καγω μηκετι στεγων επεμψα εις το γνωναι την πιστιν υμων. μη πως

                                        15 δε
5:21   προφητειας μη εξουθενειτε.   παντα δε δοκιμαζετε. το καλον κατεχετε.   απο παντος
5:1   εν τοις λογοις τουτοις.   περι δε των χρονων και των καιρων. αδελφοι. ου χρειαν
4:9   αυτου το αγιον εις υμας.   περι δε της φιλαδελφιας ου χρειαν εχετε γραφειν υμιν.
3:6   κενον γενηται ο κοπος ημων.   αρτι δε ελθοντος τιμοθεου προς ημας αφ υμων και
4:13   μηδενος χρειαν εχητε.   ου θελομεν δε υμας αγνοειν, αδελφοι. περι των κοιμωμενων.
5:14   ειρηνευετε εν εαυτοις.   παρακαλουμεν δε υμας. αδελφοι. νουθετειτε τους ατακτους.
4:10   εν ολη τη μακεδονια.   παρακαλουμεν δε υμας. αδελφοι. περισσευειν μαλλον,   και
5:12   ενα. καθως και ποιειτε.   ερωτωμεν δε υμας. αδελφοι. ειδεναι τους κοπιωντας εν υμιν
2:16   αυτων τας αμαρτιας παντοτε. εφθασεν δε επ αυτους η οργη εις τελος.   ημεις δε.
3:12   την οδον ημων προς υμας.   υμας δε ο κυριος πλεονασαι και περισσευσαι τη αγαπη
5:8   νυκτος μεθυουσιν.   ημεις δε ημερας οντες νηφωμεν. ενδυσαμενοι θωρακα
2:17   επ αυτους η οργη εις τελος.   ημεις δε αδελφοι. απορφανισθεντες αφ υμων προς καιρον
5:4   εχουση. και ου μη εκφυγωσιν.   υμεις δε αδελφοι. ουκ εστε εν σκοτει. ινα η ημερα υμας
5:23   ειδους πονηρου απεχεσθε.   αυτος δε ο θεος της ειρηνης αγιασαι υμας ολοτελεις. και
3:11   υστερηματα της πιστεως υμων: αυτος δε ο θεος και πατηρ ημων και ο κυριος ημων ιησους

                                        3 ουδε
2:3   ουκ εκ πλανης ουδε εξ ακαθαρσιας ουδε εν δολω.   αλλα καθως δεδοκιμασμεθα υπο του
2:3   γαρ παρακλησις ημων ουκ εκ πλανης ουδε εξ ακαθαρσιας ουδε εν δολω.   αλλα καθως
5:5   και υιοι ημερας. ουκ εσμεν νυκτος ουδε σκοτους.   αρα ουν μη καθευδωμεν ως οι λοιποι.

                                        1 εδεξασθε
2:13   λογον ακοης παρ ημων του θεου εδεξασθε ου λογον ανθρωπων αλλα καθως εστιν αληθως

                                        1 ασπασασθε
5:26   προσευχεσθε περι ημων.   ασπασασθε τους αδελφους παντας εν φιληματι αγιω.

                                        1 απεχεσθε
5:22   απο παντος ειδους πονηρου απεχεσθε αυτος δε ο θεος της ειρηνης αγιασαι υμας

                                        1 αντεχεσθε
5:14   τους ολιγοψυχους. αντεχεσθε των ασθενων. μακροθυμειτε προς παντας.   ορατε

2 προσευχεσθε

5:17   χαιρετε. αδιαλειπτως προσευχεσθε εν παντι ευχαριστειτε. τουτο γαρ θελημα θεου
5:25   ος και ποιησει. αδελφοι. προσευχεσθε περι ημων. ασπασασθε τους αδελφους παντας εν

1 λυπησθε

4:13   περι των κοιμωμενων. ινα μη λυπησθε καθως και οι λοιποι οι μη εχοντες ελπιδα. ει

1 παραμυθεισθε

5:14   νουθετειτε τους ατακτους. παραμυθεισθε τους ολιγοψυχους. αντεχεσθε των ασθενων.

9 οιδατε

4:2   ινα περισσευητε μαλλον. οιδατε γαρ τινας παραγγελιας εδωκαμεν υμιν δια του
3:4   θλιβεσθαι. καθως και εγενετο και οιδατε δια τουτο καγω μηκετι στεγων επεμψα εις το
2:1   οργης της ερχομενης. αυτοι γαρ οιδατε αδελφοι. την εισοδον ημων την προς υμας οτι
3:3   ταις θλιψεσιν ταυταις. αυτοι γαρ οιδατε οτι εις τουτο κειμεθα. και γαρ οτε προς υμας
2:11   πιστευουσιν εγενηθημεν. καθαπερ οιδατε ως ενα εκαστον υμων ως πατηρ τεκνα εαυτου
5:2   γραφεσθαι. αυτοι γαρ ακριβως οιδατε οτι ημερα κυριου ως κλεπτης εν νυκτι ουτως
2:2   και υβρισθεντες καθως οιδατε εν φιλιπποις επαρρησιασαμεθα εν τω θεω ημων
1:5   και (εν) πληροφορια πολλη. καθως οιδατε οιοι εγενηθημεν (εν) υμιν δι υμας. και υμεις
2:5   λογω κολακειας εγενηθημεν. καθως οιδατε ουτε εν προφασει πλεονεξιας. θεος μαρτυς.

1 ορατε

5:15   μακροθυμειτε προς παντας. ορατε μη τις κακον αντι κακου τινι αποδω. αλλα

1 επεστρεψατε

1:9   εσχομεν προς υμας. και πως επεστρεψατε προς τον θεον απο των ειδωλων δουλευειν θεω

1 παρελαβετε

4:1   εν κυριω ιησου. ινα καθως παρελαβετε παρ ημων το πως δει υμας περιπατειν και

1 δοκιμαζετε

5:21   μη εξουθενειτε. παντα δε δοκιμαζετε το καλον κατεχετε. απο παντος ειδους πονηρου

1 επαθετε

2:14   εν χριστω ιησου. οτι τα αυτα επαθετε και υμεις υπο των ιδιων συμφυλετων καθως και

1 στηκετε

3:8   οτι νυν ζωμεν εαν υμεις στηκετε εν κυριω. τινα γαρ ευχαριστιαν δυναμεθα τω

1 διωκετε

5:15   αποδω. αλλα παντοτε το αγαθον διωκετε εις αλληλους και εις παντας. παντοτε χαιρετε.

1 χαιρετε

5:16   και εις παντας. παντοτε χαιρετε αδιαλειπτως προσευχεσθε. εν παντι

1 ειρηνευετε

5:13   εν αγαπη δια το εργον αυτων. ειρηνευετε εν εαυτοις. παρακαλουμεν δε υμας, αδελφοι.

1 μνημονευετε

2:9   αγαπητοι ημιν εγενηθητε. μνημονευετε γαρ, αδελφοι. τον κοπον ημων και τον μοχθον.

3 εχετε

3:6   και την αγαπην υμων. και οτι εχετε μνειαν ημων αγαθην παντοτε. επιποθουντες ημας
4:9   περι δε της φιλαδελφιας ου χρειαν εχετε γραφειν υμιν. αυτοι γαρ υμεις θεοδιδακτοι εστε
5:1   των καιρων. αδελφοι. ου χρειαν εχετε υμιν γραφεσθαι. αυτοι γαρ ακριβως οιδατε οτι

1 κατεχετε

5:21   παντα δε δοκιμαζετε. το καλον κατεχετε απο παντος ειδους πονηρου απεχεσθε. αυτος

3 εγενηθητε

2:14   υμεις γαρ μιμηται εγενηθητε αδελφοι. των εκκλησιων του θεου των ουσων εν
2:8   ψυχας. διοτι αγαπητοι ημιν εγενηθητε μνημονευετε γαρ, αδελφοι. τον κοπον ημων και
1:6   υμας. και υμεις μιμηται ημων εγενηθητε και του κυριου. δεξαμενοι τον λογον εν θλιψει

1 περιπατητε

4:12   υμιν παρηγγειλαμεν. ινα περιπατητε ευσχημονως προς τους εξω και μηδενος χρειαν

1 περισσευητε

4:1   καθως και περιπατειτε. ινα περισσευητε μαλλον. οιδατε γαρ τινας παραγγελιας εδωκαμεν

```
                                        1  εχητε
4:12   προς τους εξω και μηδενος χρειαν εχητε   ου θελομεν δε υμας αγνοειν, αδελφοι, περι

                                        2  ειτε
5:10      του αποθανοντος υπερ ημων ινα ειτε   γρηγορωμεν ειτε καθευδωμεν αμα συν αυτω
5:10      υπερ ημων ινα ειτε γρηγορωμεν ειτε   καθευδωμεν αμα συν αυτω ζησωμεν.   διο

                                        2  ποιειτε
5:11           εις τον ενα, καθως και ποιειτε   ερωτωμεν δε υμας, αδελφοι, ειδεναι τους
4:10   το αγαπαν αλληλους. και γαρ ποιειτε   αυτο εις παντας τους αδελφους (τους) εν ολη τη

                                        2  παρακαλειτε
4:18   συν κυριω εσομεθα.  ωστε παρακαλειτε   αλληλους εν τοις λογοις τουτοις.      περι δε των
5:11   αμα συν αυτω ζησωμεν.  διο παρακαλειτε   αλληλους και οικοδομειτε εις τον ενα. καθως

                                        1  οικοδομειτε
5:11      παρακαλειτε αλληλους και οικοδομειτε   εις τον ενα, καθως και ποιειτε.   ερωτωμεν δε

                                        1  μακροθυμειτε
5:14   αντεχεσθε των ασθενων, μακροθυμειτε   προς παντας.   ορατε μη τις κακον αντι κακου

                                        1  εξουθενειτε
5:20   μη σβεννυτε.  προφητειας μη εξουθενειτε   παντα δε δοκιμαζετε. το καλον κατεχετε.    απο

                                        1  περιπατειτε
4:1    και αρεσκειν θεω, καθως και περιπατειτε   ινα περισσευητε μαλλον.  οιδατε γαρ τινας

                                        1  νουθετειτε
5:14      δε υμας, αδελφοι, νουθετειτε   τους ατακτους, παραμυθεισθε τους ολιγοψυχους,

                                        1  ευχαριστειτε
5:18   προσευχεσθε.   εν παντι ευχαριστειτε   τουτο γαρ θελημα θεου εν χριστω ιησου εις

                                        1  οτε
3:4    οτι εις τουτο κειμεθα.  και γαρ οτε   προς υμας ημεν, προελεγομεν υμιν οτι μελλομεν

                                        1  ποτε
2:5    τας καρδιας ημων.   ουτε γαρ ποτε   εν λογω κολακειας εγενηθημεν, καθως οιδατε.

                                        1  τοτε
5:3    οταν λεγωσιν, ειρηνη και ασφαλεια, τοτε   αιφνιδιος αυτοις εφισταται ολεθρος ωσπερ η

                                        6  παντοτε
5:16   εις αλληλους και εις παντας.   παντοτε   χαιρετε.  αδιαλειπτως προσευχεσθε.   εν παντι
5:15   αντι κακου τινι αποδω, αλλα παντοτε   το αγαθον διωκετε εις αλληλους και εις παντας.
3:6    οτι εχετε μνειαν ημων αγαθην παντοτε   επιποθουντες ημας ιδειν καθαπερ και ημεις
2:16   αναπληρωσαι αυτων τας αμαρτιας παντοτε   εφθασεν δε επ αυτους η οργη εις τελος.  ημεις
4:17   του κυριου εις αερα. και ουτως παντοτε   συν κυριω εσομεθα.  ωστε παρακαλειτε αλληλους
1:2    ειρηνη.  ευχαριστουμεν τω θεω παντοτε   περι παντων υμων, μνειαν ποιουμενοι επι των

                                        4  εστε
4:9    υμιν, αυτοι γαρ υμεις θεοδιδακτοι εστε   εις το αγαπαν αλληλους.  και γαρ ποιειτε αυτο
5:4    εκφυγωσιν. υμεις δε, αδελφοι, ουκ εστε   εν σκοτει, ινα η ημερα υμας ως κλεπτης
2:20   εν τη αυτου παρουσια; υμεις γαρ εστε   η δοξα ημων και η χαρα.   διο μηκετι στεγοντες
5:5    παντες γαρ υμεις υιοι φωτος εστε   και υιοι ημερας. ουκ εσμεν νυκτος ουδε

                                        3  ωστε
4:18   ουτως παντοτε συν κυριω εσομεθα.   ωστε   παρακαλειτε αλληλους εν τοις λογοις τουτοις.
1:7    πολλη μετα χαρας πνευματος αγιου, ωστε   γενεσθαι υμας τυπον πασιν τοις πιστευουσιν εν
1:8    υμων η προς τον θεον εξεληλυθεν. ωστε   μη χρειαν εχειν ημας λαλειν τι.   αυτοι γαρ

                                        1  σβεννυτε
5:19   ιησου εις υμας.   το πνευμα μη σβεννυτε   προφητειας μη εξουθενειτε.   παντα δε

                                        5  ουτε
2:5    τω δοκιμαζοντι τας καρδιας ημων.  ουτε   γαρ ποτε εν λογω κολακειας εγενηθημεν, καθως
2:6    προφασει πλεονεξιας, θεος μαρτυς,  ουτε   ζητουντες εξ ανθρωπων δοξαν, ουτε αφ υμων ουτε
2:6    εξ ανθρωπων δοξαν, ουτε αφ υμων ουτε   απ αλλων.  δυναμενοι εν βαρει ειναι ως χριστου
2:5    εγενηθημεν, καθως οιδατε.  ουτε   εν προφασει πλεονεξιας, θεος μαρτυς,  ουτε
2:6    ουτε ζητουντες εξ ανθρωπων δοξαν, ουτε   αφ υμων ουτε απ αλλων.  δυναμενοι εν βαρει
```

14 η

2:3	ευαγγελιον του θεου εν πολλω αγωνι.	η γαρ παρακλησις ημων ουκ εκ πλανης ουδε εξ
5:28	την επιστολην πασιν τοις αδελφοις.	η χαρις του κυριου ημων ιησου χριστου μεθ υμων.
5:4	δε. αδελφοι. ουκ εστε εν σκοτει ινα	η ημερα υμας ως κλεπτης καταλαβη. παντες γαρ
2:19	ο σατανας. τις γαρ ημων ελπις η χαρα	η στεφανος καυχησεως - η ουχι και υμεις -
3:9	περι υμων επι παση τη χαρα	η χαιρομεν δι υμας εμπροσθεν του θεου ημων,
2:20	εν τη αυτου παρουσια: υμεις γαρ εστε	η δοξα ημων και η χαρα. διο μηκετι στεγοντες
5:23	και ολοκληρον υμων το πνευμα και	η ψυχη και το σωμα αμεμπτως εν τη παρουσια του
2:20	υμεις γαρ εστε η δοξα ημων και	η χαρα. διο μηκετι στεγοντες ευδοκησαμεν
1:8	αλλ εν παντι τοπω η πιστις υμων	η προς τον θεον εξεληλυθεν. ωστε μη χρειαν εχειν
5:3	αυτοις εφισταται ολεθρος ωσπερ	η ωδιν τη εν γαστρι εχουση. και ου μη εκφυγωσιν.
2:19	ημας ο σατανας. τις γαρ ημων ελπις	η χαρα η στεφανος καυχησεως - η ουχι και υμεις -
2:16	παντοτε. εφθασεν δε επ αυτους	η οργη εις τελος. ημεις δε. αδελφοι.
1:8	και (εν τη) αχαια. αλλ εν παντι τοπω	η πιστις υμων η προς τον θεον εξεληλυθεν. ωστε
2:19	ελπις η χαρα η στεφανος καυχησεως -	η ουχι και υμεις - εμπροσθεν του κυριου ημων

1 καταλαβη

5:4	ινα η ημερα υμας ως κλεπτης καταλαβη	παντες γαρ υμεις υιοι φωτος εστε και υιοι

1 οργη

2:16	παντοτε. εφθασεν δε επ αυτους η οργη	εις τελος. ημεις δε. αδελφοι, απορφανισθεντες

1 εγενηθη

1:5	οτι το ευαγγελιον ημων ουκ εγενηθη	εις υμας εν λογω μονον αλλα και εν δυναμει και

1 τηρηθειη

5:23	του κυριου ημων ιησου χριστου τηρηθειη	πιστος ο καλων υμας. ος και ποιησει.

1 αναγκη

3:7	αδελφοι. εφ υμιν επι παση τη αναγκη	και θλιψει ημων δια της υμων πιστεως. οτι νυν

3 πολλη

1:5	πνευματι αγιω και (εν) πληροφορια πολλη	καθως οιδατε οιοι εγενηθημεν (εν) υμιν δι
1:6	δεξαμενοι τον λογον εν θλιψει πολλη	μετα χαρας πνευματος αγιου. ωστε γενεσθαι
2:17	το προσωπον υμων ιδειν εν πολλη	επιθυμια. διοτι ηθελησαμεν ελθειν προς υμας.

1 ολη

4:10	εις παντας τους αδελφους (τους) εν ολη	τη μακεδονια. παρακαλουμεν δε υμας. αδελφοι.

15 μη

4:5	σκευος κτασθαι εν αγιασμω και τιμη,	μη εν παθει επιθυμιας καθαπερ και τα εθνη τα μη
5:19	εν χριστω ιησου εις υμας. το πνευμα	μη σβεννυτε. προφητειας μη εξουθενειτε. παντα
4:13	αδελφοι. περι των κοιμωμενων, ινα	μη λυπησθε καθως και οι λοιποι οι μη εχοντες
4:5	επιθυμιας καθαπερ και τα εθνη τα	μη ειδοτα τον θεον. το μη υπερβαινειν και
5:15	μακροθυμειτε προς παντας. ορατε	μη τις κακον αντι κακου τινι αποδω. αλλα παντοτε
1:8	η προς τον θεον εξεληλυθεν. ωστε	μη χρειαν εχειν ημας λαλειν τι. αυτοι γαρ περι
4:13	μη λυπησθε καθως και οι λοιποι οι	μη εχοντες ελπιδα. ει γαρ πιστευομεν οτι ιησους
5:6	εσμεν νυκτος ουδε σκοτους. αρα ουν	μη καθευδωμεν ως οι λοιποι. αλλα γρηγορωμεν και
4:6	τα εθνη τα μη ειδοτα τον θεον. το	μη υπερβαινειν και πλεονεκτειν εν τω πραγματι τον
2:9	και ημερας εργαζομενοι προς το	μη επιβαρησαι τινα υμων εκηρυξαμεν εις υμας το
5:20	το πνευμα μη σβεννυτε. προφητειας	μη εξουθενειτε. παντα δε δοκιμαζετε. το καλον
5:3	η ωδιν τη εν γαστρι εχουση. και ου	μη εκφυγωσιν. υμεις δε. αδελφοι. ουκ εστε εν
4:15	εις την παρουσιαν του κυριου ου	μη φθασωμεν τους κοιμηθεντας. οτι αυτος ο κυριος
2:15	και ημας εκδιωξαντων. και θεω	μη αρεσκοντων. και πασιν ανθρωποις εναντιων.
3:5	εις το γνωναι την πιστιν υμων,	μη πως επειρασεν υμας ο πειραζων και εις κενον

1 τιμη

4:4	σκευος κτασθαι εν αγιασμω και τιμη	μη εν παθει επιθυμιας καθαπερ και τα εθνη τα

1 κενη

2:1	εισοδον ημων την προς υμας οτι ου κενη	γεγονεν. αλλα προπαθοντες και υβρισθεντες

2 ειρηνη

1:1	ιησου χριστω. χαρις υμιν και ειρηνη	ευχαριστουμεν τω θεω παντοτε περι παντων
5:3	ουτως ερχεται. οταν λεγωσιν, ειρηνη	και ασφαλεια, τοτε αιφνιδιος αυτοις εφισταται

1 εθνη

4:5	εν παθει επιθυμιας καθαπερ και τα εθνη	τα μη ειδοτα τον θεον. το μη υπερβαινειν και

1 αγιωσυνη

3:13	υμων τας καρδιας αμεμπτους εν αγιωσυνη	εμπροσθεν του θεου και πατρος ημων εν τη

	1 φωνη
4:16	αυτος ο κυριος εν κελευσματι. εν φωνη αρχαγγελου και εν σαλπιγγι θεου. καταβησεται

	2 αγαπη
3:12	πλεονασαι και περισσευσαι τη αγαπη εις αλληλους και εις παντας. καθαπερ και ημεις
5:13	ηγεισθαι αυτους υπερεκπερισσου εν αγαπη δια το εργον αυτων. ειρηνευετε εν εαυτοις.

	1 θαλπη
2:7	ηπιοι εν μεσω υμων. ως εαν τροφος θαλπη τα εαυτης τεκνα. ουτως ομειρομενοι υμων

	2 παση
3:7	παρεκληθημεν. αδελφοι. εφ υμιν επι παση τη αναγκη και θλιψει ημων δια της υμων
3:9	τω θεω ανταποδουναι περι υμων επι παση τη χαρα η χαιρομεν δι υμας εμπροσθεν του θεου

	1 εχουση
5:3	ωσπερ η ωδιν τη εν γαστρι εχουση και ου μη εκφυγωσιν. υμεις δε. αδελφοι. ουκ

	13 τη
4:10	παντας τους αδελφους (τους) εν ολη τη μακεδονια. παρακαλουμεν δε υμας. αδελφοι.
3:7	αδελφοι. εφ υμιν επι παση τη αναγκη και θλιψει ημων δια της υμων πιστεως.
3:9	θεω ανταποδουναι περι υμων επι παση τη χαρα η χαιρομεν δι υμας εμπροσθεν του θεου
3:12	ο κυριος πλεονασαι και περισσευσαι τη αγαπη εις αλληλους και εις παντας. καθαπερ και
1:7	πιστευουσιν εν τη μακεδονια και εν τη αχαια. εφ υμων γαρ εξηχηται ο λογος του
1:7	υμας τυπον πασιν τοις πιστευουσιν εν τη μακεδονια και εν τη αχαια. αφ υμων γαρ
1:8	ο λογος του κυριου ου μονον εν τη μακεδονια και (εν τη) αχαια. αλλ εν παντι τοπω
3:13	του θεου και πατρος ημων εν τη παρουσια του κυριου ημων ιησου μετα παντων των
2:14	των εκκλησιων του θεου των ουσων εν τη ιουδαια εν χριστω ιησου. οτι τα αυτα επαθετε
5:23	και η ψυχη και το σωμα αμεμπτως εν τη παρουσια του κυριου ημων ιησου χριστου
2:19	εμπροσθεν του κυριου ημων ιησου εν τη αυτου παρουσια. υμεις γαρ εστε η δοξα ημων
5:3	εφισταται ολεθρος ωσπερ η ωδιν τη εν γαστρι εχουση. και ου μη εκφυγωσιν. υμεις
1:1	παυλος και σιλουανος και τιμοθεος τη εκκλησια θεσσαλονικεων εν θεω πατρι και κυριω

	1 ανεστη
4:14	οτι ιησους απεθανεν και ανεστη ουτως και ο θεος τους κοιμηθεντας δια του

	1 ψυχη
5:23	και ολοκληρον υμων το πνευμα και η ψυχη και το σωμα αμεμπτως εν τη παρουσια του κυριου

	1 μεθ
5:28	χαρις του κυριου ημων ιησου χριστου μεθ υμων.

	1 κτασθαι
4:4	εκαστον υμων το εαυτου σκευος κτασθαι εν αγιασμω και τιμη. μη εν παθει επιθυμιας

	1 θλιβεσθαι
3:4	προελεγομεν υμιν οτι μελλομεν θλιβεσθαι καθως και εγενετο και οιδατε. δια τουτο καγω

	1 εργαζεσθαι
4:11	και πρασσειν τα ιδια και εργαζεσθαι ταις χερσιν υμων. καθως υμιν παρηγγειλαμεν.

	1 γενεσθαι
1:7	χαρας πνευματος αγιου. ωστε γενεσθαι υμας τυπον πασιν τοις πιστευουσιν εν τη

	1 σαινεσθαι
3:3	της πιστεως υμων το μηδενα σαινεσθαι εν ταις θλιψεσιν ταυταις. αυτοι γαρ οιδατε οτι

	1 γραφεσθαι
5:1	αδελφοι. ου χρειαν εχετε υμιν γραφεσθαι αυτοι γαρ ακριβως οιδατε οτι ημερα κυριου ως

	1 απεχεσθαι
4:3	του θεου. ο αγιασμος υμων. απεχεσθαι υμας απο της πορνειας. ειδεναι εκαστον υμων

	1 ηγεισθαι
5:13	και νουθετουντας υμας. και ηγεισθαι αυτους υπερεκπερισσου εν αγαπη δια το εργον

	1 φιλοτιμεισθαι
4:11	περισσευειν μαλλον. και φιλοτιμεισθαι ησυχαζειν και πρασσειν τα ιδια και εργαζεσθαι

	99 και
2:4	γαρ οιδατε οτι εις τουτο κειμεθα. και γαρ οτε προς υμας ημεν. προελεγομεν υμιν οτι
2:13	την εαυτου βασιλειαν και δοξαν. και δια τουτο και ημεις ευχαριστουμεν τω θεω
1:6	οιοι εγενηθημεν (εν) υμιν δι υμας. και υμεις μιμηται ημων εγενηθητε και του κυριου.

4:10	εστε εις το αγαπαν αλληλους.	και γαρ ποιειτε αυτο εις παντας τους αδελφους
3:2	καταλειφθηναι εν αθηναις μονοι.	και επεμψαμεν τιμοθεον. τον αδελφον ημων και
4:11	υμας. αδελφοι. περισσευειν μαλλον.	και φιλοτιμεισθαι ησυχαζειν και πρασσειν τα ιδια
5:13	εν κυριω και νουθετουντας υμας.	και ηγεισθαι αυτους υπερεκπερισσου εν αγαπη δια το
1:10	δουλευειν θεω ζωντι και αληθινω.	και αναμενειν τον υιον αυτου εκ των ουρανων. ον
4:11	ησυχαζειν και πρασσειν τα ιδια	και εργαζεσθαι ταις χερσιν υμων. καθως υμιν
1:7	τοις πιστευουσιν εν τη μακεδονια	και εν τη αχαια. αφ υμων γαρ εξηχηται ο λογος του
1:8	του κυριου ου μονον εν τη μακεδονια	και (εν τη) αχαια. αλλ εν παντι τοπω η πιστις υμων
1:5	εγενηθη εις υμας εν λογω μονον αλλα	και εν δυναμει και εν πνευματι αγιω και (εν)
2:8	μονον το ευαγγελιον του θεου αλλα	και τας εαυτων ψυχας. διοτι αγαπητοι ημιν
5:23	και ολοκληρον υμων το πνευμα	και η ψυχη και το σωμα αμεμπτως εν τη παρουσια του
2:14	χριστω ιησου. οτι τα αυτα επαθετε	και υμεις υπο των ιδιων συμφυλετων καθως και αυτοι
1:6	και υμεις μιμηται ημων εγενηθητε	και του κυριου. δεξαμενοι τον λογον εν θλιψει
5:5	παντες γαρ υμεις υιοι φωτος εστε	και υιοι ημερας. ουκ εσμεν νυκτος ουδε σκοτους.
3:7	αδελφοι. εφ υμιν επι παση τη αναγκη	και θλιψει ημων δια της υμων πιστεως. οτι νυν
5:3	ερχεται. οταν λεγωσιν. ειρηνη	και ασφαλεια. τοτε αιφνιδιος αυτοις εφισταται
5:23	ολοκληρον υμων το πνευμα και η ψυχη	και το σωμα αμεμπτως εν τη παρουσια του κυριου
3:12	υμας. υμας δε ο κυριος πλεονασαι	και περισσευσαι τη αγαπη εις αλληλους και
1:5	εν λογω μονον αλλα και εν δυναμει	και εν πνευματι αγιω και (εν) πληροφορια πολλη.
2:12	υμας και παραμυθουμενοι	και μαρτυρομενοι εις το περιπατειν υμας αξιως του
1:1	εκκλησια θεσσαλονικεων εν θεω πατρι	και κυριω ιησου χριστω. χαρις υμιν και ειρηνη.
1:9	απο των ειδωλων δουλευειν θεω ζωντι	και αληθινω. και αναμενειν τον υιον αυτου εκ των
2:19	χαρα η στεφανος καυχησεως - η ουχι	και υμεις - εμπροσθεν του κυριου ημων ιησου εν τη
2:12	υμας εις την εαυτου βασιλειαν	και δοξαν. και δια τουτο και ημεις ευχαριστουμεν
5:6	ως οι λοιποι. αλλα γρηγορωμεν	και νηφωμεν. οι γαρ καθευδοντες νυκτος
4:14	γαρ πιστευομεν οτι ιησους απεθανεν	και ανεστη. ουτως και ο θεος τους κοιμηθεντας δια
4:11	και φιλοτιμεισθαι ησυχαζειν	και πρασσειν τα ιδια και εργαζεσθαι ταις χερσιν
4:6	ειδοτα τον θεον. το μη υπερβαινειν	και πλεονεκτειν εν τω πραγματι τον αδελφον αυτου.
4:1	παρ ημων το πως δει υμας περιπατειν	και αρεσκειν θεω. καθως και περιπατειτε. ινα
5:12	ειδεναι τους κοπιωντας εν υμιν	και προισταμενους υμων εν κυριω και νουθετουντας
4:6	τουτων. καθως και προειπαμεν υμιν	και διεμαρτυραμεθα. ου γαρ εκαλεσεν ημας ο θεος
1:1	και κυριω ιησου χριστω. χαρις υμιν	και ειρηνη. ευχαριστουμεν τω θεω παντοτε περι
3:6	και ευαγγελισαμενου ημιν την πιστιν	και την αγαπην υμων. και οτι εχετε μνειαν ημων
3:10	εις το ιδειν υμων το προσωπον	και καταρτισαι τα υστερηματα της πιστεως υμων;
2:15	και τον κυριον αποκτειναντων ιησουν	και τους προφητας. και ημας εκδιωξαντων. και θεω
3:5	μη πως επειρασεν υμας ο πειραζων	και εις κενον γενηται ο κοπος ημων. αρτι δε
2:20	υμεις γαρ εστε η δοξα ημων	και η χαρα. διο μηκετι στεγοντες ευδοκησαμεν
2:9	γαρ. αδελφοι. τον κοπον ημων	και τον μοχθον. νυκτος και ημερας εργαζομενοι προς
3:2	τιμοθεον. τον αδελφον ημων	και συνεργον του θεου εν τω ευαγγελιω του χριστου.
3:11	αυτος δε ο θεος και πατηρ ημων	και ο κυριος ημων ιησους κατευθυναι την οδον ημων
3:6	ελθοντος τιμοθεου προς ημας αφ υμων	και ευαγγελισαμενου ημιν την πιστιν και την αγαπην
5:1	τουτοις. περι δε των χρονων	και των καιρων. αδελφοι. ου χρειαν εχετε υμιν
2:15	και αυτοι υπο των ιουδαιων. των	και τον κυριον αποκτειναντων ιησουν και τους
2:18	προς υμας. εγω μεν παυλος και απαξ	και δις. και ενεκοψεν ημας ο σατανας. τις γαρ
3:4	θλιβεσθαι. καθως και εγενετο	και οιδατε. δια τουτο καγω μηκετι στεγων επεμψα
2:13	βασιλειαν και δοξαν. και δια τουτο	και ημεις ευχαριστουμεν τω θεω αδιαλειπτως. οτι
3:6	επιποθουντας ημας ιδειν καθαπερ	και ημεις υμας. δια τουτο παρεκληθημεν. αδελφοι.
4:5	μη εν παθει επιθυμιας καθαπερ	και τα εθνη τα μη ειδοτα τον θεον. το μη
3:12	αλληλους και εις παντας. καθαπερ	και ημεις εις υμας. εις το στηριξαι υμων τας
3:2	του χριστου. εις το στηριξαι υμας	και παρακαλεσαι υπερ της πιστεως υμων το μηδενα
4:1	λοιπον ουν. αδελφοι. ερωτωμεν υμας	και παρακαλουμεν εν κυριω ιησου. ινα καθως
2:12	τεκνα εαυτου παρακαλουντες υμας	και παραμυθουμενοι και μαρτυρομενοι εις το
2:10	του θεου. υμεις μαρτυρες	και ο θεος. ως οσιως και δικαιως και αμεμπτως υμιν
2:2	ου κενη γεγονεν. αλλα προπαθοντες	και υβρισθεντες καθως οιδατε εν φιλιπποις
5:8	θωρακα πιστεως και αγαπης	και περικεφαλαιαν ελπιδα σωτηριας. οτι ουκ εθετο
1:3	πιστεως και του κοπου της αγαπης	και της υπομονης της ελπιδος του κυριου ημων ιησου
5:24	τηρηθειη. πιστος ο καλων υμας. ος	και ποιησει. αδελφοι. προσευχεσθε περι ημων.
2:13	καθως εστιν αληθως λογον θεου. ος	και ενεργειται εν υμιν τοις πιστευουσιν. υμεις
3:11	της πιστεως υμων; αυτος δε ο θεος	και πατηρ ημων και ο κυριος ημων ιησους κατευθυναι
1:1	παυλος	και σιλουανος και τιμοθεος τη εκκλησια
2:18	ελθειν προς υμας. εγω μεν παυλος	και απαξ και δις. και ενεκοψεν ημας ο σατανας.
1:1	παυλος και σιλουανος	και τιμοθεος τη εκκλησια θεσσαλονικεων εν θεω
3:10	εμπροσθεν του θεου ημων. νυκτος	και ημερας υπερεκπερισσου δεομενοι εις το ιδειν
2:9	κοπον ημων και τον μοχθον. νυκτος	και ημερας εργαζομενοι προς το μη επιβαρησαι τινα
5:11	ζησωμεν. διο παρακαλειτε αλληλους	και οικοδομειτε εις τον ενα. καθως και ποιειτε.
5:15	το αγαθον διωκετε εις αλληλους	και εις παντας. παντοτε χαιρετε. αδιαλειπτως
3:12	περισσευσαι τη αγαπη εις αλληλους	και εις παντας. καθαπερ και ημεις εις υμας. εις
5:8	νηφωμεν. ενδυσαμενοι θωρακα πιστεως	και αγαπης και περικεφαλαιαν ελπιδα σωτηριας. οτι
1:3	υμων του εργου της πιστεως	και του κοπου της αγαπης και της υπομονης της
4:13	κοιμωμενων. ινα μη λυπησθε καθως	και οι λοιποι οι μη εχοντες ελπιδα. ει γαρ
2:14	υπο των ιδιων συμφυλετων καθως	και αυτοι υπο των ιουδαιων. των και τον κυριον
5:11	και οικοδομειτε εις τον ενα. καθως	και ποιειτε. ερωτωμεν δε υμας. αδελφοι. ειδεναι
3:4	υμιν οτι μελλομεν θλιβεσθαι. καθως	και εγενετο και οιδατε. δια τουτο καγω μηκετι

:6   κυριος περι παντων τουτων. καθως και | προειπαμεν υμιν και διεμαρτυραμεθα. ου γαρ
:1   περιπατειν και αρεσκειν θεω. καθως και | περιπατειτε. ινα περισσευητε μαλλον. οιδατε
:10 και ο θεος. ως οσιως και δικαιως και | αμεμπτως υμιν τοις πιστευουσιν εγενηθημεν.
:10 υμεις μαρτυρες και ο θεος. ως οσιως και | δικαιως και αμεμπτως υμιν τοις πιστευουσιν
:14 ιησους απεθανεν και ανεστη. ουτως και | ο θεος τους κοιμηθεντας δια του ιησου αξει συν
:13 εν αγιωσυνη εμπροσθεν του θεου και | πατρος ημων εν τη παρουσια του κυριου ημων
:3   ιησου χριστου εμπροσθεν του θεου και | πατρος ημων. ειδοτες. αδελφοι ηγαπημενοι υπο
:16 εν κελευσματι. εν φωνη αρχαγγελου και | εν σαλπιγγι θεου. καταβησεται απ ουρανου. και
:5   και εν δυναμει και εν πνευματι αγιω και | (εν) πληροφορια πολλη. καθως οιδατε οιοι
:12 και προισταμενους υμων εν κυριω και | νουθετουντας υμας. και ηγεισθαι αυτους
:4   το εαυτου σκευος κτασθαι εν αγιασμω και | τιμη. μη εν παθει επιθυμιας καθαπερ και τα
:12 περιπατητε ευσχημονως προς τους εξω και | μηδενος χρειαν εχητε. ου θελομεν δε υμας
:17 εις απαντησιν του κυριου εις αερα. και | ουτως παντοτε συν κυριω εσομεθα. ωστε
:3   ωσπερ η ωδιν τη εν γαστρι εχουση. και | ου μη εκφυγωσιν. υμεις δε. αδελφοι. ουκ εστε
:7   γαρ καθευδοντες νυκτος καθευδουσιν. και | οι μεθυσκομενοι νυκτος μεθυουσιν. ημεις δε
:6   την πιστιν και την αγαπην υμων. και | οτι εχετε μνειαν ημων αγαθην παντοτε.
:15 προφητας. και ημας εκδιωξαντων. και | θεω μη αρεσκοντων. και πασιν ανθρωποις
:15 εκδιωξαντων. και θεω μη αρεσκοντων. και | πασιν ανθρωποις εναντιων. κωλυοντων ημας τοις
:9   οποιαν εισοδον εσχομεν προς υμας. και | πως επεστρεψατε προς τον θεον απο των ειδωλων
:15 ιησουν και τους προφητας. και | ημας εκδιωξαντων. και θεω μη αρεσκοντων. και
:18 εγω μεν παυλος και απαξ και δις. και | ενεκοψεν ημας ο σατανας. τις γαρ ημων ελπις η
:23 της ειρηνης αγιασαι υμας ολοτελεις. και | ολοκληρον υμων το πνευμα και η ψυχη και το
:16 θεου. καταβησεται απ ουρανου. και | οι νεκροι εν χριστω αναστησονται πρωτον.

2 ειδεναι
:4   υμας απο της πορνειας. ειδεναι | εκαστον υμων το εαυτου σκευος κτασθαι εν
:12 ερωτωμεν δε υμας. αδελφοι. ειδεναι | τους κοπιωντας εν υμιν και προισταμενους υμων

1 αναγνωσθηναι
:27 ενορκιζω υμας τον κυριον αναγνωσθηναι | την επιστολην πασιν τοις αδελφοις. η χαρις

1 πιστευθηναι
:4   δεδοκιμασμεθα υπο του θεου πιστευθηναι | το ευαγγελιον ουτως λαλουμεν. ουχ ως ανθρωποις

1 καταλειφθηναι
:1   στεγοντες ευδοκησαμεν καταλειφθηναι | εν αθηναις μονοι. και επεμψαμεν τιμοθεον. τον

1 ειναι
:7   απ αλλων. δυναμενοι εν βαρει ειναι | ως χριστου αποστολοι. αλλα εγενηθημεν ηπιοι εν

1 κατευθυναι
:11 και ο κυριος ημων ιησους κατευθυναι | την οδον ημων προς υμας. υμας δε ο κυριος

1 μεταδουναι
:8   ομειρομενοι υμων ευδοκουμεν μεταδουναι | υμιν ου μονον το ευαγγελιον του θεου αλλα και

1 ανταποδουναι
:9   δυναμεθα τω θεω ανταποδουναι | περι υμων επι παση τη χαρα η χαιρομεν δι υμας

1 γνωναι
:5   καγω μηκετι στεγων επεμψα εις το γνωναι | την πιστιν υμων. μη πως επειρασεν υμας ο

2 στηριξαι
:13 και ημεις εις υμας. εις το στηριξαι | υμων τας καρδιας αμεμπτους εν αγιωσυνη
:2   ευαγγελιω του χριστου. εις το στηριξαι | υμας και παρακαλεσαι υπερ της πιστεως υμων το

1 αγιασαι
:23 αυτος δε ο θεος της ειρηνης αγιασαι | υμας ολοτελεις. και ολοκληρον υμων το πνευμα

1 πλεονασαι
:12 προς υμας. υμας δε ο κυριος πλεονασαι | και περισσευσαι τη αγαπη εις αλληλους και εις

1 παρακαλεσαι
:2   εις το στηριξαι υμας και παρακαλεσαι | υπερ της πιστεως υμων το μηδενα σαινεσθαι εν

2 λαλησαι
:16 κωλυοντων ημας τοις εθνεσιν λαλησαι | ινα σωθωσιν. εις το αναπληρωσαι αυτων τας
:2   επαρρησιασαμεθα εν τω θεω ημων λαλησαι | προς υμας το ευαγγελιον του θεου εν πολλω

1 επιβαρησαι
:9   εργαζομενοι προς το μη επιβαρησαι | τινα υμων εκηρυξαμεν εις υμας το ευαγγελιον

```
                                        1  καταρτισαι
3:10     ιδειν υμων το προσωπον και καταρτισαι τα υστερηματα της πιστεως υμων·  αυτος δε ο

                                        1  περισσευσαι
3:12     δε ο κυριος πλεονασαι και περισσευσαι τη αγαπη εις αλληλους και εις παντας. καθαπερ

                                        1  αναπληρωσαι
2:16     λαλησαι ινα σωθωσιν. εις το αναπληρωσαι αυτων τας αμαρτιας παντοτε. εφθασεν δε επ

                                        1  εφισταται
5:3          τοτε αιφνιδιος αυτοις εφισταται ολεθρος ωσπερ η ωδιν τη εν γαστρι εχουση. και

                                        1  καταβησεται
4:16        και εν σαλπιγγι θεου. καταβησεται απ ουρανου. και οι νεκροι εν χριστω

                                        1  ερχεται
5:2          ως κλεπτης εν νυκτι ουτως ερχεται οταν λεγωσιν. ειρηνη και ασφαλεια. τοτε

                                        2  μιμηται
2:14       τοις πιστευουσιν.  υμεις γαρ μιμηται εγενηθητε. αδελφοι. των εκκλησιων του θεου των
1:6       (εν) υμιν δι υμας.  και υμεις μιμηται ημων εγενηθητε και του κυριου. δεξαμενοι τον

                                        1  γενηται
3:5       υμας ο πειραζων και εις κενον γενηται ο κοπος ημων.  αρτι δε ελθοντος τιμοθεου προς

                                        1  εξηχηται
1:8       και εν τη αχαια.  αφ υμων γαρ εξηχηται ο λογος του κυριου ου μονον εν τη μακεδονια

                                        1  ενεργειται
2:13       αληθως λογον θεου. ος και ενεργειται εν υμιν τοις πιστευουσιν·  υμεις γαρ μιμηται

                                        1  αναστησονται
4:16      και οι νεκροι εν χριστω αναστησονται πρωτον.  επειτα ημεις οι ζωντες οι

                                        1  σαλπιγγι
4:16       εν φωνη αρχαγγελου και εν σαλπιγγι θεου. καταβησεται απ ουρανου. και οι νεκροι εν

                                        2  δι
3:9       υμων επι παση τη χαρα η χαιρομεν δι υμας εμπροσθεν του θεου ημων.  νυκτος και
1:5        οιδατε οιοι εγενηθημεν (εν) υμιν δι υμας.  και υμεις μιμηται ημων εγενηθητε και

                                        1  ει
4:14      και οι λοιποι οι μη εχοντες ελπιδα.  ει γαρ πιστευομεν οτι ιησους απεθανεν και ανεστη.

                                        1  δει
4:1       καθως παρελαβετε παρ ημων το πως δει υμας περιπατειν και αρεσκειν θεω. καθως και

                                        1  παθει
4:5        εν αγιασμω και τιμη.  μη εν παθει επιθυμιας καθαπερ και τα εθνη τα μη ειδοτα τον

                                        1  δυναμει
1:5       υμας εν λογω μονον αλλα και εν δυναμει και εν πνευματι αγιω και (εν) πληροφορια

                                        1  αξει
4:14       τους κοιμηθεντας δια του ιησου αξει συν αυτω.  τουτο γαρ υμιν λεγομεν εν λογω

                                        1  βαρει
2:7       υμων ουτε απ αλλων.  δυναμενοι εν βαρει ειναι ως χριστου αποστολοι. αλλα εγενηθημεν

                                        1  προφασει
2:5          καθως οιδατε. ουτε εν προφασει πλεονεξιας. θεος μαρτυς.  ουτε ζητουντες εξ

                                        1  ποιησει
5:24       πιστος ο καλων υμας. ος και ποιησει αδελφοι. προσευχεσθε περι ημων.  ασπασασθε

                                        1  αθετει
4:8       τοιγαρουν ο αθετων ουκ ανθρωπον αθετει αλλα τον θεον τον (και) διδοντα το πνευμα

                                        1  σκοτει
5:4       υμεις δε. αδελφοι. ουκ εστε εν σκοτει ινα η ημερα υμας ως κλεπτης καταλαβη.  παντες
```

2 θλιψει

3:7 εφ υμιν ετι παση τη αναγκη και θλιψει ημων δια της υμων πιστεως. οτι νυν ζωμεν εαν
1:6 κυριου. δεξαμενοι τον λογον εν θλιψει πολλη μετα χαρας πνευματος αγιου. ωστε

1 τινι

5:15 ορατε μη τις κακον αντι κακου τινι αποδω. αλλα παντοτε το αγαθον διωκετε εις

1 αγωνι

2:2 το ευαγγελιον του θεου εν πολλω αγωνι η γαρ παρακλησις ημων ουκ εκ πλανης ουδε εξ

10 οι

5:7 αλλα γρηγορωμεν και νηφωμεν. οι γαρ καθευδοντες νυκτος καθευδουσιν. και οι
4:13 κοιμωμενων. ινα μη λυπησθε καθως και οι λοιποι οι μη εχοντες ελπιδα. ει γαρ
5:7 καθευδοντες νυκτος καθευδουσιν. και οι μεθυσκομενοι νυκτος μεθυουσιν. ημεις δε
4:16 θεου. καταβησεται απ ουρανου. και οι νεκροι εν χριστω αναστησονται πρωτον. επειτα
4:13 ινα μη λυπησθε καθως και οι λοιποι οι μη εχοντες ελπιδα. ει γαρ πιστευομεν οτι
4:17 πρωτον. επειτα ημεις οι ζωντες οι περιλειπομενοι αμα συν αυτοις αρπαγησομεθα εν
4:15 εν λογω κυριου. οτι ημεις οι ζωντες οι περιλειπομενοι εις την παρουσιαν του κυριου ου
4:17 αναστησονται πρωτον. επειτα ημεις οι ζωντες οι περιλειπομενοι αμα συν αυτοις
4:15 λεγομεν εν λογω κυριου. οτι ημεις οι ζωντες οι περιλειπομενοι εις την παρουσιαν του
5:6 σκοτους. αρα ουν μη καθευδωμεν ως οι λοιποι. αλλα γρηγορωμεν και νηφωμεν. οι γαρ

1 οιοι

1:5 πληροφορια πολλη. καθως οιδατε οιοι εγενηθημεν (εν) υμιν δι υμας. και υμεις

1 ηπιοι

2:7 αποστολοι. αλλα εγενηθημεν ηπιοι εν μεσω υμων. ως εαν τροφος θαλπη τα εαυτης

2 υιοι

5:5 γαρ υμεις υιοι φωτος εστε και υιοι ημερας. ουκ εσμεν νυκτος ουδε σκοτους. αρα
5:5 καταλαβη. παντες γαρ υμεις υιοι φωτος εστε και υιοι ημερας. ουκ εσμεν νυκτος

1 αποστολοι

2:7 εν βαρει ειναι ως χριστου αποστολοι αλλα εγενηθημεν ηπιοι εν μεσω υμων. ως εαν

1 δυναμενοι

2:7 ουτε αφ υμων ουτε απ αλλων. δυναμενοι εν βαρει ειναι ως χριστου αποστολοι. αλλα

1 δεξαμενοι

1:6 εγενηθητε και του κυριου. δεξαμενοι τον λογον εν θλιψει πολλη μετα χαρας πνευματος

1 ενδυσαμενοι

5:8 δε ημερας οντες νηφωμεν. ενδυσαμενοι θωρακα πιστεως και αγαπης και περικεφαλαιαν

1 ηγαπημενοι

1:4 ημων. ειδοτες. αδελφοι ηγαπημενοι υπο (του) θεου. την εκλογην υμων. οτι το

1 δεομενοι

3:10 και ημερας υπερεκπερισσου δεομενοι εις το ιδειν υμων το προσωπον και καταρτισαι

1 εργαζομενοι

2:9 μοχθον. νυκτος και ημερας εργαζομενοι προς το μη επιβαρησαι τινα υμων εκηρυξαμεν εις

1 μεθυσκομενοι

5:7 νυκτος καθευδουσιν. και οι μεθυσκομενοι νυκτος μεθυουσιν. ημεις δε ημερας οντες
4:17 ημεις οι ζωντες οι περιλειπομενοι αμα συν αυτοις αρταγησομεθα εν νεφελαις εις
4:15 οτι ημεις οι ζωντες οι περιλειπομενοι εις την ταρουσιαν του κυριου ου μη φθασωμεν

1 ομειρομενοι

2:8 τα εαυτης τεκνα. ουτως ομειρομενοι υμων ευδοκουμεν μεταδουναι υμιν ου μονον το

1 μαρτυρομενοι

2:12 και παραμυθουμενοι και μαρτυρομενοι εις το περιπατειν υμας αξιως του θεου του
2:12 παρακαλουντες υμας και παραμυθουμενοι και μαρτυρομενοι εις το περιπατειν υμας αξιως

1 ποιουμενοι

1:2 περι παντων υμων. μνειαν ποιουμενοι επι των προσευχων ημων. αδιαλειπτως

1 μονοι

3:1 καταλειφθηναι εν αθηναις μονοι και επεμψαμεν τιμοθεον. τον αδελφον ημων και

2 λοιποι

4:13	ινα μη λυπησθε καθως και οι λοιποι οι μη εχοντες ελπιδα. ει γαρ πιστευομεν οτι
5:6	αρα ουν μη καθευδωμεν ως οι λοιποι αλλα γρηγορωμεν και νηφωμεν. οι γαρ

1 νεκροι

4:16	καταβησεται απ ουρανου. και οι νεκροι εν χριστω αναστησονται πρωτον. επειτα ημεις

1 αγαπητοι

2:8	και τας εαυτων ψυχας, διοτι αγαπητοι ημιν εγενηθητε. μνημονευετε γαρ, αδελφοι, τον

1 θεοδιδακτοι

4:9	υμιν. αυτοι γαρ υμεις θεοδιδακτοι εστε εις το αγαπαν αλληλους. και γαρ ποιειτε

6 αυτοι

2:1	εκ της οργης της ερχομενης. αυτοι γαρ οιδατε, αδελφοι, την εισοδον ημων την προς
1:9	μη χρειαν εχειν ημας λαλειν τι. αυτοι γαρ περι ημων απαγγελλουσιν οποιαν εισοδον
5:2	ου χρειαν εχετε υμιν γραφεσθαι. αυτοι γαρ ακριβως οιδατε οτι ημερα κυριου ως κλεπτης
2:14	των ιδιων συμφυλετων καθως και αυτοι υπο των ιουδαιων. των και τον κυριον
3:3	εν ταις θλιψεσιν ταυταις. αυτοι γαρ οιδατε οτι εις τουτο κειμεθα. και γαρ οτε
4:9	ου χρειαν εχετε γραφειν υμιν. αυτοι γαρ υμεις θεοδιδακτοι εστε εις το αγαπαν

14 αδελφοι

5:25	ο καλων υμας. ος και ποιησει. αδελφοι προσευχεσθε περι ημων. ασπασασθε τους
2:17	η οργη εις τελος. ημεις δε, αδελφοι απορφανισθεντες αφ υμων προς καιρον ωρας.
5:4	και ου μη εκφυγωσιν. υμεις δε, αδελφοι ουκ εστε εν σκοτει. ινα η ημερα υμας ως
2:1	ερχομενης. αυτοι γαρ οιδατε, αδελφοι την εισοδον ημων την προς υμας οτι ου κενη
2:14	υμεις γαρ μιμηται εγενηθητε, αδελφοι των εκκλησιων του θεου των ουσων εν τη
3:7	υμας. δια τουτο παρεκληθημεν, αδελφοι εφ υμιν επι παση τη αναγκη και θλιψει ημων
4:13	ου θελομεν δε υμας αγνοειν, αδελφοι περι των κοιμωμενων. ινα μη λυπησθε καθως και
4:1	των αγιων αυτου. λοιπον ουν, αδελφοι ερωτωμεν υμας και παρακαλουμεν εν κυριω
5:1	δε των χρονων και των καιρων, αδελφοι ου χρειαν εχετε υμιν γραφεσθαι. αυτοι γαρ
2:9	εγενηθητε. μνημονευετε γαρ, αδελφοι τον κοπον ημων και τον μοχθον. νυκτος και
5:14	εαυτοις. παρακαλουμεν δε υμας, αδελφοι νουθετειτε τους ατακτους. παραμυθεισθε τους
4:10	παρακαλουμεν δε υμας, αδελφοι περισσευειν μαλλον. και φιλοτιμεισθαι
5:12	και ποιειτε. ερωτωμεν δε υμας, αδελφοι ειδεναι τους κοπιωντας εν υμιν και
1:4	θεου και πατρος ημων, ειδοτες, αδελφοι ηγαπημενοι υπο (του) θεου. την εκλογην υμων.

4 επι

1:2	περι παντων υμων, μνειαν ποιουμενοι επι των προσευχων ημων, αδιαλειπτως μνημονευοντες
3:7	παρεκληθημεν, αδελφοι, εφ υμιν επι παση τη αναγκη και θλιψει ημων δια της υμων
3:9	τω θεω ανταποδουναι περι υμων επι παση τη χαρα η χαιρομεν δι υμας εμπροσθεν του
4:7	ου γαρ εκαλεσεν ημας ο θεος επι ακαθαρσια αλλ εν αγιασμω. τοιγαρουν ο αθετων

8 περι

5:1	αλληλους εν τοις λογοις τουτοις. περι δε των χρονων και των καιρων, αδελφοι, ου
4:9	πνευμα αυτου το αγιον εις υμας. περι δε της φιλαδελφιας ου χρειαν εχετε γραφειν
5:25	και ποιησει. αδελφοι, προσευχεσθε περι ημων. ασπασασθε τους αδελφους παντας εν
1:2	ευχαριστουμεν τω θεω παντοτε περι παντων υμων, μνειαν ποιουμενοι επι των
3:9	δυναμεθα τω θεω ανταποδουναι περι υμων επι παση τη χαρα η χαιρομεν δι υμας
1:9	εχειν ημας λαλειν τι. αυτοι γαρ περι ημων απαγγελλουσιν οποιαν εισοδον εσχομεν προς
4:6	αυτου, διοτι εκδικος κυριος περι παντων τουτων. καθως και προειπαμεν υμιν και
4:13	θελομεν δε υμας αγνοειν, αδελφοι, περι των κοιμωμενων. ινα μη λυπησθε καθως και οι

1 πατρι

1:1	τη εκκλησια θεσσαλονικεων εν θεω πατρι και κυριω ιησου χριστω. χαρις υμιν και ειρηνη.

1 γαστρι

5:3	ολεθρος ωσπερ η ωδιν τη εν γαστρι εχουση. και ου μη εκφυγωσιν. υμεις δε.

1 τι

1:8	ωστε μη χρειαν εχειν ημας λαλειν τι αυτοι γαρ περι ημων απαγγελλουσιν οποιαν

1 πραγματι

4:6	και πλεονεκτειν εν τω πραγματι τον αδελφον αυτου. διοτι εκδικος κυριος περι

1 φιληματι

5:26	τους αδελφους παντας εν φιληματι αγιω. ενορκιζω υμας τον κυριον αναγνωσθηναι

1 κελευσματι

4:16	οτι αυτος ο κυριος εν κελευσματι εν φωνη αρχαγγελου και εν σαλπιγγι θεου.

		1 πνευματι
1:5	αλλα και εν δυναμει και εν πνευματι	αγιω και (εν) πληροφορια πολλη. καθως οιδατε

		2 μηκετι
3:1	η δοξα ημων και η χαρα. διο μηκετι	στεγοντες ευδοκησαμεν καταλειφθηναι εν αθηναις
3:5	και οιδατε. δια τουτο καγω μηκετι	στεγων επεμψα εις το γνωναι την πιστιν υμων.

		1 νυκτι
5:2	οτι ημερα κυριου ως κλεπτης εν νυκτι	ουτως ερχεται. οταν λεγωσιν. ειρηνη και

		1 αντι
5:15	προς παντας. ορατε μη τις κακον αντι	κακου τινι αποδω. αλλα παντοτε το αγαθον

		2 παντι
5:18	αδιαλειπτως προσευχεσθε. εν παντι	ευχαριστειτε. τουτο γαρ θελημα θεου εν χριστω
1:8	και (εν τη) αχαια, αλλ εν παντι	τοπω η πιστις υμων η προς τον θεον εξεληλυθεν.

		1 δοκιμαζοντι
2:4	αρεσκοντες αλλα θεω τω δοκιμαζοντι	τας καρδιας ημων. ουτε γαρ ποτε εν λογω

		1 ζωντι
1:9	απο των ειδωλων δουλευειν θεω ζωντι	και αληθινω. και αναμενειν τον υιον αυτου εκ

		13 οτι
5:9	και περικεφαλαιαν ελπιδα σωτηριας. οτι	ουκ εθετο ημας ο θεος εις οργην αλλα εις
4:16	ου μη φθασωμεν τους κοιμηθεντας. οτι	αυτος ο κυριος εν κελευσματι. εν φωνη
1:5	υπο (του) θεου. την εκλογην υμων. οτι	το ευαγγελιον ημων ουκ εγενηθη εις υμας εν
3:8	θλιψει ημων δια της υμων πιστεως, οτι	νυν ζωμεν εαν υμεις στηκετε εν κυριω. τινα
3:3	θλιψεσιν ταυταις. αυτοι γαρ οιδατε οτι	εις τουτο κειμεθα. και γαρ οτε προς υμας
5:2	αυτοι γαρ ακριβως οιδατε οτι	ημερα κυριου ως κλεπτης εν νυκτι ουτως
3:6	την πιστιν και την αγαπην υμων. και οτι	εχετε μνειαν ημων αγαθην παντοτε. επιποθουντες
4:14	εχοντες ελπιδα. ει γαρ πιστευομεν οτι	ιησους απεθανεν και ανεστη. ουτως και ο θεος
3:4	προς υμας ημεν. προυλεγομεν υμιν οτι	μελλομεν θλιβεσθαι. καθως και εγενετο και
2:1	την εισοδον ημων την προς υμας οτι	ου κενη γεγονεν. αλλα προπαθοντες και
2:13	ευχαριστουμεν τω θεω αδιαλειπτως, οτι	παραλαβοντες λογον ακοης παρ ημων του θεου
4:15	γαρ υμιν λεγομεν εν λογω κυριου. οτι	ημεις οι ζωντες οι περιλειπομενοι εις την
2:14	εν τη ιουδαια εν χριστω ιησου. οτι	τα αυτα επαθετε και υμεις υπο των ιδιων

		3 διοτι
2:18	υμων ιδειν εν πολλη επιθυμια. διοτι	ηθελησαμεν ελθειν προς υμας, εγω μεν παυλος
2:8	θεου αλλα και τας εαυτων ψυχας. διοτι	αγαπητοι ημιν εγενηθητε. μνημονευετε γαρ.
4:6	εν τω πραγματι τον αδελφον αυτου. διοτι	εκδικος κυριος περι παντων τουτων. καθως και

		1 αρτι
3:6	εις κενον γενηται ο κοπος ημων. αρτι	δε ελθοντος τιμοθεου προς ημας αφ υμων και

		1 ουχι
2:19	η χαρα η στεφανος καυχησεως - η ουχι	και υμεις - εμπροσθεν του κυριου ημων ιησου εν

		4 εκ
2:3	αγωνι. η γαρ παρακλησις ημων ουκ εκ	πλανης ουδε εξ ακαθαρσιας ουδε εν δολω. αλλα
1:10	αυτου εκ των ουρανων. ον ηγειρεν εκ	(των) νεκρων. ιησουν τον ρυομενον ημας εκ της
1:10	νεκρων. ιησουν τον ρυομενον ημας εκ	της οργης της ερχομενης. αυτοι γαρ οιδατε.
1:10	και αναμενειν τον υιον αυτου εκ	των ουρανων. ον ηγειρεν εκ (των) νεκρων.

		6 ουκ
5:9	περικεφαλαιαν ελπιδα σωτηριας. οτι ουκ	εθετο ημας ο θεος εις οργην αλλα εις
1:5	υμων. οτι το ευαγγελιον ημων ουκ	εγενηθη εις υμας εν λογω μονον αλλα και εν
2:3	πολλω αγωνι. η γαρ παρακλησις ημων ουκ	εκ πλανης ουδε εξ ακαθαρσιας ουδε εν δολω.
4:8	αλλ εν αγιασμω. τοιγαρουν ο αθετων ουκ	ανθρωπον αθετει αλλα τον θεον τον (και)
5:5	υιοι φωτος εστε και υιοι ημερας. ουκ	εσμεν νυκτος ουδε σκοτους. αρα ουν μη
5:4	μη εκφυγωσιν. υμεις δε. αδελφοι. ουκ	εστε εν σκοτει. ινα η ημερα υμας ως κλεπτης

		2 αλλ
4:7	εκαλεσεν ημας ο θεος επι ακαθαρσια αλλ	εν αγιασμω. τοιγαρουν ο αθετων ουκ ανθρωπον
1:8	εν τη μακεδονια και (εν τη) αχαια. αλλ	εν παντι τοπω η πιστις υμων η προς τον θεον

		2 εαν
3:8	της υμων πιστεως. οτι νυν ζωμεν εαν	υμεις στηκετε εν κυριω. τινα γαρ ευχαριστιαν
2:7	εγενηθημεν ηπιοι εν μεσω υμων. ως εαν	τροφος θαλπη τα εαυτης τεκνα. ουτως

1 περικεφαλαιαν

5:8   πιστεως και αγαπης και περικεφαλαιαν ελπιδα σωτηριας. οτι ουκ εθετο ημας ο θεος

1 βασιλειαν

2:12   καλουντος υμας εις την εαυτου βασιλειαν και δοξαν. και δια τουτο και ημεις

2 μνειαν

3:6   την αγαπην υμων. και οτι εχετε μνειαν ημων αγαθην παντοτε. επιποθουντες ημας ιδειν
1:2   τω θεω παντοτε περι παντων υμων. μνειαν ποιουμενοι επι των προσευχων ημων. αδιαλειπτως

4 χρειαν

1:8   τον θεον εξεληλυθεν. ωστε μη χρειαν εχειν ημας λαλειν τι. αυτοι γαρ περι ημων
4:12   προς τους εξω και μηδενος χρειαν εχητε. ου θελομεν δε υμας αγνοειν. αδελφοι.
4:9   περι δε της φιλαδελφιας ου χρειαν εχετε γραφειν υμιν. αυτοι γαρ υμεις
5:1   και των καιρων. αδελφοι. ου χρειαν εχετε υμιν γραφεσθαι. αυτοι γαρ ακριβως

1 οποιαν

1:9   γαρ περι ημων απαγγελλουσιν οποιαν εισοδον εσχομεν προς υμας. και πως επεστρεψατε

1 παρουσιαν

4:15   οι περιλειπομενοι εις την παρουσιαν του κυριου ου μη φθασωμεν τους κοιμηθεντας.

1 ευχαριστιαν

3:9   στηκετε εν κυριω. τινα γαρ ευχαριστιαν δυναμεθα τω θεω ανταποδουναι περι υμων επι

2 δοξαν

2:12   υμας εις την εαυτου βασιλειαν και δοξαν και δια τουτο και ημεις ευχαριστουμεν τω θεω
2:6   ουτε ζητουντες εξ ανθρωπων δοξαν ουτε αφ υμων ουτε απ αλλων. δυναμενοι εν

1 αγαπαν

4:9   υμεις θεοδιδακτοι εστε εις το αγαπαν αλληλους. και γαρ ποιειτε αυτο εις παντας

1 οταν

5:3   κλεπτης εν νυκτι ουτως ερχεται. οταν λεγωσιν. ειρηνη και ασφαλεια. τοτε αιφνιδιος

52 εν

5:18   χαιρετε. αδιαλειπτως προσευχεσθε. εν παντι ευχαριστειτε. τουτο γαρ θελημα θεου εν
2:2   οιδατε εν φιλιπποις επαρρησιασαμεθα εν τω θεω ημων λαλησαι προς υμας το ευαγγελιον
4:17   αμα συν αυτοις αρπαγησομεθα εν νεφελαις εις απαντησιν του κυριου εις αερα.
2:14   του θεου των ουσων εν τη ιουδαια εν χριστω ιησου. οτι τα αυτα επαθετε και υμεις
2:3   εκ πλανης ουδε εξ ακαθαρσιας ουδε εν δολω. αλλα καθως δεδοκιμασμεθα υπο του θεου
2:2   και υβρισθεντες καθως οιδατε εν φιλιπποις επαρρησιασαμεθα εν τω θεω ημων
3:8   οτι νυν ζωμεν εαν υμεις στηκετε εν κυριω. τινα γαρ ευχαριστιαν δυναμεθα τω θεω
5:13   αγαπη δια το εργον αυτων. ειρηνευετε εν εαυτοις. παρακαλουμεν δε υμας. αδελφοι.
2:5   τας καρδιας ημων. ουτε γαρ ποτε εν λογω κολακειας εγενηθημεν. καθως οιδατε. ουτε
5:4   υμεις δε. αδελφοι. ουκ εστε εν σκοτει. ινα η ημερα υμας ως κλεπτης καταλαβη.
2:5   εγενηθημεν. καθως οιδατε. ουτε εν προφασει πλεονεξιας. θεος μαρτυς. ουτε
4:5   κτασθαι εν αγιασμω και τιμη. μη εν παθει επιθυμιας καθαπερ και τα εθνη τα μη
5:3   εφισταται ολεθρος ωσπερ η ωδιν τη εν γαστρι εχουση. και ου μη εκφυγωσιν. υμεις δε.
4:4   υμων το εαυτου σκευος κτασθαι εν αγιασμω και τιμη. μη εν παθει επιθυμιας
3:3   πιστεως υμων το μηδενα σαινεσθαι εν ταις θλιψεσιν ταυταις. αυτοι γαρ οιδατε οτι
1:7   τοις πιστευουσιν εν τη μακεδονια και εν τη αχαια. αφ υμων γαρ εξηχηται ο λογος του
1:5   εις υμας εν λογω μονον αλλα και εν δυναμει και εν πνευματι αγιω και (εν)
1:5   λογω μονον αλλα και εν δυναμει και εν πνευματι αγιω και (εν) πληροφορια πολλη. καθως
4:16   κελευσματι. εν φωνη αρχαγγελου και εν σαλπιγγι θεου. καταβησεται απ ουρανου. και οι
3:1   στεγοντες ευδοκησαμεν καταλειφθηναι εν αθηναις μονοι. και επεμψαμεν τιμοθεον. τον
2:13   αληθως λογον θεου. ος και ενεργειται εν υμιν τοις πιστευουσιν. υμεις γαρ μιμηται
2:7   αποστολοι. αλλα εγενηθημεν ηπιοι εν μεσω υμων. ως εαν τροφος θαλπη τα εαυτης
2:7   αφ υμων ουτε απ αλλων. δυναμενοι εν βαρει ειναι ως χριστου αποστολοι. αλλα
4:16   απ ουρανου. και οι νεκροι εν χριστω αναστησονται πρωτον. επειτα ημεις οι
4:7   ημας ο θεος επι ακαθαρσια αλλ εν αγιασμω. τοιγαρουν ο αθετων ουκ ανθρωπον
1:8   τη μακεδονια και (εν τη) αχαια. αλλ εν παντι τοτω η πιστις υμων η προς τον θεον
4:15   συν αυτω. τουτο γαρ υμιν λεγομεν εν λογω κυριου. οτι ημεις οι ζωντες οι
4:1   ερωτωμεν υμας και παρακαλουμεν εν κυριω ιησου. ινα καθως παρελαβετε παρ ημων το
2:17   εσπουδασαμεν το προσωπον υμων ιδειν εν πολλη επιθυμια. διοτι ηθελησαμεν ελθειν προς
4:6   το μη υπερβαινειν και πλεονεκτειν εν τω πραγματι τον αδελφον αυτου. διοτι εκδικος
1:7   υμας τυπον πασιν τοις πιστευουσιν εν τη μακεδονια και εν τη αχαια. αφ υμων γαρ
1:6   και του κυριου. δεξαμενοι τον λογον εν θλιψει πολλη μετα χαρας πνευματος αγιου. ωστε
1:8   εξηχηται ο λογος του κυριου ου μονον εν τη μακεδονια και (εν τη) αχαια. αλλ εν παντι
1:1   τιμοθεος τη εκκλησια θεσσαλονικεων εν θεω πατρι και κυριω ιησου χριστω. χαρις υμιν
3:13   εμπροσθεν του θεου και πατρος ημων εν τη παρουσια του κυριου ημων ιησου μετα παντων
5:12   εν υμιν και προισταμενους υμων εν κυριω και νουθετουντας υμας. και ηγεισθαι

```
2:14    των εκκλησιων του θεου των ουσων    εν τη ιουδαια εν χριστω ιησου. οτι τα αυτα
1:5     ευαγγελιον ημων ουκ εγενηθη εις υμας εν λογω μονον αλλα και εν δυναμει και εν πνευματι
5:26    ασπασασθε τους αδελφους παντας      εν φιληματι αγιω.  ενορκιζω υμας τον κυριον
5:12    αδελφοι. ειδεναι τους κοπιωντας     εν υμιν και προισταμενους υμων εν κυριω και
5:2     οιδατε οτι ημερα κυριου ως κλεπτης  εν νυκτι ουτως ερχεται.  οταν λεγωσιν. ειρηνη και
4:16    κοιμηθεντας.  οτι αυτος ο κυριος    εν κελευσματι. εν φωνη αρχαγγελου και εν σαλπιγγι
4:18    εσομεθα.  ωστε παρακαλειτε αλληλους εν τοις λογοις τουτοις.  περι δε των χρονων και
3:13    στηριξαι υμων τας καρδιας αμεμπτους εν αγιωσυνη εμπροσθεν του θεου και πατρος ημων εν
5:23    και η ψυχη και το σωμα αμεμπτως     εν τη παρουσια του κυριου ημων ιησου χριστου
5:18    ευχαριστειτε.  τουτο γαρ θελημα θεου εν χριστω ιησου εις υμας.  το πνευμα μη σβεννυτε.
3:2     αδελφον ημων και συνεργον του θεου  εν τω ευαγγελιω του χριστου. εις το στηριξαι υμας
2:2     προς υμας το ευαγγελιον του θεου    εν πολλω αγωνι.  η γαρ παρακλησις ημων ουκ εκ
2:19    - εμπροσθεν του κυριου ημων ιησου   εν τη αυτου παρουσια;  υμεις γαρ εστε η δοξα ημων
5:13    και ηγεισθαι αυτους υπερεκπερισσου  εν αγαπη δια το εργον αυτων. ειρηνευετε εν
4:10    αυτο εις παντας τους αδελφους (τους) εν ολη τη μακεδονια.  παρακαλουμεν δε υμας.
4:16    οτι αυτος ο κυριος εν κελευσματι.   εν φωνη αρχαγγελου και εν σαλπιγγι θεου.
```

```
                                     4 εμπροσθεν
3:13   καρδιας αμεμπτους εν αγιωσυνη  εμπροσθεν του θεου και πατρος ημων εν τη παρουσια του
3:9    τη χαρα η χαιρομεν δι υμας     εμπροσθεν του θεου ημων.  νυκτος και ημερας
1:3    του κυριου ημων ιησου χριστου  εμπροσθεν του θεου και πατρος ημων.  ειδοτες. αδελφοι
2:19   - η ουχι και υμεις - εμπροσθεν του κυριου ημων ιησου εν τη αυτου παρουσια;
```

```
                                     1 εξεληλυθεν
1:8    πιστις υμων η προς τον θεον    εξεληλυθεν ωστε μη χρειαν εχειν ημας λαλειν τι.  αυτοι
```

```
                                     1 μεν
2:18   ηθελησαμεν ελθειν προς υμας. εγω μεν παυλος και απαξ και δις. και ενεκοψεν ημας ο
```

```
                                     1 εδωκαμεν
4:2    οιδατε γαρ τινας παραγγελιας   εδωκαμεν υμιν δια του κυριου ιησου.  τουτο γαρ εστιν
```

```
                                     1 παρηγγειλαμεν
4:11   χερσιν υμων. καθως υμιν        παρηγγειλαμεν ινα περιπατητε ευσχημονως προς τους εξω και
```

```
                                     1 εκηρυξαμεν
2:9    το μη επιβαρησαι τινα υμων     εκηρυξαμεν εις υμας το ευαγγελιον του θεου.  υμεις
```

```
                                     1 προειπαμεν
4:6    παντων τουτων. καθως και       προειπαμεν υμιν και διεμαρτυραμεθα.  ου γαρ εκαλεσεν ημας
```

```
                                     1 εσπουδασαμεν
2:17   ου καρδια. περισσοτερως        εσπουδασαμεν το προσωπον υμων ιδειν εν πολλη επιθυμια.
```

```
                                     1 ευδοκησαμεν
3:1    διο μηκετι στεγοντες           ευδοκησαμεν καταλειφθηναι εν αθηναις μονοι.  και επεμψαμεν
```

```
                                     1 ηθελησαμεν
2:18   εν πολλη επιθυμια.  διοτι      ηθελησαμεν ελθειν προς υμας. εγω μεν παυλος και απαξ και
```

```
                                     1 επεμψαμεν
3:2    εν αθηναις μονοι.  και         επεμψαμεν τιμοθεον. τον αδελφον ημων και συνεργον του
```

```
                                     1 ημεν
3:4    κειμεθα.  και γαρ οτε προς υμας ημεν προελεγομεν υμιν οτι μελλομεν θλιβεσθαι.
```

```
                                     1 παρεκληθημεν
3:7    και ημεις υμας.  δια τουτο     παρεκληθημεν αδελφοι. εφ υμιν επι παση τη αναγκη και
```

```
                                     4 εγενηθημεν
2:7    ως χριστου αποστολοι. αλλα     εγενηθημεν ηπιοι εν μεσω υμων. ως εαν τροφος θαλπη τα
1:5    πολλη. καθως οιδατε οιοι        εγενηθημεν (εν) υμιν δι υμας.  και υμεις μιμηται ημων
2:10   υμιν τοις πιστευουσιν          εγενηθημεν καθαπερ οιδατε ως ενα εκαστον υμων ως πατηρ
2:5    γαρ ποτε εν λογω κολακειας     εγενηθημεν καθως οιδατε. ουτε εν προφασει πλεονεξιας.
```

```
                                     1 λεγομεν
4:15   αξει συν αυτω.  τουτο γαρ υμιν λεγομεν εν λογω κυριου. οτι ημεις οι ζωντες οι
```

```
                                     1 προελεγομεν
3:4    και γαρ οτε προς υμας ημεν.    προελεγομεν υμιν οτι μελλομεν θλιβεσθαι. καθως και εγενετο
```

```
                                          1  θελομεν
4:13      και μηδενος χρειαν εχητε.   ου θελομεν δε υμας αγνοειν, αδελφοι, περι των κοιμωμενων,

                                          1  μελλομεν
3:4       ημεν, προελεγομεν υμιν οτι μελλομεν θλιβεσθαι, καθως και εγενετο και οιδατε.    δια

                                          1  χαιρομεν
3:9       περι υμων επι παση τη χαρα η χαιρομεν δι υμας εμπροσθεν του θεου ημων,   νυκτος και

                                          1  πιστευομεν
4:14      μη εχοντες ελπιδα.   ει γαρ πιστευομεν οτι ιησους απεθανεν και ανεστη, ουτως και ο

                                          1  εσχομεν
1:9       απαγγελλουσιν οποιαν εισοδον εσχομεν προς υμας, και πως επεστρεψατε προς τον θεον

                                          1  εσμεν
5:5       φωτος εστε και υιοι ημερας. ουκ εσμεν νυκτος ουδε σκοτους.   αρα ουν μη καθευδωμεν ως

                                          1  ευδοκουμεν
2:8       ουτως ομειρομενοι υμων ευδοκουμεν μεταδουναι υμιν ου μονον το ευαγγελιον του

                                          3  παρακαλουμεν
5:14      ειρηνευετε εν εαυτοις.   παρακαλουμεν δε υμας, αδελφοι, νουθετειτε τους ατακτους,
4:1       αδελφοι, ερωτωμεν υμας και παρακαλουμεν εν κυριω ιησου, ινα καθως παρελαβετε παρ ημων
4:10      εν ολη τη μακεδονια. παρακαλουμεν δε υμας, αδελφοι, περισσευειν μαλλον,   και

                                          1  λαλουμεν
2:4       το ευαγγελιον ουτως λαλουμεν ουχ ως ανθρωποις αρεσκοντες αλλα θεω τω

                                          2  ευχαριστουμεν
1:2       χαρις υμιν και ειρηνη.  ευχαριστουμεν τω θεω παντοτε περι παντων υμων, μνειαν
2:13      και δια τουτο και ημεις ευχαριστουμεν τω θεω αδιαλειπτως, οτι παραλαβοντες λογον

                                          2  καθευδωμεν
5:10      ινα ειτε γρηγορωμεν ειτε καθευδωμεν αμα συν αυτω ζησωμεν.   διο παρακαλειτε
5:6       ουδε σκοτους.   αρα ουν μη καθευδωμεν ως οι λοιποι, αλλα γρηγορωμεν και νηφωμεν.    οι

                                          1  ζωμεν
3:8       δια της υμων πιστεως, οτι νυν ζωμεν εαν υμεις στηκετε εν κυριω.   τινα γαρ

                                          2  γρηγορωμεν
5:6       ως οι λοιποι, αλλα γρηγορωμεν και νηφωμεν.   οι γαρ καθευδοντες νυκτος
5:10      υπερ ημων ινα ειτε γρηγορωμεν ειτε καθευδωμεν αμα συν αυτω ζησωμεν.   διο

                                          1  φθασωμεν
4:15      την παρουσιαν του κυριου ου μη φθασωμεν τους κοιμηθεντας.    οτι αυτος ο κυριος εν

                                          1  ζησωμεν
5:10      ειτε καθευδωμεν αμα συν αυτω ζησωμεν διο παρακαλειτε αλληλους και οικοδομειτε εις

                                          2  ερωτωμεν
5:12      τον ενα, καθως και ποιειτε.   ερωτωμεν δε υμας, αδελφοι, ειδεναι τους κοπιωντας εν
4:1       αυτου.   λοιπον ουν, αδελφοι, ερωτωμεν υμας και παρακαλουμεν εν κυριω ιησου, ινα

                                          2  νηφωμεν
5:6       οι λοιποι, αλλα γρηγορωμεν και νηφωμεν οι γαρ καθευδοντες νυκτος καθευδουσιν, και
5:8       ημεις δε ημερας οντες νηφωμεν ενδυσαμενοι θωρακα πιστεως και αγαπης και

                                          1  απεθανεν
4:14      ει γαρ πιστευομεν οτι ιησους απεθανεν και ανεστη, ουτως και ο θεος τους κοιμηθεντας

                                          1  γεγονεν
2:1       ημων την προς υμας οτι ου κενη γεγονεν αλλα προπαθοντες και υβρισθεντες καθως

                                          1  ηγειρεν
1:10      υιον αυτου εκ των ουρανων, ον ηγειρεν εκ (των) νεκρων, ιησουν τον ρυομενον ημας εκ

                                          1  εφθασεν
2:16      αυτων τας αμαρτιας παντοτε. εφθασεν δε επ αυτους η οργη εις τελος.    ημεις δε,
```

1 επειρασεν

3:5 την πιστιν υμων. μη πως επειρασεν υμας ο πειραζων και εις κενον γενηται ο κοπος

1 εκαλεσεν

4:7 και διεμαρτυραμεθα. ου γαρ εκαλεσεν ημας ο θεος επι ακαθαρσια αλλ εν αγιασμω.

1 ενεκοψεν

2:18 παυλος και απαξ και δις. και ενεκοψεν ημας ο σατανας. τις γαρ ημων ελπις η χαρα η

1 εκλογην

1:4 ηγαπημενοι υπο (του) θεου. την εκλογην υμων. οτι το ευαγγελιον ημων ουκ εγενηθη εις

1 οργην

5:9 οτι ουκ εθετο ημας ο θεος εις οργην αλλα εις περιποιησιν σωτηριας δια του κυριου

1 αγαθην

3:6 υμων. και οτι εχετε μνειαν ημων αγαθην παντοτε. επιποθουντες ημας ιδειν καθαπερ και

1 επιστολην

5:27 τον κυριον αναγνωσθηναι την επιστολην πασιν τοις αδελφοις. η χαρις του κυριου ημων

1 αγαπην

3:6 ημιν την πιστιν και την αγαπην υμων. και οτι εχετε μνειαν ημων αγαθην

10 την

3:6 ευαγγελισαμενου ημιν την πιστιν και την αγαπην υμων. και οτι εχετε μνειαν ημων αγαθην
5:27 υμας τον κυριον αναγνωσθηναι την επιστολην πασιν τοις αδελφοις. η χαρις του
3:11 και ο κυριος ημων ιησους κατευθυναι την οδον ημων προς υμας. υμας δε ο κυριος
3:5 μηκετι στεγων επεμψα εις το γνωναι την πιστιν υμων. μη πως επειρασεν υμας ο πειραζων
3:6 αφ υμων και ευαγγελισαμενου ημιν την πιστιν και την αγαπην υμων. και οτι εχετε
2:1 οιδατε. αδελφοι. την εισοδον ημων την προς υμας οτι ου κενη γεγονεν. αλλα
4:15 οι ζωντες οι περιλειπομενοι εις την παρουσιαν του κυριου ου μη φθασωμεν τους
2:12 του θεου του καλουντος υμας εις την εαυτου βασιλειαν και δοξαν. και δια τουτο και
2:1 αυτοι γαρ οιδατε, αδελφοι. την εισοδον ημων την προς υμας οτι ου κενη
1:4 αδελφοι ηγαπημενοι υπο (του) θεου. την εκλογην υμων. οτι το ευαγγελιον ημων ουκ

1 ωδιν

5:3 αυτοις εφισταται ολεθρος ωσπερ η ωδιν τη εν γαστρι εχουση. και ου μη εκφυγωσιν.

3 ιδειν

2:17 εσπουδασαμεν το προσωπον υμων ιδειν εν πολλη επιθυμια. διοτι ηθελησαμεν ελθειν
3:10 υπερεκπερισσου δεομενοι εις το ιδειν υμων το προσωπον και καταρτισαι τα υστερηματα
3:6 αγαθην παντοτε. επιποθουντες ημας ιδειν καθαπερ και ημεις υμας. δια τουτο

1 ησυχαζειν

4:11 μαλλον. και φιλοτιμεισθαι ησυχαζειν και πρασσειν τα ιδια και εργαζεσθαι ταις

1 ελθειν

2:18 επιθυμια. διοτι ηθελησαμεν ελθειν προς υμας. εγω μεν παυλος και απαξ και δις.

1 αρεσκειν

4:1 το πως δει υμας περιπατειν και αρεσκειν θεω. καθως και περιπατειτε. ινα περισσευητε

1 λαλειν

1:8 ωστε μη χρειαν εχειν ημας λαλειν τι. αυτοι γαρ περι ημων απαγγελλουσιν οποιαν

1 αναμενειν

1:10 θεω ζωντι και αληθινω. και αναμενειν τον υιον αυτου εκ των ουρανων. ον ηγειρεν εκ

1 υπερβαινειν

4:6 μη ειδοτα τον θεον. το μη υπερβαινειν και πλεονεκτειν εν τω πραγματι τον αδελφον

1 αγνοειν

4:13 εχητε. ου θελομεν δε υμας αγνοειν αδελφοι. περι των κοιμωμενων. ινα μη λυπησθε

1 πρασσειν

4:11 φιλοτιμεισθαι ησυχαζειν και πρασσειν τα ιδια και εργαζεσθαι ταις χερσιν υμων. καθως

2 περιπατειν

2:12 και μαρτυρομενοι εις το περιπατειν υμας αξιως του θεου του καλουντος υμας εις την
4:1 παρ ημων το πως δει υμας περιπατειν και αρεσκειν θεω. καθως και περιπατειτε. ινα

1 πλεονεκτειν

4:6   το μη υπερβαινειν και πλεονεκτειν εν τω πραγματι τον αδελφον αυτου. διοτι

1 δουλευειν

1:9   προς τον θεον απο των ειδωλων δουλευειν θεω ζωντι και αληθινω. και αναμενειν τον υιον

1 περισσευειν

4:10   δε υμας. αδελφοι. περισσευειν μαλλον. και φιλοτιμεισθαι ησυχαζειν και

1 γραφειν

4:9   της φιλαδελφιας ου χρειαν εχετε γραφειν υμιν. αυτοι γαρ υμεις θεοδιδακτοι εστε εις το

1 εχειν

1:8   θεον εξεληλυθεν. ωστε μη χρειαν εχειν ημας λαλειν τι. αυτοι γαρ περι ημων

2 ημιν

2:8   τας εαυτων ψυχας. διοτι αγαπητοι ημιν εγενηθητε. μνημονευετε γαρ. αδελφοι. τον
3:6   ημας αφ υμων και ευαγγελισαμενου ημιν την πιστιν και την αγαπην υμων. και οτι εχετε

14 υμιν

5:1   καιρων. αδελφοι. ου χρειαν εχετε υμιν γραφεσθαι. αυτοι γαρ ακριβως οιδατε οτι ημερα
2:8   υμων ευδοκουμεν μεταδουναι υμιν ου μονον το ευαγγελιον του θεου αλλα και τας
2:13   λογον θεου. ος και ενεργειται εν υμιν τοις πιστευουσιν. υμεις γαρ μιμηται
5:12   αδελφοι. ειδεναι τους κοπιωντας εν υμιν και προισταμενους υμων εν κυριω και
4:2   γαρ τινας παραγγελιας εδωκαμεν υμιν δια του κυριου ιησου. τουτο γαρ εστιν θελημα
4:6   τουτων. καθως και προειπαμεν υμιν και διεμαρτυραμεθα. ου γαρ εκαλεσεν ημας ο
3:4   οτε προς υμας ημεν. προελεγομεν υμιν οτι μελλομεν θλιβεσθαι. καθως και εγενετο και
4:9   ου χρειαν εχετε γραφειν υμιν αυτοι γαρ υμεις θεοδιδακτοι εστε εις το
4:15   ιησου αξει συν αυτω. τουτο γαρ υμιν λεγομεν εν λογω κυριου. οτι ημεις οι ζωντες οι
1:1   και κυριω ιησου χριστω. χαρις υμιν και ειρηνη. ευχαριστουμεν τω θεω παντοτε περι
4:11   εργαζεσθαι ταις χερσιν υμων. καθως υμιν παρηγγειλαμεν. ινα περιπατητε ευσχημονως προς
2:10   ως οσιως και δικαιως και αμεμπτως υμιν τοις πιστευουσιν εγενηθημεν. καθαπερ οιδατε
3:7   τουτο παρεκληθημεν. αδελφοι. εφ υμιν επι παση τη αναγκη και θλιψει ημων δια της
1:5   καθως οιδατε οιοι εγενηθημεν (εν) υμιν δι υμας. και υμεις μιμηται ημων εγενηθητε και

3 πασιν

2:15   και θεω μη αρεσκοντων. και πασιν ανθρωποις εναντιων. κωλυοντων ημας τοις
5:27   κυριον αναγνωσθηναι την επιστολην πασιν τοις αδελφοις. η χαρις του κυριου ημων ιησου
1:7   αγιου. ωστε γενεσθαι υμας τυπον πασιν τοις πιστευουσιν εν τη μακεδονια και εν τη

1 εθνεσιν

2:16   εναντιων. κωλυοντων ημας τοις εθνεσιν λαλησαι ινα σωθωσιν. εις το αναπληρωσαι αυτων

1 θλιψεσιν

3:3   το μηδενα σαινεσθαι εν ταις θλιψεσιν ταυταις. αυτοι γαρ οιδατε οτι εις τουτο

1 περιποιησιν

5:9   ο θεος εις οργην αλλα εις περιποιησιν σωτηριας δια του κυριου ημων ιησου χριστου.

1 απαντησιν

4:17   αρπαγησομεθα εν νεφελαις εις απαντησιν του κυριου εις αερα. και ουτως παντοτε συν

1 χερσιν

4:11   τα ιδια και εργαζεσθαι ταις χερσιν υμων. καθως υμιν παρηγγειλαμεν. ινα

1 καθευδουσιν

5:7   οι γαρ καθευδοντες νυκτος καθευδουσιν και οι μεθυσκομενοι νυκτος μεθυουσιν. ημεις

1 απαγγελλουσιν

1:9   τι. αυτοι γαρ περι ημων απαγγελλουσιν οποιαν εισοδον εσχομεν προς υμας. και πως

3 πιστευουσιν

2:13   και ενεργειται εν υμιν τοις πιστευουσιν υμεις γαρ μιμηται εγενηθητε. αδελφοι. των
2:10   και αμεμπτως υμιν τοις πιστευουσιν εγενηθημεν. καθαπερ οιδατε ως ενα εκαστον
1:7   υμας τυπον πασιν τοις πιστευουσιν εν τη μακεδονια και εν τη αχαια. αφ υμων γαρ

1 μεθυουσιν

5:7   και οι μεθυσκομενοι νυκτος μεθυουσιν ημεις δε ημερας οντες νηφωμεν. ενδυσαμενοι

1 λεγωσιν

5:3   εν νυκτι ουτως ερχεται. οταν λεγωσιν ειρηνη και ασφαλεια. τοτε αιφνιδιος αυτοις

		1	εκφυγωσιν

5:3   εν γαστρι εχουση. και ου μη εκφυγωσιν υμεις δε. αδελφοι. ουκ εστε εν σκοτει. ινα η

| | | 1 | σωθωσιν |

2:16   ημας τοις εθνεσιν λαλησαι ινα σωθωσιν εις το αναπληρωσαι αυτων τας αμαρτιας

| | | 2 | εστιν |

4:3   δια του κυριου ιησου. τουτο γαρ εστιν θελημα του θεου. ο αγιασμος υμων. απεχεσθαι
2:13   ου λογον ανθρωπων αλλα καθως εστιν αληθως λογον θεου. ος και ενεργειται εν υμιν

| | | 2 | πιστιν |

3:5   στεγων επεμψα εις το γνωναι την πιστιν υμων. μη πως επειρασεν υμας ο πειραζων και εις
3:6   και ευαγγελισαμενου ημιν την πιστιν και την αγαπην υμων. και οτι εχετε μνειαν ημων

| | | 1 | ον |

1:10   τον υιον αυτου εκ των ουρανων. ον ηγειρεν εκ (των) νεκρων. ιησουν τον ρυομενον

| | | 4 | λογον |

1:6   και του κυριου. δεξαμενοι τον λογον εν θλιψει πολλη μετα χαρας πνευματος αγιου.
2:13   θεω αδιαλειπτως. οτι παραλαβοντες λογον ακοης παρ ημων του θεου εδεξασθε ου λογον
2:13   ανθρωπων αλλα καθως εστιν αληθως λογον θεου. ος και ενεργειται εν υμιν τοις
2:13   παρ ημων του θεου εδεξασθε ου λογον ανθρωπων αλλα καθως εστιν αληθως λογον θεου.

| | | 1 | εργον |

5:13   υπερεκπερισσου εν αγαπη δια το εργον αυτων. ειρηνευετε εν εαυτοις. παρακαλουμεν δε

| | | 1 | συνεργον |

3:2   τιμοθεον. τον αδελφον ημων και συνεργον του θεου εν τω ευαγγελιω του χριστου. εις το

| | | 1 | οδον |

3:11   κυριος ημων ιησους κατευθυναι την οδον ημων προς υμας. υμας δε ο κυριος πλεονασαι

| | | 2 | εισοδον |

1:9   περι ημων απαγγελλουσιν οποιαν εισοδον εσχομεν προς υμας. και πως επεστρεψατε προς
2:1   αυτοι γαρ οιδατε. αδελφοι. την εισοδον ημων την προς υμας οτι ου κενη γεγονεν. αλλα

| | | 4 | θεον |

4:8   ουκ ανθρωπον αθετει αλλα τον θεον τον (και) διδοντα το πνευμα αυτου το αγιον εις
4:5   και τα εθνη τα μη ειδοτα τον θεον το μη υπερβαινειν και πλεονεκτειν εν τω
1:9   υμας. και πως επεστρεψατε προς τον θεον απο των ειδωλων δουλευειν θεω ζωντι και
1:8   τοπω η πιστις υμων η προς τον θεον εξεληλυθεν. ωστε μη χρειαν εχειν ημας λαλειν

| | | 1 | τιμοθεον |

3:2   αθηναις μονοι. και επεμψαμεν τιμοθεον τον αδελφον ημων και συνεργον του θεου εν τω

| | | 1 | αγαθον |

5:15   τινι αποδω. αλλα παντοτε το αγαθον διωκετε εις αλληλους και εις παντας. παντοτε

| | | 1 | μοχθον |

2:9   αδελφοι. τον κοπον ημων και τον μοχθον νυκτος και ημερας εργαζομενοι προς το μη

| | | 1 | αγιον |

4:8   (και) διδοντα το πνευμα αυτου το αγιον εις υμας. περι δε της φιλαδελφιας ου χρειαν

| | | 5 | ευαγγελιον |

2:4   υπο του θεου πιστευθηναι το ευαγγελιον ουτως λαλουμεν. ουχ ως ανθρωποις αρεσκοντες
1:5   την εκλογην υμων. οτι το ευαγγελιον ημων ουκ εγενηθη εις υμας εν λογω μονον αλλα
2:8   μεταδουναι υμιν ου μονον το ευαγγελιον του θεου αλλα και τας εαυτων ψυχας. διοτι
2:9   υμων εκηρυξαμεν εις υμας το ευαγγελιον του θεου. υμεις μαρτυρες και ο θεος. ως οσιως
2:2   ημων λαλησαι προς υμας το ευαγγελιον του θεου εν πολλω αγωνι. η γαρ παρακλησις

| | | 2 | κυριον |

2:15   υπο των ιουδαιων. των και τον κυριον αποκτειναντων ιησουν και τους προφητας. και
5:27   αγιω. ενορκιζω υμας τον κυριον αναγνωσθηναι την επιστολην πασιν τοις

| | | 1 | υιον |

1:10   και αληθινω. και αναμενειν τον υιον αυτου εκ των ουρανων. ον ηγειρεν εκ (των)

| | | 1 | κακον |

5:15   προς παντας. ορατε μη τις κακον αντι κακου τινι αποδω. αλλα παντοτε το αγαθον

1 καλον

5:21   παντα δε δοκιμαζετε. το καλον κατεχετε. απο παντος ειδους πονηρου απεχεσθε.

2 μαλλον

4:1   και περιπατειτε. ινα περισσευητε μαλλον οιδατε γαρ τινας παραγγελιας εδωκαμεν υμιν
4:10   δε υμας. αδελφοι. περισσευειν μαλλον και φιλοτιμεισθαι ησυχαζειν και πρασσειν τα

1 κενον

3:5   επειρασεν υμας ο πειραζων και εις κενον γενηται ο κοπος ημων. αρτι δε ελθοντος

1 ρυομενον

1:10   εκ (των) νεκρων. ιησουν τον ρυομενον ημας εκ της οργης της ερχομενης. αυτοι γαρ

3 μονον

2:8   ευδοκουμεν μεταδουναι υμιν ου μονον το ευαγγελιον του θεου αλλα και τας εαυτων
1:8   εξηχηται ο λογος του κυριου ου μονον εν τη μακεδονια και (εν τη) αχαια. αλλ εν
1:5   ημων ουκ εγενηθη εις υμας εν λογω μονον αλλα και εν δυναμει και εν πνευματι αγιω και

1 λοιπον

4:1   μετα παντων των αγιων αυτου. λοιπον ουν. αδελφοι. ερωτωμεν υμας και παρακαλουμεν

1 κοπον

2:9   μνημονευετε γαρ. αδελφοι. τον κοπον ημων και τον μοχθον. νυκτος και ημερας

1 τυπον

1:7   αγιου. ωστε γενεσθαι υμας τυπον πασιν τοις πιστευουσιν εν τη μακεδονια και εν

1 ανθρωπον

4:8   τοιγαρουν ο αθετων ουκ ανθρωπον αθετει αλλα τον θεον τον (και) διδοντα το

2 προσωπον

2:17   περισσοτερως εσπουδασαμεν το προσωπον υμων ιδειν εν πολλη επιθυμια. διοτι
3:10   δεομενοι εις το ιδειν υμων το προσωπον και καταρτισαι τα υστερηματα της πιστεως υμων:

1 ολοκληρον

5:23   αγιασαι υμας ολοτελεις. και ολοκληρον υμων το πνευμα και η ψυχη και το σωμα αμεμπτως

1 καιρον

2:17   απορφανισθεντες αφ υμων προς καιρον ωρας. προσωπω ου καρδια. περισσοτερως

15 τον

4:8   ο αθετων ουκ ανθρωπον αθετει αλλα τον θεον τον (και) διδοντα το πνευμα αυτου το
4:5   καθαπερ και τα εθνη τα μη ειδοτα τον θεον. το μη υπερβαινειν και πλεονεκτειν εν τω
2:9   γαρ. αδελφοι. τον κοπον ημων και τον μοχθον. νυκτος και ημερας εργαζομενοι προς το
2:15   αυτοι υπο των ιουδαιων. των και τον κυριον αποκτειναντων ιησουν και τους προφητας.
1:6   εγενηθητε και του κυριου. δεξαμενοι τον λογον εν θλιψει πολλη μετα χαρας πνευματος
4:6   και πλεονεκτειν εν τω πραγματι τον αδελφον αυτου. διοτι εκδικος κυριος περι
1:10   ζωντι και αληθινω. και αναμενειν τον υιον αυτου εκ των ουρανων. ον ηγειρεν εκ (των)
4:8   ουκ ανθρωπον αθετει αλλα τον θεον τον (και) διδοντα το πνευμα αυτου το αγιον εις
1:10   ον ηγειρεν εκ (των) νεκρων. ιησουν τον ρυομενον ημας εκ της οργης της ερχομενης.
5:27   εν φιληματι αγιω. ενορκιζω υμας τον κυριον αναγνωσθηναι την επιστολην πασιν τοις
5:11   αλληλους και οικοδομειτε εις τον ενα. καθως και ποιειτε. ερωτωμεν δε
1:9   προς υμας. και πως επεστρεψατε προς τον θεον απο των ειδωλων δουλευειν θεω ζωντι και
1:8   εν παντι τοπω η πιστις υμων η προς τον θεον εξεληλυθεν. ωστε μη χρειαν εχειν ημας
2:9   μνημονευετε γαρ. αδελφοι. τον κοπον ημων και τον μοχθον. νυκτος και ημερας
3:2   μονοι. και επεμψαμεν τιμοθεον. τον αδελφον ημων και συνεργον του θεου εν τω

2 εκαστον

2:11   καθαπερ οιδατε ως ενα εκαστον υμων ως πατηρ τεκνα εαυτου παρακαλουντες υμας
4:4   υμας απο της πορνειας. ειδεναι εκαστον υμων το εαυτου σκευος κτασθαι εν αγιασμω και

1 πρωτον

4:16   οι νεκροι εν χριστω αναστησονται πρωτον επειτα ημεις οι ζωντες οι περιλειπομενοι αμα

2 αδελφον

4:6   πλεονεκτειν εν τω πραγματι τον αδελφον αυτου. διοτι εκδικος κυριος περι παντων
3:2   και επεμψαμεν τιμοθεον. τον αδελφον ημων και συνεργον του θεου εν τω ευαγγελιω του

1 νυν

3:8   ημων δια της υμων πιστεως. οτι νυν ζωμεν εαν υμεις στηκετε εν κυριω. τινα γαρ

		2 ουν
5:6	ουκ εσμεν νυκτος ουδε σκοτους. αρα ουν	μη καθευδωμεν ως οι λοιποι. αλλα γρηγορωμεν
4:1	παντων των αγιων αυτου. λοιπον ουν	αδελφοι. ερωτωμεν υμας και παρακαλουμεν εν

		1 τοιγαρουν
4:8	ακαθαρσια αλλ εν αγιασμω. τοιγαρουν	ο αθετων ουκ ανθρωπον αθετει αλλα τον θεον τον

		2 ιησουν
2:15	των και τον κυριον αποκτειναντων ιησουν	και τους προφητας. και ημας εκδιωξαντων. και
4:10	ον ηγειρεν εκ (των) νεκρων. ιησουν	τον ρυομενον ημας εκ της οργης της ερχομενης.

		4 συν
4:17	οι ζωντες οι περιλειπομενοι αμα συν	αυτοις αρπαγησομεθα εν νεφελαις εις απαντησιν
5:10	ειτε γρηγορωμεν ειτε καθευδωμεν αμα συν	αυτω ζησωμεν. διο παρακαλειτε αλληλους και
4:17	κυριου εις αερα. και ουτως παντοτε συν	κυριω εσομεθα. ωστε παρακαλειτε αλληλους εν
4:14	τους κοιμηθεντας δια του ιησου αξει συν	αυτω. τουτο γαρ υμιν λεγομεν εν λογω κυριου.

		1 στεγων
3:5	οιδατε. δια τουτο καγω μηκετι στεγων	επεμψα εις το γνωναι την πιστιν υμων. μη πως

		1 θεσσαλονικεων
1:1	και τιμοθεος τη εκκλησια θεσσαλονικεων	εν θεω πατρι και κυριω ιησου χριστω. χαρις

		1 πειραζων
3:5	υμων. μη πως επειρασεν υμας ο πειραζων	και εις κενον γενηται ο κοπος ημων. αρτι δε

		1 ιουδαιων
2:14	καθως και αυτοι υπο των ιουδαιων	των και τον κυριον αποκτειναντων ιησουν και

		1 αγιων
3:13	κυριου ημων ιησου μετα παντων των αγιων	αυτου. λοιπον ουν. αδελφοι, ερωτωμεν υμας

		1 ιδιων
2:14	τα αυτα επαθετε και υμεις υπο των ιδιων	συμφυλετων καθως και αυτοι υπο των ιουδαιων,

		1 εκκλησιων
2:14	εγενηθητε. αδελφοι. των εκκλησιων	του θεου των ουσων εν τη ιουδαια εν χριστω

		1 εναντιων
2:15	και πασιν ανθρωποις εναντιων	κωλυοντων ημας τοις εθνεσιν λαλησαι ινα

		1 καλων
5:24	ιησου χριστου τηρηθειη. πιστος ο καλων	υμας. ος και ποιησει. αδελφοι. προσευχεσθε

		1 αλλων
2:6	δοξαν. ουτε αφ υμων ουτε απ αλλων	δυναμενοι εν βαρει ειναι ως χριστου

		1 ειδωλων
1:9	προς τον θεον απο των ειδωλων	δουλευειν θεω ζωντι και αληθινω. και

		31 ημων
2:20	παρουσια: υμεις γαρ εστε η δοξα ημων	και η χαρα. διο μηκετι στεγοντες ειδοκησαμεν
1:6	υμιν δι υμας. και υμεις μιμηται ημων	εγενηθητε και του κυριου. δεξαμενοι τον λογον
3:7	υμιν επι παση τη αναγκη και θλιψει ημων	δια της υμων πιστεως. οτι νυν ζωμεν εαν υμεις
5:25	αδελφοι. προσευχεσθε περι ημων	ασπασασθε τους αδελφους παντας εν φιληματι
1:9	ημας λαλειν τι. αυτοι γαρ περι ημων	απαγγελλουσιν οποιαν εισοδον εσχομεν προς
3:6	αγαπην υμων. και οτι εχετε μνειαν ημων	αγαθην παντοτε. επιποθουντες ημας ιδειν
3:11	ημων ιησους κατευθυναι την οδον ημων	προς υμας. υμας δε ο κυριος πλεονασαι και
2:1	γαρ οιδατε. αδελφοι. την εισοδον ημων	την προς υμας οτι ου κενη γεγονεν. αλλα
1:5	εκλογην υμων. οτι το ευαγγελιον ημων	ουκ εγενηθη εις υμας εν λογω μονον αλλα και εν
2:9	γαρ. αδελφοι. τον κοπον ημων	και τον μοχθον. νυκτος και ημερας εργαζομενοι
3:2	επεμψαμεν τιμοθεον. τον αδελφον ημων	και συνεργον του θεου εν τω ευαγγελιω του
1:2	ποιουμενοι επι των προσευχων ημων	αδιαλειπτως μνημονευοντες υμων του εργου της
2:19	ενεκοψεν ημας ο σατανας. τις γαρ ημων	ελπις η χαρα η στεφανος καυχησεως - η ουχι και
4:1	ιησου. ινα καθως παρελαβετε παρ ημων	το πως δει υμας περιπατειν και αρεσκειν θεω.
2:13	οτι παραλαβοντες λογον ακοης παρ ημων	του θεου εδεξασθε ου λογον ανθρωπων αλλα καθως
5:10	χριστου. του αποθανοντος υπερ ημων	ινα ειτε γρηγορωμεν ειτε καθευδωμεν αμα συν
3:11	υμων: αυτος δε ο θεος και πατηρ ημων	και ο κυριος ημων ιησους κατευθυναι την οδον
2:4	θεω τω δοκιμαζοντι τας καρδιας ημων	ουτε γαρ ποτε εν λογω κολακειας εγενηθημεν.
2:3	εν πολλω αγωνι. η γαρ παρακλησις ημων	ουκ εκ πλανης ουδε εξ ακαθαρσιας ουδε εν δολω.
3:11	ο θεος και πατηρ ημων και ο κυριος ημων	ιησους κατευθυναι την οδον ημων προς υμας.
3:5	και εις κενον γενηται ο κοπος ημων	αρτι δε ελθοντος τιμοθεου προς ημας αφ υμων

3:13	εμπροσθεν του θεου και πατρος	ημων	εν τη παρουσια του κυριου ημων ιησου μετα
1:3	εμπροσθεν του θεου και πατρος	ημων	ειδοτες, αδελφοι ηγαπημενοι υπο (του) θεου.
3:9	δι υμας εμπροσθεν του θεου	ημων	νυκτος και ημερας υπερεκπερισσου δεομενοι
5:9	σωτηριας δια του κυριου	ημων	ιησου χριστου, του αποθανοντος υπερ ημων ινα
3:13	ημων εν τη παρουσια του κυριου	ημων	ιησου μετα παντων των αγιων αυτου. λοιπον
5:23	αμεμπτως εν τη παρουσια του κυριου	ημων	ιησου χριστου τηρηθειη. πιστος ο καλων υμας,
2:19	και υμεις - εμπροσθεν του κυριου	ημων	ιησου εν τη αυτου παρουσια; υμεις γαρ εστε η
5:28	τοις αδελφοις. η χαρις του κυριου	ημων	ιησου χριστου μεθ υμων.
1:3	υπομονης της ελπιδος του κυριου	ημων	ιησου χριστου εμπροσθεν του θεου και πατρος
2:2	επαρρησιασαμεθα εν τω θεω	ημων	λαλησαι προς υμας το ευαγγελιον του θεου εν

27 υμων

2:9	προς το μη επιβαρησαι τινα	υμων	εκηρυξαμεν εις υμας το ευαγγελιον του θεου.
5:28	του κυριου ημων ιησου χριστου μεθ	υμων	
3:13	ημεις εις υμας, εις το στηριξαι	υμων	τας καρδιας αμεμπτους εν αγιωσυνη εμπροσθεν
2:8	εαυτης τεκνα. ουτως ομειρομενοι	υμων	ευδοκουμεν μεταδουναι υμιν ου μονον το
3:9	δυναμεθα τω θεω ανταποδουναι περι	υμων	επι παση τη χαρα η χαιρομεν δι υμας εμπροσθεν
1:4	υπο (του) θεου, την εκλογην	υμων	οτι το ευαγγελιον ημων ουκ εγενηθη εις υμας
3:6	ημιν την πιστιν και την αγαπην	υμων	και οτι εχετε μνειαν ημων αγαθην παντοτε,
3:10	δεομενοι εις το ιδειν	υμων	το προσωπον και καταρτισαι τα υστερηματα της
4:11	τα ιδια και εργαζεσθαι ταις χερσιν	υμων	καθως υμιν παρηγγειλαμεν. ινα περιπατητε
3:5	επεμψα εις το γνωναι την πιστιν	υμων	μη πως επειρασεν υμας ο πειραζων και εις
2:17	εσπουδασαμεν το προσωπον	υμων	ιδειν εν πολλη επιθυμια. διοτι ηθελησαμεν
5:23	υμας ολοτελεις. και ολοκληρον	υμων	το πνευμα και η ψυχη και το σωμα αμεμπτως εν
2:11	καθαπερ οιδατε ως ενα εκαστον	υμων	ως πατηρ τεκνα εαυτου παρακαλουντες υμας και
4:4	απο της πορνειας. ειδεναι εκαστον	υμων	το εαυτου σκευος κτασθαι εν αγιασμω και τιμη,
1:2	τω θεω παντοτε περι παντων	υμων	μνειαν ποιουμενοι επι των προσευχων ημων.
1:3	ημων, αδιαλειπτως μνημονευοντες	υμων	του εργου της πιστεως και του κοπου της αγαπης
3:7	τη αναγκη και θλιψει ημων δια της	υμων	πιστεως. οτι νυν ζωμεν εαν υμεις στηκετε εν
1:8	αχαια. αλλ εν παντι τοπω η πιστις	υμων	η προς τον θεον εξεληλυθεν. ωστε μη χρειαν
4:3	εστιν θελημα του θεου, ο αγιασμος	υμων	απεχεσθαι υμας απο της πορνειας, ειδεναι
5:12	εν υμιν και προισταμενους	υμων	εν κυριω και νουθετουντας υμας. και ηγεισθαι
3:10	τα υστερηματα της πιστεως	υμων	αυτος δε ο θεος και πατηρ ημων και ο κυριος
3:2	και παρακαλεσαι υπερ της πιστεως	υμων	το μηδενα σαινεσθαι εν ταις θλιψεσιν ταυταις.
1:8	τη μακεδονια και εν τη αχαια. αφ	υμων	γαρ εξηχηται ο λογος του κυριου ου μονον εν τη
2:6	εξ ανθρωπων δοξαν. ουτε αφ	υμων	ουτε απ αλλων. δυναμενοι εν βαρει ειναι ως
3:6	δε ελθοντος τιμοθεου προς ημας αφ	υμων	και ευαγγελισαμενου ημιν την πιστιν και την
2:17	δε. αδελφοι. απορφανισθεντες αφ	υμων	προς καιρον ωρας. προσωπω ου καρδια.
2:7	αλλα εγενηθημεν ηπιοι εν μεσω	υμων	ως εαν τροφος θαλπη τα εαυτης τεκνα. ουτως

1 ουρανων

1:10	αναμενειν τον υιον αυτου εκ των	ουρανων	ον ηγειρεν εκ (των) νεκρων. ιησουν τον

1 ασθενων

5:14	τους ολιγοψυχους. αντεχεσθε των	ασθενων	μακροθυμειτε προς παντας. ορατε μη τις κακον

1 κοιμωμενων

4:13	αγνοειν. αδελφοι. περι των	κοιμωμενων	ινα μη λυπησθε καθως και οι λοιποι οι μη

1 χρονων

5:1	λογοις τουτοις. περι δε των	χρονων	και των καιρων. αδελφοι. ου χρειαν εχετε υμιν

2 ανθρωπων

2:13	του θεου εδεξασθε ου λογον ανθρωπων	αλλα καθως εστιν αληθως λογον θεου. ος και	
2:6	μαρτυς. ουτε ζητουντες εξ ανθρωπων	δοξαν. ουτε αφ υμων ουτε απ αλλων. δυναμενοι	

1 καιρων

5:1	περι δε των χρονων και των	καιρων	αδελφοι. ου χρειαν εχετε υμιν γραφεσθαι.

1 νεκρων

1:10	των ουρανων. ον ηγειρεν εκ (των)	νεκρων	ιησουν τον ρυομενον ημας εκ της οργης της

1 ουσων

2:14	των εκκλησιων του θεου των	ουσων	εν τη ιουδαια εν χριστω ιησου. οτι τα αυτα

13 των

2:15	καθως και αυτοι υπο των ιουδαιων.	των	και τον κυριον αποκτειναντων ιησουν και τους
5:1	εν τοις λογοις τουτοις. περι δε	των	χρονων και των καιρων. αδελφοι. ου χρειαν
5:14	τους ολιγοψυχους. αντεχεσθε	των	ασθενων. μακροθυμειτε προς παντας. ορατε μη
5:1	τουτοις. περι δε των χρονων και	των	καιρων. αδελφοι. ου χρειαν εχετε υμιν
1:2	παντων υμων, μνειαν ποιουμενοι επι	των	προσευχων ημων. αδιαλειπτως μνημονευοντες
4:13	δε υμας αγνοειν, αδελφοι. περι	των	κοιμωμενων, ινα μη λυπησθε καθως και οι λοιποι
1:10	και αναμενειν τον υιον αυτου εκ	των	ουρανων. ον ηγειρεν εκ (των) νεκρων. ιησουν

ημων

66

των

3:13	του κυριου ημων ιησου μετα παντων των	αγιων αυτου. λοιπον ουν. αδελφοι. ερωτωμεν
1:9	πως επεστρεψατε προς τον θεον απο των	ειδωλων δουλευειν θεω ζωντι και αληθινω. και
2:14	συμφυλετων καθως και αυτοι υπο των	ιουδαιων. των και τον κυριον αποκτειναντων
2:14	οτι τα αυτα επαθετε και υμεις υπο των	ιδιων συμφυλετων καθως και αυτοι υπο των
2:14	αδελφοι. των εκκλησιων του θεου των	ουσων εν τη ιουδαια εν χριστω ιησου. οτι τα
2:14	γαρ μιμηται εγενηθητε. αδελφοι. των	εκκλησιων του θεου των ουσων εν τη ιουδαια εν

1 αθετων

4:8	αλλ εν αγιασμω. τοιγαρουν ο αθετων	ουκ ανθρωπον αθετει αλλα τον θεον τον (και)

1 συμφυλετων

2:14	και υμεις υπο των ιδιων συμφυλετων	καθως και αυτοι υπο των ιουδαιων. των και τον

1 αποκτειναντων

2:15	των και τον κυριον αποκτειναντων	ιησου και τους προφητας. και ημας

1 εκδιωξαντων

2:15	και τους προφητας. και ημας εκδιωξαντων	και θεω μη αρεσκοντων. και πασιν ανθρωποις

3 παντων

3:13	του κυριου ημων ιησου μετα παντων	των αγιων αυτου. λοιπον ουν. αδελφοι.
1:2	τω θεω παντοτε περι παντων	υμων. μνειαν ποιουμενοι επι των προσευχων
4:6	αυτου. διοτι εκδικος κυριος περι παντων	τουτων. καθως και προειπαμεν υμιν και

1 αρεσκοντων

2:15	ημας εκδιωξαντων. και θεω μη αρεσκοντων	και πασιν ανθρωποις εναντιων. κωλυοντων ημας

1 κωλυοντων

2:16	πασιν ανθρωποις εναντιων. κωλυοντων	ημας τοις εθνεσιν λαλησαι ινα σωθωσιν. εις το

2 αυτων

2:16	ινα σωθωσιν. εις το αναπληρωσαι αυτων	τας αμαρτιας παντοτε. εφθασεν δε επ αυτους η
5:13	εν αγαπη δια το εργον αυτων	ειρηνευετε εν εαυτοις. παρακαλουμεν δε υμας.

1 εαυτων

2:8	ευαγγελιον του θεου αλλα και τας εαυτων	ψυχας. διοτι αγαπητοι ημιν εγενηθητε.

1 τουτων

4:6	διοτι εκδικος κυριος περι παντων τουτων	καθως και προειπαμεν υμιν και διεμαρτυραμεθα.

1 προσευχων

1:2	μνειαν ποιουμενοι επι των προσευχων	ημων. αδιαλειπτως μνημονευοντες υμων του

1 απαξ

2:18	προς υμας. εγω μεν παυλος και απαξ	και δις. και ενεκοψεν ημας ο σατανας. τις γαρ

2 εξ

2:3	παρακλησις ημων ουκ εκ πλανης ουδε εξ	ακαθαρσιας ουδε εν δολω. αλλα καθως
2:6	θεος μαρτυς. ουτε ζητουντες εξ	ανθρωπων δοξαν. ουτε αφ υμων ουτε απ αλλων.

16 ο

3:12	την οδον ημων προς υμας. υμας δε ο	κυριος πλεονασαι και περισσευσαι τη αγαπη εις
5:23	ειδους πονηρου απεχεσθε. αυτος δε ο	θεος της ειρηνης αγιασαι υμας ολοτελεις. και
3:11	της πιστεως υμων: αυτος δε ο	θεος και πατηρ ημων και ο κυριος ημων ιησους
3:11	αυτος δε ο θεος και πατηρ ημων και ο	κυριος ημων ιησους κατευθυναι την οδον ημων
2:10	του θεου. υμεις μαρτυρες και ο	θεος, ως οσιως και δικαιως και αμεμπτως υμιν
4:14	ιησους απεθανεν και ανεστη. ουτως και ο	θεος τους κοιμηθεντας δια του ιησου αξει συν
3:5	υμας ο πειραζων και εις κενον γενηται ο	κοπος ημων. αρτι δε ελθοντος τιμοθεου προς
1:8	εν τη αχαια. αφ υμων γαρ εξηχηται ο	λογος του κυριου ου μονον εν τη μακεδονια και
4:8	ακαθαρσια αλλ εν αγιασμω. τοιγαρουν ο	αθετων ουκ ανθρωπον αθετει αλλα τον θεον τον
4:7	διεμαρτυραμεθα. ου γαρ εκαλεσεν ημας ο	θεος επι ακαθαρσια αλλ εν αγιασμω. τοιγαρουν
2:18	και απαξ και δις. και ενεκοψεν ημας ο	σατανας. τις γαρ ημων ελπις η χαρα η στεφανος
5:9	ελπιδα σωτηριας. οτι ουκ εθετο ημας ο	θεος εις οργην αλλα εις περιποιησιν σωτηριας
3:5	πιστιν υμων. μη πως επειρασεν υμας ο	πειραζων και εις κενον γενηται ο κοπος ημων.
5:24	ημων ιησου χριστου τηρηθειη. πιστος ο	καλων υμας, ος και ποιησει. αδελφοι.
4:16	φθασωμεν τους κοιμηθεντας. οτι αυτος ο	κυριος εν κελευσματι. εν φωνη αρχαγγελου και
4:3	τουτο γαρ εστιν θελημα του θεου. ο	αγιασμος υμων. απεχεσθαι υμας απο της

2 διο

3:1	γαρ εστε η δοξα ημων και η χαρα. διο	μηκετι στεγοντες ευδοκησαμεν καταλειφθηναι εν
5:11	καθευδωμεν αμα συν αυτω ζησωμεν. διο	παρακαλειτε αλληλους και οικοδομειτε εις τον

των	67	διο

3 απο

5:22	δε δοκιμαζετε, το καλον κατεχετε. απο παντος ειδους πονηρου απεχεσθε. αυτος δε ο
1:9	και πως επεστρεψατε προς τον θεον απο των ειδωλων δουλευειν θεω ζωντι και αληθινω.
4:3	ο αγιασμος υμων, απεχεσθαι υμας απο της πορνειας. ειδεναι εκαστον υμων το εαυτου

4 υπο

2:4	εν δολω. αλλα καθως δεδοκιμασμεθα υπο του θεου πιστευθηναι το ευαγγελιον ουτως
1:4	ημων, ειδοτες, αδελφοι ηγαπημενοι υπο (του) θεου, την εκλογην υμων, οτι το
2:14	ιδιων συμφυλετων καθως και αυτοι υπο των ιουδαιων. των και τον κυριον
2:14	οτι τα αυτα επαθετε και υμεις υπο των ιδιων συμφυλετων καθως και αυτοι υπο των

27 το

3:3	παρακαλεσαι υπερ της πιστεως υμων το μηδενα σαινεσθαι εν ταις θλιψεσιν ταυταις.
5:19	θεου εν χριστω ιησου εις υμας. το πνευμα μη σβεννυτε. προφητειας μη
4:6	και τα εθνη τα μη ειδοτα τον θεον. το μη υπερβαινειν και πλεονεκτειν εν τω πραγματι
5:13	αυτους υπερεκπερισσου εν αγαπη δια το εργον αυτων. ειρηνευετε εν εαυτοις.
4:8	αλλα τον θεον τον (και) διδοντα το πνευμα αυτου το αγιον εις υμας. περι δε της
5:15	αντι κακου τινι αποδω, αλλα παντοτε το αγαθον διωκετε εις αλληλους και εις παντας.
5:23	υμων το πνευμα και η ψυχη και το σωμα αμεμπτως εν τη παρουσια του κυριου ημων
2:4	υπο του θεου πιστευθηναι το ευαγγελιον ουτως λαλουμεν, ουχ ως ανθρωποις
1:5	(του) θεου, την εκλογην υμων, οτι το ευαγγελιον ημων ουκ εγενηθη εις υμας εν λογω
2:17	ου καρδια, περισσοτερως εσπουδασαμεν το προσωπον υμων ιδειν εν πολλη επιθυμια. διοτι
2:8	ευδοκουμεν μεταδουναι υμιν ου μονον το ευαγγελιον του θεου αλλα και τας εαυτων ψυχας.
4:1	ιησου, ινα καθως παρελαβετε παρ ημων το πως δει υμας περιπατειν και αρεσκειν θεω
3:10	δεομενοι εις το ιδειν υμων το προσωπον και καταρτισαι τα υστερηματα της
5:23	υμας ολοτελεις. και ολοκληρον υμων το πνευμα και η ψυχη και το σωμα αμεμπτως εν τη
4:4	της πορνειας. ειδεναι εκαστον υμων το εαυτου σκευος κτασθαι εν αγιασμω και τιμη, μη
2:9	τινα υμων εκηρυξαμεν εις υμας το ευαγγελιον του θεου. υμεις μαρτυρες και ο
2:2	εν τω θεω ημων λαλησαι προς υμας το ευαγγελιον του θεου εν πολλω αγωνι. η γαρ
3:13	καθαπερ και ημεις εις υμας, εις το στηριξαι υμων τας καρδιας αμεμπτους εν
3:5	τουτο καγω μηκετι στεγων επεμψα εις το γνωναι την πιστιν υμων. μη πως επειρασεν υμας
4:9	αυτοι γαρ υμεις θεοδιδακτοι εστε εις το αγαπαν αλληλους. και γαρ ποιειτε αυτο εις
3:10	ημερας υπερεκπερισσου δεομενοι εις το ιδειν υμων το προσωπον και καταρτισαι τα
2:12	παραμυθουμενοι και μαρτυρομενοι εις το περιπατειν υμας αξιως του θεου του καλουντος
2:16	εθνεσιν λαλησαι ινα σωθωσιν εις το αναπληρωσαι αυτων τας αμαρτιας παντοτε.
3:2	εν τω ευαγγελιω του χριστου, εις το στηριξαι υμας και παρακαλεσαι υπερ της πιστεως
	νυκτος και ημερας εργαζομενοι προς το μη επιβαρησαι τινα υμων εκηρυξαμεν εις υμας το
4:8	τον (και) διδοντα το πνευμα αυτου το αγιον εις υμας. περι δε της φιλαδελφιας ου
5:21	εξουθενειτε. παντα δε δοκιμαζετε. το καλον κατεχετε. απο παντος ειδους πονηρου

1 εθετο

5:9	ελπιδα σωτηριας. οτι ουκ εθετο ημας ο θεος εις οργην αλλα εις περιποιησιν

1 εγενετο

3:4	μελλομεν θλιβεσθαι. καθως και εγενετο και οιδατε. δια τουτο καγω μηκετι στεγων

1 αυτο

4:10	αγαπαν αλληλους. και γαρ ποιειτε αυτο εις παντας τους αδελφους (τους) εν ολη τη

7 τουτο

4:3	υμιν δια του κυριου ιησου. τουτο γαρ εστιν θελημα του θεου, ο αγιασμος υμων,
4:15	δια του ιησου αξει συν αυτω. τουτο γαρ υμιν λεγομεν εν λογω κυριου, οτι ημεις οι
3:5	και εγενετο και οιδατε. δια τουτο καγω μηκετι στεγων επεμψα εις το γνωναι την
3:7	καθαπερ και ημεις υμας, δια τουτο παρεκληθημεν, αδελφοι, εφ υμιν επι παση τη
2:13	βασιλειαν και δοξαν. και δια τουτο και ημεις ευχαριστουμεν τω θεω αδιαλειπτως.
3:3	ταυταις. αυτοι γαρ οιδατε οτι εις τουτο κειμεθα. και γαρ οτε προς υμας ημεν.
5:18	εν παντι ευχαριστειτε. τουτο γαρ θελημα θεου εν χριστω ιησου εις υμας. το

2 απ

2:6	εξ ανθρωπων δοξαν, ουτε αφ υμων ουτε απ αλλων, δυναμενοι εν βαρει ειναι ως χριστου
4:16	και εν σαλπιγγι θεου. καταβησεται απ ουρανου. και οι νεκροι εν χριστω αναστησονται

1 επ

2:16	τας αμαρτιας παντοτε. εφθασεν δε επ αυτους η οργη εις τελος. ημεις δε, αδελφοι.

23 γαρ

3:9	εαν υμεις στηκετε εν κυριω. τινα γαρ ευχαριστιαν δυναμεθα τω θεω ανταποδουναι περι
4:2	ινα περισσευητε μαλλον. οιδατε γαρ τινας παραγγελιας εδωκαμεν υμιν δια του κυριου
2:9	ημιν εγενηθητε. μνημονευετε γαρ αδελφοι, τον κοπον ημων και τον μοχθον.
2:5	δοκιμαζοντι τας καρδιας ημων. ουτε γαρ ποτε εν λογω κολακειας εγενηθημεν, καθως
2:3	του θεου εν πολλω αγωνι. η γαρ παρακλησις ημων ουκ εκ πλανης ουδε εξ
3:4	οιδατε οτι εις τουτο κειμεθα. και γαρ οτε προς υμας ημεν, προελεγομεν υμιν οτι

```
:10    εστε εις το αγαπαν αλληλους.   και γαρ   ποιειτε αυτο εις παντας τους αδελφους (τους)
:14    οι λοιποι οι μη εχοντες ελπιδα.   ει γαρ   πιστευομεν οτι ιησους απεθανεν και ανεστη.
:7     αλλα γρηγορωμεν και νηφωμεν.     οι γαρ   καθευδοντες νυκτος καθευδουσιν. και οι
:1     εκ της οργης της ερχομενης.     αυτοι γαρ  οιδατε. αδελφοι, την εισοδον ημων την προς
:9     χρειαν εχειν ημας λαλειν τι.    αυτοι γαρ  περι ημων απαγγελλουσιν οποιαν εισοδον εσχομεν
:2     χρειαν εχετε υμιν γραφεσθαι.    αυτοι γαρ  ακριβως οιδατε οτι ημερα κυριου ως κλεπτης εν
:3         εν ταις θλιψεσιν ταυταις.   αυτοι γαρ  οιδατε οτι εις τουτο κειμεθα.   και γαρ οτε
:9     ου χρειαν εχετε γραφειν υμιν, αυτοι γαρ   υμεις θεοδιδακτοι εστε εις το αγαπαν αλληλους.
:8     μακεδονια και εν τη αχαια.   αφ υμων γαρ   εξηχηται ο λογος του κυριου ου μονον εν τη
:3     υμιν δια του κυριου ιησου.    τουτο γαρ   εστιν θελημα του θεου. ο αγιασμος υμων.
:15    δια του ιησου αξει συν αυτω.  τουτο γαρ   υμιν λεγομεν εν λογω κυριου. οτι ημεις οι
:18        εν παντι ευχαριστειτε.  τουτο γαρ   θελημα θεου εν χριστω ιησου εις υμας.    το
:5     υμας ως κλεπτης καταλαβη.   παντες γαρ   υμεις υιοι φωτος εστε και υιοι ημερας. ουκ
:14        εν υμιν τοις πιστευουσιν.  υμεις γαρ  μιμηται εγενηθητε. αδελφοι, των εκκλησιων του
:20    ιησου εν τη αυτου παρουσια:  υμεις γαρ   εστε η δοξα ημων και η χαρα.   διο μηκετι
:19    και ενεκοψεν ημας ο σατανας.   τις γαρ   ημων ελπις η χαρα η στεφανος καυχησεως - η
:7         υμιν και διεμαρτυραμεθα.    ου γαρ   εκαλεσεν ημας ο θεος επι ακαθαρσια αλλ εν
```

```
                                    2 παρ
:1     κυριω ιησου. ινα καθως παρελαβετε παρ  ημων το πως δει υμας περιπατειν και αρεσκειν
:13        οτι παραλαβοντες λογον ακοης παρ  ημων του θεου εδεξασθε ου λογον ανθρωπων αλλα
```

```
                                    4 καθαπερ
:11    τοις πιστευουσιν εγενηθημεν.   καθαπερ  οιδατε ως ενα εκαστον υμων ως πατηρ τεκνα
:6         επιποθουντες ημας ιδειν καθαπερ  και ημεις υμας.  δια τουτο παρεκληθημεν.
:5     τιμη,  μη εν παθει επιθυμιας καθαπερ  και τα εθνη τα μη ειδοτα τον θεον.   το μη
:12    εις αλληλους και εις παντας. καθαπερ  και ημεις εις υμας.  εις το στηριξαι υμων τας
```

```
                                    1 ωσπερ
:3     αυτοις εφισταται ολεθρος ωσπερ  η ωδιν τη εν γαστρι εχουση. και ου μη
```

```
                                    2 υπερ
:2     το στηριξαι υμας και παρακαλεσαι υπερ  της πιστεως υμων   το μηδενα σαινεσθαι εν ταις
:10    ιησου χριστου.  του αποθανοντος υπερ  ημων ινα ειτε γρηγορωμεν ειτε καθευδωμεν αμα
```

```
                                    2 πατηρ
:11        υμων·  αυτος δε ο θεος και πατηρ  ημων και ο κυριος ημων ιησους κατευθυναι την
:11    οιδατε ως ενα εκαστον υμων ως πατηρ  τεκνα εαυτου   παρακαλουντες υμας και
```

```
                                    2 καρδιας
:4     αλλα θεω τω δοκιμαζοντι τας καρδιας  ημων.   ουτε γαρ ποτε εν λογω κολακειας
:13    υμας.   εις το στηριξαι υμων τας καρδιας  αμεμπτους εν αγιωσυνη εμπροσθεν του θεου και
```

```
                                    1 κολακειας
:5     ημων.   ουτε γαρ ποτε εν λογω κολακειας  εγενηθημεν. καθως οιδατε. ουτε εν προφασει
```

```
                                    1 πορνειας
:3     υμων. απεχεσθαι υμας απο της πορνειας  ειδεναι εκαστον υμων το εαυτου σκευος
```

```
                                    1 προφητειας
:20    το πνευμα μη σβεννυτε.   προφητειας  μη εξουθενειτε.  παντα δε δοκιμαζετε. το καλον
```

```
                                    1 παραγγελιας
:2     μαλλον.  οιδατε γαρ τινας παραγγελιας  εδωκαμεν υμιν δια του κυριου ιησου.  τουτο γαρ
```

```
                                    1 επιθυμιας
:5       και τιμη.  μη εν παθει επιθυμιας  καθαπερ και τα εθνη τα μη ειδοτα τον θεον.  το
```

```
                                    1 πλεονεξιας
:5     οιδατε. ουτε εν προφασει πλεονεξιας  θεος μαρτυς.  ουτε ζητουντες εξ ανθρωπων
```

```
                                    2 σωτηριας
:8      και περικεφαλαιαν ελπιδα σωτηριας  οτι ουκ εθετο ημας ο θεος εις οργην αλλα εις
:9     εις οργην αλλα εις περιποιησιν σωτηριας  δια του κυριου ημων ιησου χριστου.   του
```

```
                                    1 ακαθαρσιας
:3     ημων ουκ εκ πλανης ουδε εξ ακαθαρσιας  ουδε εν δολω.  αλλα καθως δεδοκιμασμεθα υπο
```

```
                                    1 αμαρτιας
:16    εις το αναπληρωσαι αυτων τας αμαρτιας  παντοτε. εφθασεν δε επ αυτους η οργη εις
```

γαρ   69   αμαρτιας

1 φιλαδελφιας

4:9   εις υμας.   περι δε της φιλαδελφιας ου χρειαν εχετε γραφειν υμιν. αυτοι γαρ υμεις

9 ημας

2:15	ιησουν και τους προφητας. και	ημας εκδιωξαντων. και θεω μη αρεσκοντων. και πασιν
4:7	διεμαρτυραμεθα. οι γαρ εκαλεσεν	ημας ο θεος επι ακαθαρσια αλλ εν αγιασμω.
2:18	και απαξ και δις. και ενεκοψεν	ημας ο σατανας. τις γαρ ημων ελπις η χαρα η
1:8	εξεληλυθεν. ωστε μη χρειαν εχειν	ημας λαλειν τι. αυτοι γαρ περι ημων απαγγελλουσιν
1:10	(των) νεκρων. ιησουν τον ρυομενον	ημας εκ της οργης της ερχομενης. αυτοι γαρ
2:16	ανθρωποις εναντιων. κωλυοντων	ημας τοις εθνεσιν λαλησαι ινα σωθωσιν. εις το
5:9	ελπιδα σωτηριας. οτι ουκ εθετο	ημας ο θεος εις οργην αλλα εις περιποιησιν σωτηριας
3:6	ημων αγαθην παντοτε. επιποθουντες	ημας ιδειν καθαπερ και ημεις υμας. δια τουτο
3:6	αρτι δε ελθοντος τιμοθεου προς	ημας αφ υμων και ευαγγελισαμενου ημιν την πιστιν

33 υμας

3:12	την οδον ημων προς υμας.	υμας δε ο κυριος πλεονασαι και περισσευσαι τη αγαπη
5:4	ουκ εστε εν σκοτει. ινα η ημερα	υμας ως κλεπτης καταλαβη. παντες γαρ υμεις υιοι
4:13	χρειαν εχητε. ου θελομεν δε	υμας αγνοειν. αδελφοι. περι των κοιμωμενων. ινα μη
5:14	εν εαυτοις. παρακαλουμεν δε	υμας αδελφοι. νουθετειτε τους ατακτους.
4:10	ολη τη μακεδονια. παρακαλουμεν δε	υμας αδελφοι. περισσευειν μαλλον. και
5:12	καθως και ποιειτε. ερωτωμεν δε	υμας αδελφοι. ειδεναι τους κοπιωντας εν υμιν και
1:7	πνευματος αγιου. ωστε γενεσθαι	υμας τυπον πασιν τοις πιστευουσιν εν τη μακεδονια
4:3	θεου. ο αγιασμος υμων. απεχεσθαι	υμας απο της πορνειας. ειδεναι εκαστον υμων το
3:2	του χριστου. εις το στηριξαι	υμας και παρακαλεσαι υπερ της πιστεως υμων το
5:23	δε ο θεος της ειρηνης αγιασαι	υμας ολοτελεις. και ολοκληρον υμων το πνευμα και η
3:9	επι παση τη χαρα η χαιρομεν δι	υμας εμπροσθεν του θεου ημων. νυκτος και ημερας
1:5	οιοι εγενηθημεν (εν) υμιν δι	υμας και υμεις μιμηται ημων εγενηθητε και του
4:1	παρελαβετε παρ ημων το πως δει	υμας περιπατειν και αρεσκειν θεω. καθως και
4:1	λοιπον ουν. αδελφοι. ερωτωμεν	υμας και παρακαλουμεν εν κυριω ιησου. ινα καθως
3:5	την πιστιν υμων. μη πως επειρασεν	υμας ο πειραζων και εις κενον γενηται ο κοπος ημων.
2:12	και μαρτυρομενοι εις το περιπατειν	υμας αξιως του θεου του καλουντος υμας εις την
5:24	χριστου τηρηθειη. πιστος ο καλων	υμας ος και ποιησει. αδελφοι. προσευχεσθε περι
5:12	υμων εν κυριω και νουθετουντας	υμας και ηγεισθαι αυτους υπερεκπερισσου εν αγαπη
2:12	πατηρ τεκνα εαυτου παρακαλουντες	υμας και παραμυθουμενοι και μαρτυρομενοι εις το
1:5	το ευαγγελιον ημων ουκ εγενηθη εις	υμας εν λογω μονον αλλα και εν δυναμει και εν
2:9	τινα υμων εκηρυξαμεν εις	υμας το ευαγγελιον του θεου. υμεις μαρτυρες και ο
4:8	το πνευμα αυτου το αγιον εις	υμας περι δε της φιλαδελφιας ου χρειαν εχετε
3:12	εις παντας. καθαπερ και ημεις εις	υμας εις το στηριξαι υμων τας καρδιας αμεμπτους
5:18	θελημα θεου εν χριστω ιησου εις	υμας το πνευμα μη σβεννυτε. προφητειας μη
3:6	ημας ιδειν καθαπερ και ημεις	υμας δια τουτο παρεκληθημεν. αδελφοι. εφ υμιν επι
3:4	τουτο κειμεθα. και γαρ οτε προς	υμας ημεν. προελεγομεν υμιν οτι μελλομεν θλιβεσθαι.
2:2	εν τω θεω ημων λαλησαι προς	υμας το ευαγγελιον του θεου εν πολλω αγωνι. η γαρ
1:9	οποιαν εισοδον εσχομεν προς	υμας και πως επεστρεψατε προς τον θεον απο των
2:1	αδελφοι. την εισοδον ημων την προς	υμας οτι ου κενη γεγονεν. αλλα προπαθοντες και
2:18	διοτι ηθελησαμεν ελθειν προς	υμας εγω μεν παυλος και απαξ και δις. και ενεκοψεν
3:11	κατευθυναι την οδον ημων προς	υμας δε ο κυριος πλεονασαι και περισσευσαι
2:12	υμας αξιως του θεου του καλουντος	υμας εις την εαυτου βασιλειαν και δοξαν. και δια
5:27	παντας εν φιληματι αγιω. ενορκιζω	υμας τον κυριον αναγνωσθηναι την επιστολην πασιν

1 σατανας

2:18   και δις. και ενεκοψεν ημας ο σατανας τις γαρ ημων ελπις η χαρα η στεφανος

1 τινας

4:2   περισσευητε μαλλον.   οιδατε γαρ τινας παραγγελιας εδωκαμεν υμιν δια του κυριου

1 χαρας

1:6   τον λογον εν θλιψει πολλη μετα χαρας πνευματος αγιου.   ωστε γενεσθαι υμας τυπον

4 ημερας

5:8	νυκτος μεθυουσιν. ημεις δε	ημερας οντες νηφωμεν. ενδυσαμενοι θωρακα πιστεως και
3:10	του θεου ημων. νυκτος και	ημερας υπερεκπερισσου δεομενοι εις το ιδειν υμων το
2:9	ημων και τον μοχθον. νυκτος και	ημερας εργαζομενοι προς το μη επιβαρησαι τινα υμων
5:5	υμεις υιοι φωτος εστε και υιοι	ημερας ουκ εσμεν νυκτος ουδε σκοτους. αρα ουν μη

1 ωρας

2:17   αφ υμων προς καιρον ωρας προσωπω ου καρδια. περισσοτερως εσπουδασαμεν

4 τας

2:8	το ευαγγελιον του θεου αλλα και	τας εαυτων ψυχας. διοτι αγαπητοι ημιν εγενηθητε.
2:4	αρεσκοντες αλλα θεω τω δοκιμαζοντι	τας καρδιας ημων. ουτε γαρ ποτε εν λογω κολακειας
3:13	εις υμας. εις το στηριξαι υμων	τας καρδιας αμεμπτους εν αγιωσυνη εμπροσθεν του
2:16	σωθωσιν. εις το αναπληρωσαι αυτων	τας αμαρτιας παντοτε. εφθασεν δε επ αυτους η οργη

```
                                    1 προφητας
:15    αποκτειναντων ιησουν και τους προφητας  και ημας εκδιωξαντων. και θεω μη αρεσκοντων.

                                    5 παντας
:15    διωκετε εις αλληλους και εις παντας  παντοτε χαιρετε.  αδιαλειπτως προσευχεσθε.
:12    τη αγαπη εις αλληλους και εις παντας  καθαπερ και ημεις εις υμας.  εις το στηριξαι
:10         και γαρ ποιειτε αυτο εις παντας  τους αδελφους (τους) εν ολη τη μακεδονια.
:14    των ασθενων. μακροθυμειτε προς παντας  ορατε μη τις κακον αντι κακου τινι αποδω.
:26    ημων.  ασπασασθε τους αδελφους παντας  εν φιληματι αγιω.  ενορκιζω υμας τον κυριον

                                    2 κοιμηθεντας
:15    κυριου ου μη φθασωμεν τους κοιμηθεντας  οτι αυτος ο κυριος εν κελευσματι. εν φωνη
:14         ουτως και ο θεος τους κοιμηθεντας  δια του ιησου αξει συν αυτω.  τουτο γαρ υμιν

                                    1 νουθετουντας
:12         υμων εν κυριω και νουθετουντας  υμας.  και ηγεισθαι αυτους υπερεκπερισσου εν

                                    1 κοπιωντας
:12    υμας. αδελφοι, ειδεναι τους κοπιωντας  εν υμιν και προισταμενους υμων εν κυριω και

                                    1 ψυχας
:8         του θεου αλλα και τας εαυτων ψυχας  διοτι αγαπητοι ημιν εγενηθητε.  μνημονευετε

                                    1 μαρτυρες
:10    το ευαγγελιον του θεου.  υμεις μαρτυρες  και ο θεος. ως οσιως και δικαιως και αμεμπτως

                                    1 παντες
:5     ημερα υμας ως κλεπτης καταλαβη.  παντες  γαρ υμεις υιοι φωτος εστε και υιοι ημερας. ουκ

                                    απορφανισθεντες
:17    ημεις δε. αδελφοι. απορφανισθεντες  αφ υμων προς καιρον ωρας. προσωπω ου καρδια.

                                    1 υβρισθεντες
:2     αλλα προπαθοντες και υβρισθεντες  καθως οιδατε εν φιλιπποις επαρρησιασαμεθα εν

                                    1 οντες
:8     μεθυουσιν.  ημεις δε ημερας οντες  νηφωμεν. ενδυσαμενοι θωρακα πιστεως και αγαπης

                                    1 παραλαβοντες
:13    τω θεω αδιαλειπτως. οτι παραλαβοντες  λογον ακοης παρ ημων του θεου εδεξασθε ου

                                    1 στεγοντες
:1     ημων και η χαρα.  διο μηκετι στεγοντες  ευδοκησαμεν καταλειφθηναι εν αθηναις μονοι.

                                    1 καθευδοντες
:7     και νηφωμεν.  οι γαρ καθευδοντες  νυκτος καθευδουσιν. και οι μεθυσκομενοι νυκτος

                                    1 προπαθοντες
:2     οτι ου κενη γεγονεν.  αλλα προπαθοντες  και υβρισθεντες καθως οιδατε εν φιλιπποις

                                    1 αρεσκοντες
:4     λαλουμεν. ουχ ως ανθρωποις αρεσκοντες  αλλα θεω τω δοκιμαζοντι τας καρδιας ημων.

                                    1 μνημονευοντες
:3     ημων. αδιαλειπτως  μνημονευοντες  υμων του εργου της πιστεως και του κοπου της

                                    1 εχοντες
:13    καθως και οι λοιποι οι μη εχοντες  ελπιδα.  ει γαρ πιστευομεν οτι ιησους απεθανεν

                                    1 επιποθουντες
:6     ημων αγαθην παντοτε. επιποθουντες  ημας ιδειν καθαπερ και ημεις υμας.  δια τουτο

                                    1 παρακαλουντες
:12    ως πατηρ τεκνα εαυτου  παρακαλουντες  υμας και παραμυθουμενοι και μαρτυρομενοι εις

                                    1 ζητουντες
:6     θεος μαρτυς.  ουτε ζητουντες  εξ ανθρωπων δοξαν. ουτε αφ υμων ουτε απ αλλων.

                                    2 ζωντες
:17    πρωτον.  επειτα ημεις οι ζωντες  οι περιλειπομενοι αμα συν αυτοις αρπαγησομεθα
:15    εν λογω κυριου. οτι ημεις οι ζωντες  οι περιλειπομενοι εις την παρουσιαν του κυριου
```

1 ειδοτες
1:4 του θεου και πατρος ημων, ειδοτες αδελφοι ηγαπημενοι υπο (του) θεου, την

1 οργης
1:10 ιησουν τον ρυομενον ημας εκ της οργης της ερχομενης· αυτοι γαρ οιδατε, αδελφοι,

1 πλανης
2:3 η γαρ παρακλησις ημων ουκ εκ πλανης ουδε εξ ακαθαρσιας ουδε εν δολω, αλλα καθως

1 ερχομενης
1:10 ημας εκ της οργης της ερχομενης αυτοι γαρ οιδατε, αδελφοι, την εισοδον ημων

1 ειρηνης
5:23 απεχεσθε· αυτος δε ο θεος της ειρηνης αγιασαι υμας ολοτελεις, και ολοκληρον υμων το

1 υπομονης
1:3 του κοπου της αγαπης και της υπομονης της ελπιδος του κυριου ημων ιησου χριστου

1 ακοης
2:13 οτι παραλαβοντες λογον ακοης παρ ημων του θεου εδεξασθε ου λογον ανθρωπων

2 αγαπης
5:8 ενδυσαμενοι θωρακα πιστεως και αγαπης και περικεφαλαιαν ελπιδα σωτηριας· οτι ουκ
1:3 της πιστεως και του κοπου της αγαπης και της υπομονης της ελπιδος του κυριου ημων

12 της
3:7 παση τη αναγκη και θλιψει ημων δια της υμων πιστεως, οτι νυν ζωμεν εαν υμεις στηκετε
3:10 και καταρτισαι τα υστερηματα της πιστεως υμων; αυτος δε ο θεος και πατηρ ημων
4:9 αυτου το αγιον εις υμας· περι δε της φιλαδελφιας ου χρειαν εχετε γραφειν υμιν,
1:3 και του κοπου της αγαπης και της υπομονης της ελπιδος του κυριου ημων ιησου
1:10 νεκρων, ιησουν τον ρυομενον ημας εκ της οργης της ερχομενης· αυτοι γαρ οιδατε,
4:3 ο αγιασμος υμων, απεχεσθαι υμας απο της πορνειας, ειδεναι εκαστον υμων το εαυτου
3:2 στηριξαι υμας και παρακαλεσαι υπερ της πιστεως υμων το μηδενα σαινεσθαι εν ταις
1:10 τον ρυομενον ημας εκ της οργης της ερχομενης· αυτοι γαρ οιδατε, αδελφοι, την
1:3 κοπου της αγαπης και της υπομονης της ελπιδος του κυριου ημων ιησου χριστου
5:23 πονηρου απεχεσθε· αυτος δε ο θεος της ειρηνης αγιασαι υμας ολοτελεις, και ολοκληρον
1:3 μνημονευοντες υμων του εργου της πιστεως και του κοπου της αγαπης και της
1:3 του εργου της πιστεως και του κοπου της αγαπης και της υπομονης της ελπιδος του κυριου

2 κλεπτης
5:4 εν σκοτει, ινα η ημερα υμας ως κλεπτης καταλαβη, παντες γαρ υμεις υιοι φωτος εστε
5:2 οιδατε οτι ημερα κυριου ως κλεπτης εν νυκτι ουτως ερχεται· οταν λεγωσιν, ειρηνη

1 εαυτης
2:7 υμων, ως εαν τροφος θαλπη τα εαυτης τεκνα· ουτως ομειρομενοι υμων ευδοκουμεν

1 νεφελαις
4:17 αμα συν αυτοις αρπαγησομεθα εν νεφελαις εις απαντησιν του κυριου εις αερα· και ουτως

1 αθηναις
3:1 ευδοκησαμεν καταλειφθηναι εν αθηναις μονοι, και επεμψαμεν τιμοθεον, τον αδελφον

2 ταις
4:11 πρασσειν τα ιδια και εργαζεσθαι ταις χερσιν υμων, καθως υμιν παρηγγειλαμεν, ινα
3:3 υμων το μηδενα σαινεσθαι εν ταις θλιψεσιν ταυταις· αυτοι γαρ οιδατε οτι εις

1 ταυταις
3:3 σαινεσθαι εν ταις θλιψεσιν ταυταις αυτοι γαρ οιδατε οτι εις τουτο κειμεθα· και

1 δις
2:18 υμας, εγω μεν παυλος και απαξ και δις και ενεκοψεν ημας ο σατανας· τις γαρ ημων

27 εις
3:13 καθαπερ και ημεις εις υμας, εις το στηριξαι υμων τας καρδιας αμεμπτους εν
5:9 εθετο ημας ο θεος εις οργην αλλα εις περιποιησιν σωτηριας δια του κυριου ημων ιησου
3:5 δια τουτο καγω μηκετι στεγων επεμψα εις το γνωναι την πιστιν υμων, μη πως επειρασεν
5:15 αλλα παντοτε το αγαθον διωκετε εις αλληλους και εις παντας· παντοτε χαιρετε,
5:11 αλληλους και οικοδομειτε εις τον ενα, καθως και ποιειτε· ερωτωμεν δε υμας,
4:9 αυτοι γαρ υμεις θεοδιδακτοι εστε εις το αγαπαν αλληλους· και γαρ ποιειτε αυτο εις
2:16 εφθασεν δε επ αυτους η οργη εις τελος· ημεις δε, αδελφοι, απορφανισθεντες αφ
1:5 οτι το ευαγγελιον ημων ουκ εγενηθη εις υμας εν λογω μονον αλλα και εν δυναμει και εν
3:12 πλεονασαι και περισσευσαι τη αγαπη εις αλληλους και εις παντας, καθαπερ και ημεις εις

∗5	πως επειρασεν υμας ο πειραζων και	εις	κενον γενηται ο κοπος ημων. αρτι δε ελθοντος
∗15	το αγαθον διωκετε εις αλληλους και	εις	παντας. παντοτε χαιρετε. αδιαλειπτως
∗12	τη αγαπη εις αλληλους και	εις	παντας, καθαπερ και ημεις εις υμας, εις το
∗10	και ημερας υπερεκπερισσου δεομενοι	εις	το ιδειν υμων το προσωπον και καταρτισαι τα
∗15	ημεις οι ζωντες οι περιλειπομενοι	εις	την παρουσιαν του κυριου ου μη φθασωμεν τους
∗12	και παραμυθουμενοι και μαρτυρομενοι	εις	το περιπατειν υμας αξιως του θεου του
∗3	ταυταις. αυτοι γαρ οιδατε οτι	εις	τουτο κειμεθα. και γαρ οτε προς υμας ημεν,
∗9	μη επιβαρησαι τινα υμων εκηρυξαμεν	εις	υμας το ευαγγελιον του θεου. υμεις μαρτυρες
∗8	διδοντα το πνευμα αυτου το αγιον	εις	υμας. περι δε της φιλαδελφιας ου χρειαν εχετε
∗10	αλληλους. και γαρ ποιειτε αυτο	εις	παντας τους αδελφους (τους) εν ολη τη
∗12	αξιως του θεου του καλουντος υμας	εις	την εαυτου βασιλειαν και δοξαν. και δια τουτο
∗17	συν αυτοις αρπαγησομεθα εν νεφελαις	εις	απαντησιν του κυριου εις αερα. και ουτως
∗12	και εις παντας. καθαπερ και ημεις	εις	υμας. εις το στηριξαι υμων τας καρδιας
∗9	οτι ουκ εθετο ημας ο θεος	εις	οργην αλλα εις περιποιησιν σωτηριας δια του
∗17	νεφελαις εις απαντησιν του κυριου	εις	αερα. και ουτως παντοτε συν κυριω εσομεθα.
∗18	γαρ θελημα θεου εν χριστω ιησου	εις	υμας. το πνευμα μη σβεννυτε. προφητειας μη
∗16	τοις εθνεσιν λαλησαι ινα σωθωσιν.	εις	το αναπληρωσαι αυτων τας αμαρτιας παντοτε.
∗2	θεου εν τω ευαγγελιω του χριστου.	εις	το στηριξαι υμας και παρακαλεσαι υπερ της

		1 ολοτελεις	
∗23	θεος της ειρηνης αγιασαι υμας	ολοτελεις	και ολοκληρον υμων το πνευμα και η ψυχη και

		7 ημεις	
∗8	μεθυσκομενοι νυκτος μεθυουσιν.	ημεις	δε ημερας οντες νηφωμεν, ενδυσαμενοι θωρακα
∗17	δε επ αυτους η οργη εις τελος.	ημεις	δε, αδελφοι, απορφανισθεντες αφ υμων προς
∗17	αναστησονται πρωτον, επειτα	ημεις	οι ζωντες οι περιλειπομενοι αμα συν αυτοις
∗13	και δοξαν. και δια τουτο και	ημεις	ευχαριστουμεν τω θεω αδιαλειπτως, οτι
∗6	ημας ιδειν καθαπερ και	ημεις	υμας. δια τουτο παρεκληθημεν, αδελφοι, εφ
∗12	και εις παντας, καθαπερ και	ημεις	εις υμας. εις το στηριξαι υμων τας καρδιας
∗15	υμιν λεγομεν εν λογω κυριου, οτι	ημεις	οι ζωντες οι περιλειπομενοι εις την παρουσιαν

		10 υμεις	
∗14	εν υμιν τοις πιστευουσιν.	υμεις	γαρ μιμηται εγενηθητε, αδελφοι, των εκκλησιων
∗4	εχουση, και ου μη εκφυγωσιν.	υμεις	δε, αδελφοι, ουκ εστε εν σκοτει, ινα η ημερα
∗10	εις υμας το ευαγγελιον του θεου.	υμεις	μαρτυρες και ο θεος, ως οσιως και δικαιως και
∗20	ημων ιησου εν τη αυτου παρουσια;	υμεις	γαρ εστε η δοξα ημων και η χαρα. διο μηκετι
∗6	(εν) υμιν δι υμας. και	υμεις	μιμηται ημων εγενηθητε και του κυριου.
∗14	ιησου. οτι τα αυτα επαθετε και	υμεις	υπο των ιδιων συμφυλετων καθως και αυτοι υπο
∗19	η στεφανος καυχησεως - η ουχι και	υμεις	- εμπροσθεν του κυριου ημων ιησου εν τη αυτου
∗8	υμων πιστεως. οτι νυν ζωμεν εαν	υμεις	στηκετε εν κυριω. τινα γαρ ευχαριστιαν
∗9	εχετε γραφειν υμιν, αυτοι γαρ	υμεις	θεοδιδακτοι εστε εις το αγαπαν αλληλους. και
∗5	ως κλεπτης καταλαβη. παντες γαρ	υμεις	υιοι φωτος εστε και υιοι ημερας. ουκ εσμεν

		1 λογοις	
∗18	παρακαλειτε αλληλους εν τοις	λογοις	τουτοις. περι δε των χρονων και των καιρων.

		1 φιλιπποις	
∗2	υβρισθεντες καθως οιδατε εν	φιλιπποις	επαρρησιασαμεθα εν τω θεω ημων λαλησαι προς

		2 ανθρωποις	
∗15	θεω μη αρεσκοντων. και πασιν	ανθρωποις	εναντιων. κωλυοντων ημας τοις εθνεσιν λαλησαι
∗4	ουτως λαλουμεν, ουχ ως	ανθρωποις	αρεσκοντες αλλα θεω τω δοκιμαζοντι τας καρδιας

		6 τοις	
∗18	ωστε παρακαλειτε αλληλους εν	τοις	λογοις τουτοις· περι δε των χρονων και των
∗13	θεου, ος και ενεργειται εν υμιν	τοις	πιστευουσιν. υμεις γαρ μιμηται εγενηθητε.
∗10	και δικαιως και αμεμπτως υμιν	τοις	πιστευουσιν εγενηθημεν. καθαπερ οιδατε ως ενα
∗27	αναγνωσθηναι την επιστολην πασιν	τοις	αδελφοις. η χαρις του κυριου ημων ιησου
∗7	ωστε γενεσθαι υμας τυπον πασιν	τοις	πιστευουσιν εν τη μακεδονια και εν τη αχαια.
∗16	εναντιων. κωλυοντων ημας	τοις	εθνεσιν λαλησαι ινα σωθωσιν. εις το

		2 αυτοις	
∗17	ζωντες οι περιλειπομενοι αμα συν	αυτοις	αρπαγησομεθα εν νεφελαις εις απαντησιν του
∗3	και ασφαλεια. τοτε αιφνιδιος	αυτοις	εφισταται ολεθρος ωσπερ η ωδιν τη εν γαστρι

		1 εαυτοις	
∗13	το εργον αυτων. ειρηνευετε εν	εαυτοις	παρακαλουμεν δε υμας, αδελφοι, νουθετειτε

		1 τουτοις	
∗18	αλληλους εν τοις λογοις	τουτοις	περι δε των χρονων και των καιρων. αδελφοι.

1 αδελφοις

5:27 την επιστολην πασιν τοις αδελφοις η χαρις του κυριου ημων ιησου χριστου μεθ

1 ελπις

2:19 ημας ο σατανας. τις γαρ ημων ελπις η χαρα η στεφανος καυχησεως - η ουχι και υμεις

2 χαρις

5:28 επιστολην πασιν τοις αδελφοις. η χαρις του κυριου ημων ιησου χριστου μεθ υμων.
1:1 θεω πατρι και κυριω ιησου χριστω. χαρις υμιν και ειρηνη. ευχαριστουμεν τω θεω παντοτε

1 παρακλησις

2:3 θεου εν πολλω αγωνι. η γαρ παρακλησις ημων ουκ εκ πλανης ουδε εξ ακαθαρσιας ουδε εν

2 τις

2:19 δις. και ενεκοψεν ημας ο σατανας. τις γαρ ημων ελπις η χαρα η στεφανος καυχησεως -
5:15 μακροθυμειτε προς παντας. ορατε μη τις κακον αντι κακου τινι αποδω, αλλα παντοτε το

1 πιστις

1:8 τη) αχαια. αλλ εν παντι τοπω η πιστις υμων η προς τον θεον εξεληλυθεν. ωστε μη

2 ος

5:24 τηρηθειη. πιστος ο καλων υμας. ος και ποιησει. αδελφοι, προσευχεσθε περι ημων.
2:13 αλλα καθως εστιν αληθως λογον θεου. ος και ενεργειται εν υμιν τοις πιστευουσιν.

1 λογος

1:8 τη αχαια. αφ υμων γαρ εξηχηται ο λογος του κυριου ου μονον εν τη μακεδονια και (εν

1 ελπιδος

1:3 της αγαπης και της υπομονης της ελπιδος του κυριου ημων ιησου χριστου εμπροσθεν του

7 θεος

5:23 πονηρου απεχεσθε. αυτος δε ο θεος της ειρηνης αγιασαι υμας ολοτελεις. και
3:11 της πιστεως υμων; αυτος δε ο θεος και πατηρ ημων και ο κυριος ημων ιησους
2:10 του θεου. υμεις μαρτυρες και ο θεος ως οσιως και δικαιως και αμεμπτως υμιν τοις
4:14 απεθανεν και ανεστη. ουτως και ο θεος τους κοιμηθεντας δια του ιησου αξει συν αυτω.
4:7 ου γαρ εκαλεσεν ημας ο θεος επι ακαθαρσια αλλ εν αγιασμω. τοιγαρουν ο
5:9 σωτηριας. οτι ουκ εθετο ημας ο θεος εις οργην αλλα εις περιποιησιν σωτηριας δια
2:5 ουτε εν προφασει πλεονεξιας. θεος μαρτυς. ουτε ζητουντες εξ ανθρωπων δοξαν.

1 τιμοθεος

1:1 παυλος και σιλουανος και τιμοθεος τη εκκλησια θεσσαλονικεων εν θεω πατρι και

1 αιφνιδιος

5:3 ειρηνη και ασφαλεια. τοτε αιφνιδιος αυτοις εφισταται ολεθρος ωσπερ η ωδιν τη εν

4 κυριος

3:12 οδον ημων προς υμας. υμας δε ο κυριος πλεονασαι και περισσευσαι τη αγαπη εις
3:11 δε ο θεος και πατηρ ημων και ο κυριος ημων ιησους κατευθυναι την οδον ημων προς
4:16 τους κοιμηθεντας. οτι αυτος ο κυριος εν κελευσματι. εν φωνη αρχαγγελου και εν
4:6 τον αδελφον αυτου. διοτι εκδικος κυριος περι παντων τουτων. καθως και προειπαμεν υμιν

1 εκδικος

4:6 τον αδελφον αυτου. διοτι εκδικος κυριος περι παντων τουτων. καθως και

1 τελος

2:16 εφθασεν δε επ αυτους η οργη εις τελος ημεις δε, αδελφοι. απορφανισθεντες αφ υμων

2 παυλος

1:1 παυλος και σιλουανος και τιμοθεος τη εκκλησια
2:18 ελθειν προς υμας. εγω μεν παυλος και απαξ και δις. και ενεκοψεν ημας ο σατανας.

1 αγιασμος

4:3 γαρ εστιν θελημα του θεου. ο αγιασμος υμων. απεχεσθαι υμας απο της πορνειας.

1 σιλουανος

1:1 παυλος και σιλουανος και τιμοθεος τη εκκλησια θεσσαλονικεων εν θεω

1 στεφανος

2:19 τις γαρ ημων ελπις η χαρα η στεφανος καυχησεως - η ουχι και υμεις - εμπροσθεν του

	1	μηδενος
:12	ευσχημονως προς τους εξω και μηδενος	χρειαν εχητε. ου θελομεν δε υμας αγνοειν,

	1	κοπος
:5	πειραζων και εις κενον γενηται ο κοπος	ημων. αρτι δε ελθοντος τιμοθεου προς ημας αφ

	1	ολεθρος
:3	τοτε αιφνιδιος αυτοις εφισταται ολεθρος	ωσπερ η ωδιν τη εν γαστρι εχουση. και ου μη

	13	προς
:9	προς υμας. και πως επεστρεψατε προς	τον θεον απο των ειδωλων δουλευειν θεω ζωντι
:14	των ασθενων, μακροθυμειτε προς	παντας. ορατε μη τις κακον αντι κακου τινι
:4	εις τουτο κειμεθα. και γαρ οτε προς	υμας ημεν, προελεγομεν υμιν οτι μελλομεν
:8	αλλ εν παντι τοπω η πιστις υμων η προς	τον θεον εξεληλυθεν. ωστε μη χρειαν εχειν ημας
:2	εν τω θεω ημων λαλησαι προς	υμας το ευαγγελιον του θεου εν πολλω αγωνι. η
:9	νυκτος και ημερας εργαζομενοι προς	το μη επιβαρησαι τινα υμων εκηρυξαμεν εις υμας
:9	οποιαν εισοδον εσχομεν προς	υμας. και πως επεστρεψατε προς τον θεον απο
:1	αδελφοι. την εισοδον ημων την προς	υμας οτι ου κενη γεγονεν. αλλα προπαθοντες
:18	επιθυμια. διοτι ηθελησαμεν ελθειν προς	υμας, εγω μεν παυλος και απαξ και δις, και
:11	ιησους κατευθυναι την οδον ημων προς	υμας. υμας δε ο κυριος πλεονασαι και
:17	αδελφοι. απορφανισθεντες αφ υμων προς	καιρον ωρας, προσωπω ου καρδια. περισσοτερως
:12	ινα περιπατητε ευσχημονως προς	τους εξω και μηδενος χρειαν εχητε. ου θελομεν
:6	ημων. αρτι δε ελθοντος τιμοθεου προς	ημας αφ υμων και ευαγγελισαμενου ημιν την

	2	πατρος
:13	αγιωσυνη εμπροσθεν του θεου και πατρος	ημων εν τη παρουσια του κυριου ημων ιησου μετα
:3	χριστου εμπροσθεν του θεου και πατρος	ημων. ειδοτες, αδελφοι ηγαπημενοι υπο (του)

	1	πνευματος
:6	εν θλιψει πολλη μετα χαρας πνευματος	αγιου. ωστε γενεσθαι υμας τυπον πασιν τοις

	5	νυκτος
:10	υμας εμπροσθεν του θεου ημων. νυκτος	και ημερας υπερεκπερισσου δεομενοι εις το
:7	καθευδουσιν. και οι μεθυσκομενοι νυκτος	μεθυουσιν. ημεις δε ημερας οντες νηφωμεν.
:5	εστε και υιοι ημερας. ουκ εσμεν νυκτος	ουδε σκοτους. αρα ουν μη καθευδωμεν ως οι
:7	και νηφωμεν. οι γαρ καθευδοντες νυκτος	καθευδουσιν. και οι μεθυσκομενοι νυκτος
:9	τον κοπον ημων και τον μοχθον. νυκτος	και ημερας εργαζομενοι προς το μη επιβαρησαι

	1	παντος
:22	το καλον κατεχετε. απο παντος	ειδους πονηρου απεχεσθε. αυτος δε ο θεος της

	1	ελθοντος
:6	γενηται ο κοπος ημων. αρτι δε ελθοντος	τιμοθεου προς ημας αφ υμων και ευαγγελισαμενου

	1	αποθανοντος
:10	ημων ιησου χριστου. του αποθανοντος	υπερ ημων ινα ειτε γρηγορωμεν ειτε καθευδωμεν

	1	καλουντος
:12	υμας αξιως του θεου του καλουντος	υμας εις την εαυτου βασιλειαν και δοξαν. και

	1	πιστος
:24	ημων ιησου χριστου τηρηθειη. πιστος	ο καλων υμας, ος και ποιησει. αδελφοι.

	3	αυτος
:23	παντος ειδους πονηρου απεχεσθε. αυτος	δε ο θεος της ειρηνης αγιασαι υμας ολοτελεις.
:11	τα υστερηματα της πιστεως υμων; αυτος	δε ο θεος και πατηρ ημων και ο κυριος ημων
:16	φθασωμεν τους κοιμηθεντας. οτι αυτος	ο κυριος εν κελευσματι, εν φωνη αρχαγγελου και

	1	φωτος
:5	καταλαβη. παντες γαρ υμεις υιοι φωτος	εστε και υιοι ημερας. ουκ εσμεν νυκτος ουδε

	1	σκευος
:4	ειδεναι εκαστον υμων το εαυτου σκευος	κτασθαι εν αγιασμω και τιμη. μη εν παθει

	1	τροφος
:7	ηπιοι εν μεσω υμων. ως εαν τροφος	θαλπη τα εαυτης τεκνα. ουτως ομειρομενοι υμων

	1	ειδους
:22	το καλον κατεχετε. απο παντος ειδους	πονηρου απεχεσθε. αυτος δε ο θεος της ειρηνης

5 αλληλους

4:18	εσομεθα· ωστε παρακαλειτε αλληλους	εν τοις λογοις τουτοις· περι δε των χρονων
5:11	αυτω ζησωμεν· διο παρακαλειτε αλληλους	και οικοδομειτε εις τον ενα, καθως και
4:9	θεοδιδακτοι εστε εις το αγαπαν αλληλους	και γαρ ποιειτε αυτο εις παντας τους
5:15	παντοτε το αγαθον διωκετε εις αλληλους	και εις παντας· παντοτε χαιρετε, αδιαλειπτως
3:12	και περισσευσαι τη αγαπη εις αλληλους	και εις παντας, καθαπερ και ημεις εις υμας,

1 προισταμενους

5:12	κοπιωντας εν υμιν και προισταμενους	υμων εν κυριω και νουθετουντας υμας, και

2 ιησους

4:14	ελπιδα· ει γαρ πιστευομεν οτι ιησους	απεθανεν και ανεστη, ουτως και ο θεος τους
3:11	και πατηρ ημων και ο κυριος ημων ιησους	κατευθυναι την οδον ημων προς υμας· υμας δε ο

9 τους

5:26	προσευχεσθε περι ημων· ασπασασθε τους	αδελφους παντας εν φιληματι αγιω· ενορκιζω
5:14	τους ατακτους, παραμυθεισθε τους	ολιγοψυχους, αντεχεσθε των ασθενων,
5:14	δε υμας, αδελφοι, νουθετειτε τους	ατακτους, παραμυθεισθε τους ολιγοψυχους,
2:15	κυριον αποκτειναντων ιησουν και τους	προφητας, και ημας εκδιωξαντων, και θεω μη
5:12	ερωτωμεν δε υμας, αδελφοι, ειδεναι τους	κοπιωντας εν υμιν και προισταμενους υμων εν
4:15	του κυριου ου μη φθασωμεν τους	κοιμηθεντας· οτι αυτος ο κυριος εν
4:10	και γαρ ποιειτε αυτο εις παντας τους	αδελφους (τους) εν ολη τη μακεδονια·
4:14	και ανεστη, ουτως και ο θεος τους	κοιμηθεντας δια του ιησου αξει συν αυτω·
4:12	ινα περιπατητε ευσχημονως προς τους	εξω και μηδενος χρειαν εχητε· ου θελομεν δε

1 ατακτους

5:14	υμας, αδελφοι, νουθετειτε τους ατακτους	παραμυθεισθε τους ολιγοψυχους, αντεχεσθε των

1 σκοτους

5:5	ημερας· ουκ εσμεν νυκτος ουδε σκοτους	αρα ουν μη καθευδωμεν ως οι λοιποι, αλλα

1 αμεμπτους

3:13	το στηριξαι υμων τας καρδιας αμεμπτους	εν αγιωσυνη εμπροσθεν του θεου και πατρος ημων

2 αυτους

5:13	νουθετουντας υμας, και ηγεισθαι αυτους	υπερεκπερισσου εν αγαπη δια το εργον αυτων·
2:16	αμαρτιας παντοτε· εφθασεν δε επ αυτους	η οργη εις τελος· ημεις δε, αδελφοι,

2 αδελφους

5:26	περι ημων· ασπασασθε τους αδελφους	παντας εν φιληματι αγιω· ενορκιζω υμας τον
4:10	ποιειτε αυτο εις παντας τους αδελφους	(τους) εν ολη τη μακεδονια· παρακαλουμεν δε

1 ολιγοψυχους

5:14	ατακτους, παραμυθεισθε τους ολιγοψυχους	αντεχεσθε των ασθενων, μακροθυμειτε προς

1 μαρτυς

2:5	εν προφασει πλεονεξιας, θεος μαρτυς	ουτε ζητουντες εξ ανθρωπων δοξαν, ουτε αφ

9 ως

2:11	εγενηθημεν, καθαπερ οιδατε ως	ενα εκαστον υμων ως πατηρ τεκνα εαυτου
2:7	απ αλλων, δυναμενοι εν βαρει ειναι ως	χριστου αποστολοι· αλλα εγενηθημεν ηπιοι εν
5:6	ουδε σκοτους· αρα ουν μη καθευδωμεν ως	οι λοιποι, αλλα γρηγορωμεν και νηφωμεν· οι
2:11	καθαπερ οιδατε ως ενα εκαστον υμων ως	πατηρ τεκνα εαυτου παρακαλουντες υμας και
5:4	ουκ εστε εν σκοτει, ινα η ημερα υμας ως	κλεπτης καταλαβη, παντες γαρ υμεις υιοι φωτος
5:2	γαρ ακριβως οιδατε οτι ημερα κυριου ως	κλεπτης εν νυκτι ουτως ερχεται· οταν λεγωσιν,
2:4	το ευαγγελιον ουτως λαλουμεν, ουχ ως	ανθρωποις αρεσκοντες αλλα θεω τω δοκιμαζοντι
2:7	αλλα εγενηθημεν ηπιοι εν μεσω υμων, ως	εαν τροφος θαλπη τα εαυτης τεκνα· ουτως
2:10	θεου· υμεις μαρτυρες και ο θεος, ως	οσιως και δικαιως και αμεμπτως υμιν τοις

1 ακριβως

5:2	υμιν γραφεσθαι, αυτοι γαρ ακριβως	οιδατε οτι ημερα κυριου ως κλεπτης εν νυκτι

1 καυχησεως

2:19	ημων ελπις η χαρα η στεφανος καυχησεως	- η ουχι και υμεις - εμπροσθεν του κυριου ημων

5 πιστεως

5:8	νηφωμεν, ενδυσαμενοι θωρακα πιστεως	και αγαπης και περικεφαλαιαν ελπιδα σωτηριας·
3:7	και θλιψει ημων δια της υμων πιστεως	οτι νυν ζωμεν εαν υμεις στηκετε εν κυριω·
3:10	καταρτισαι τα υστερηματα της πιστεως	υμων; αυτος δε ο θεος και πατηρ ημων και ο
3:2	υμας και παρακαλεσαι υπερ της πιστεως	υμων το μηδενα σαινεσθαι εν ταις θλιψεσιν
1:3	υμων του εργου της πιστεως	και του κοπου της αγαπης και της υπομονης της

13 καθως

*4	εξ ακαθαρσιας ουδε εν δολω. αλλα καθως	δεδοκιμασμεθα υπο του θεου πιστευθηναι το
*13	εδεξασθε ου λογον ανθρωπων αλλα καθως	εστιν αληθως λογον θεου. ος και ενεργειται εν
*1	παρακαλουμεν εν κυριω ιησου. ινα καθως	παρελαβετε παρ ημων το πως δει υμας περιπατειν
*13	των κοιμωμενων. ινα μη λυπησθε καθως	και οι λοιποι οι μη εχοντες ελπιδα. ει γαρ
*14	υμεις υπο των ιδιων συμφυλετων καθως	και αυτοι υπο των ιουδαιων. των και τον
*2	αλλα προπαθοντες και υβρισθεντες καθως	οιδατε εν φιλιπποις επαρρησιασαμεθα εν τω θεω
*11	και οικοδομειτε εις τον ενα. καθως	και ποιειτε. ερωτωμεν δε υμας. αδελφοι.
*5	αγιω και (εν) πληροφορια πολλη. καθως	οιδατε οιοι εγενηθημεν (εν) υμιν δι υμας. και
*4	υμιν οτι μελλομεν θλιβεσθαι. καθως	και εγενετο και οιδατε. δια τουτο καγω μηκετι
*5	εν λογω κολακειας εγενηθημεν. καθως	οιδατε. ουτε εν προφασει πλεονεξιας. θεος
*11	και εργαζεσθαι ταις χερσιν υμων. καθως	υμιν παρηγγειλαμεν. ινα περιπατητε ευσχημονως
*6	κυριος περι παντων τουτων. καθως	και προειπαμεν υμιν και διεμαρτυραμεθα. ου
*1	υμας περιπατειν και αρεσκειν θεω. καθως	και περιπατειτε. ινα περισσευητε μαλλον.

1 αληθως

*13	λογον ανθρωπων αλλα καθως εστιν αληθως	λογον θεου. ος και ενεργειται εν υμιν τοις

1 δικαιως

*10	και ο θεος. ως οσιως και δικαιως	και αμεμπτως υμιν τοις πιστευουσιν εγενηθημεν.

1 αξιως

*12	εις το περιπατειν υμας αξιως	του θεου του καλουντος υμας εις την εαυτου

1 οσιως

*10	υμεις μαρτυρες και ο θεος. ως οσιως	και δικαιως και αμεμπτως υμιν τοις πιστευουσιν

1 ευσχημονως

*12	ινα περιπατητε ευσχημονως	προς τους εξω και μηδενος χρειαν εχητε. ου

3 πως

*5	εις το γνωναι την πιστιν υμων. μη πως	επειρασεν υμας ο πειραζων και εις κενον
*9	εισοδον εσχομεν προς υμας. και πως	επεστρεψατε προς τον θεον απο των ειδωλων
*1	ινα καθως παρελαβετε παρ ημων το πως	δει υμας περιπατειν και αρεσκειν θεω. καθως

1 περισσοτερως

*17	ωρας. προσωπω ου καρδια. περισσοτερως	εσπουδασαμεν το προσωπον υμων ιδειν εν πολλη

3 αδιαλειπτως

*17	παντας. παντοτε χαιρετε. αδιαλειπτως	προσευχεσθε. εν παντι ευχαριστειτε. τουτο γαρ
*13	ημεις ευχαριστουμεν τω θεω αδιαλειπτως	οτι παραλαβοντες λογον ακοης παρ ημων του
*2	επι των προσευχων ημων. αδιαλειπτως	μνημονευοντες υμων του εργου της πιστεως και

2 αμεμπτως

*23	πνευμα και η ψυχη και το σωμα αμεμπτως	εν τη παρουσια του κυριου ημων ιησου χριστου
*10	θεος. ως οσιως και δικαιως και αμεμπτως	υμιν τοις πιστευουσιν εγενηθημεν. καθαπερ

5 ουτως

*8	τροφος θαλπη τα εαυτης τεκνα. ουτως	ομειρομενοι υμων ευδοκουμεν μεταδουναι υμιν ου
*17	του κυριου εις αερα. και ουτως	παντοτε συν κυριω εσομεθα. ωστε παρακαλειτε
*2	ημερα κυριου ως κλεπτης εν νυκτι ουτως	ερχεται. οταν λεγωσιν. ειρηνη και ασφαλεια.
*4	θεου πιστευθηναι το ευαγγελιον ουτως	λαλουμεν. ουχ ως ανθρωποις αρεσκοντες αλλα θεω
*14	οτι ιησους απεθανεν και ανεστη. ουτως	και ο θεος τους κοιμηθεντας δια του ιησου αξει

11 ου

*7	προειπαμεν υμιν και διεμαρτυραμεθα. ου	γαρ εκαλεσεν ημας ο θεος επι ακαθαρσια αλλ εν
*13	τους εξω και μηδενος χρειαν εχητε. ου	θελομεν δε υμας αγνοειν. αδελφοι. περι των
*13	ακοης παρ ημων του θεου εδεξασθε ου	λογον ανθρωπων αλλα καθως εστιν αληθως λογον
*3	η ωδιν τη εν γαστρι εχουση. και ου	μη εκφυγωσιν. υμεις δε. αδελφοι. ουκ εστε εν
*8	την εισοδον ημων την προς υμας οτι ου	κενη γεγονεν. αλλα προπαθοντες και
*8	υμων ευδοκουμεν μεταδουναι υμιν ου	μονον το ευαγγελιον του θεου αλλα και τας
*9	εις υμας. περι δε της φιλαδελφιας ου	χρειαν εχετε γραφειν υμιν. αυτοι γαρ υμεις
*15	εις την παρουσιαν του κυριου ου	μη φθασωμεν τους κοιμηθεντας. οτι αυτος ο
*8	υμων γαρ εξηχηται ο λογος του κυριου ου	μονον εν τη μακεδονια και (εν τη) αχαια. αλλ
*17	αφ υμων προς καιρον ωρας. προσωπω ου	καρδια. περισσοτερως εσπουδασαμεν το προσωπον
*7	των χρονων και των καιρων. αδελφοι. ου	χρειαν εχετε υμιν γραφεσθαι. αυτοι γαρ

1 εργου

*3	μνημονευοντες υμων του εργου	της πιστεως και του κοπου της αγαπης και της

16 θεου

5:18	ευχαριστειτε. τουτο γαρ θελημα	θεου	εν χριστω ιησου εις υμας. το πνευμα μη
4:16	εν φωνη αρχαγγελου και εν σαλπιγγι	θεου	καταβησεται απ ουρανου. και οι νεκροι εν
2:13	αλλα καθως εστιν αληθως λογον	θεου	ος και ενεργειται εν υμιν τοις πιστευουσιν.
4:3	ιησου. τουτο γαρ εστιν θελημα του	θεου	ο αγιασμος υμων. απεχεσθαι υμας απο της
3:13	εν αγιωσυνη εμπροσθεν του	θεου	και πατρος ημων εν τη παρουσια του κυριου ημω
3:9	η χαιρομεν δι υμας εμπροσθεν του	θεου	ημων. νυκτος και ημερας υπερεκπερισσου
1:3	ημων ιησου χριστου εμπροσθεν του	θεου	και πατρος ημων. ειδοτες. αδελφοι ηγαπημενοι
3:2	τον αδελφον ημων και συνεργον του	θεου	εν τω ευαγγελιω του χριστου. εις το στηριξαι
2:8	υμιν ου μονον το ευαγγελιον του	θεου	αλλα και τας εαυτων ψυχας. διοτι αγαπητοι ημιν
2:9	εις υμας το ευαγγελιον του	θεου	υμεις μαρτυρες και ο θεος. ως οσιως και
2:2	προς υμας το ευαγγελιον του	θεου	εν πολλω αγωνι. η γαρ παρακλησις ημων ουκ εκ
2:14	αδελφοι. των εκκλησιων του	θεου	των ουσων εν τη ιουδαια εν χριστω ιησου. οτι
2:13	λογον ακοης παρ ημων του	θεου	εδεξασθε ου λογον ανθρωπων αλλα καθως εστιν
2:4	αλλα καθως δεδοκιμασμεθα υπο του	θεου	πιστευθηναι το ευαγγελιον ουτως λαλουμεν. ουχ
2:12	εις το περιπατειν υμας αξιως του	θεου	του καλουντος υμας εις την εαυτου βασιλειαν
1:4	αδελφοι ηγαπημενοι υπο (του)	θεου	την εκλογην υμων. οτι το ευαγγελιον ημων ουκ

1 τιμοθεου

3:6	κοπος ημων. αρτι δε ελθοντος τιμοθεου	προς ημας αφ υμων και ευαγγελισαμενου ημιν την

1 αγιου

1:6	θλιψει πολλη μετα χαρας πνευματος αγιου	ωστε γενεσθαι υμας τυπον πασιν τοις

13 κυριου

5:2	γαρ ακριβως οιδατε οτι ημερα κυριου	ως κλεπτης εν νυκτι ουτως ερχεται. οταν
4:2	εδωκαμεν υμιν δια του κυριου	ιησου. τουτο γαρ εστιν θελημα του θεου. ο
5:9	εις περιποιησιν σωτηριας δια του κυριου	ημων ιησου χριστου. του αποθανοντος υπερ ημων
3:13	πατρος ημων εν τη παρουσια του κυριου	ημων ιησου μετα παντων των αγιων αυτου.
5:23	σωμα αμεμπτως εν τη παρουσια του κυριου	ημων ιησου χριστου τηρηθειη. πιστος ο καλων
1:6	μιμηται ημων εγενηθητε και του κυριου	δεξαμενοι τον λογον εν θλιψει πολλη μετα
4:15	εις την παρουσιαν του κυριου	ου μη φθασωμεν τους κοιμηθεντας. οτι αυτος ο
2:19	η ουχι και υμεις - εμπροσθεν του κυριου	ημων ιησου εν τη αυτου παρουσια; υμεις γαρ
4:17	εν νεφελαις εις απαντησιν του κυριου	εις αερα. και ουτως παντοτε συν κυριω εσομεθα.
5:28	τοις αδελφοις. η χαρις του κυριου	ημων ιησου χριστου μεθ υμων.
1:8	αφ υμων γαρ εξηχηται ο λογος του κυριου	ου μονον εν τη μακεδονια και (εν τη) αχαια.
1:3	και της υπομονης της ελπιδος του κυριου	ημων ιησου χριστου εμπροσθεν του θεου και
4:15	τουτο γαρ υμιν λεγομεν εν λογω κυριου	οτι ημεις οι ζωντες οι περιλειπομενοι εις την

1 κακου

5:15	παντας. ορατε μη τις κακον αντι κακου	τινι αποδω. αλλα παντοτε το αγαθον διωκετε εις

1 αρχαγγελου

4:16	εν κελευσματι. εν φωνη αρχαγγελου	και εν σαλπιγγι θεου. καταβησεται απ ουρανου.

1 ουρανου

4:16	σαλπιγγι θεου. καταβησεται απ ουρανου	και οι νεκροι εν χριστω αναστησονται πρωτον.

1 ευαγγελισαμενου

3:6	προς ημας αφ υμων και ευαγγελισαμενου	ημιν την πιστιν και την αγαπην υμων. και οτι

1 κοπου

1:3	του εργου της πιστεως και του κοπου	της αγαπης και της υπομονης της ελπιδος του

1 πονηρου

5:22	κατεχετε. απο παντος ειδους πονηρου	απεχεσθε. αυτος δε ο θεος της ειρηνης αγιασαι

12 ιησου

5:9	σωτηριας δια του κυριου ημων ιησου	χριστου. του αποθανοντος υπερ ημων ινα ειτε
3:13	εν τη παρουσια του κυριου ημων ιησου	μετα παντων των αγιων αυτου. λοιπον ουν.
5:23	εν τη παρουσια του κυριου ημων ιησου	χριστου τηρηθειη. πιστος ο καλων υμας. ος και
2:19	υμεις - εμπροσθεν του κυριου ημων ιησου	εν τη αυτου παρουσια; υμεις γαρ εστε η δοξα
5:28	η χαρις του κυριου ημων ιησου	χριστου μεθ υμων.
1:3	της ελπιδος του κυριου ημων ιησου	χριστου εμπροσθεν του θεου και πατρος ημων.
4:2	εδωκαμεν υμιν δια του κυριου ιησου	τουτο γαρ εστιν θελημα του θεου. ο αγιασμος
4:14	ο θεος τους κοιμηθεντας δια του ιησου	αξει συν αυτω. τουτο γαρ υμιν λεγομεν εν λογω
1:1	εν θεω πατρι και κυριω ιησου	χριστω. χαρις υμιν και ειρηνη. ευχαριστουμεν
4:1	υμας και παρακαλουμεν εν κυριω ιησου	ινα καθως παρελαβετε παρ ημων το πως δει υμας
2:14	των ουσων εν τη ιουδαια εν χριστω ιησου	οτι τα αυτα επαθετε και υμεις υπο των ιδιων
5:18	τουτο γαρ θελημα θεου εν χριστω ιησου	εις υμας. το πνευμα μη σβεννυτε. προφητειας

θεου

ιησου

2 υπερεκπερισσου

10	ημων. νυκτος και ημερας υπερεκπερισσου	δεομενοι εις το ιδειν υμων το προσωπον και
13	και ηγεισθαι αυτους υπερεκπερισσου	εν αγαπη δια το εργον αυτων. ειρηνευετε εν

29 του

10	δια του κυριου ημων ιησου χριστου. του	αποθανοντος υπερ ημων ινα ειτε γρηγορωμεν ειτε
2	τινας παραγγελιας εδωκαμεν υμιν δια του	κυριου ιησου. τουτο γαρ εστιν θελημα του
9	αλλα εις περιποιησιν σωτηριας δια του	κυριου ημων ιησου χριστου. του αποθανοντος
14	και ο θεος τους κοιμηθεντας δια του	ιησου αξει συν αυτω. τουτο γαρ υμιν λεγομεν
13	θεου και πατρος ημων εν τη παρουσια του	κυριου ημων ιησου μετα παντων των αγιων αυτου.
23	και το σωμα αμεμπτως εν τη παρουσια του	κυριου ημων ιησου χριστου τηρηθειη. πιστος ο
3	ιησου. τουτο γαρ εστιν θελημα του	θεου, ο αγιασμος υμων. απεχεσθαι υμας απο της
6	υμεις μιμηται ημων εγενηθητε και του	κυριου, δεξαμενοι τον λογον εν θλιψει πολλη
3	υμων του εργου της πιστεως και του	κοπου της αγαπης και της υπομονης της ελπιδος
15	οι περιλειπομενοι εις την παρουσιαν του	κυριου ου μη φθασωμεν τους κοιμηθεντας. οτι
13	αμεμπτους εν αγιωσυνη εμπροσθεν του	θεου και πατρος ημων εν τη παρουσια του κυριου
9	χαρα η χαιρομεν δι υμας εμπροσθεν του	θεου ημων. νυκτος και ημερας υπερεκπερισσου
3	κυριου ημων ιησου χριστου εμπροσθεν του	θεου και πατρος ημων. ειδοτες, αδελφοι
19	- η ουχι και υμεις - εμπροσθεν του	κυριου ημων ιησου εν τη αυτου παρουσια; υμεις
17	εν νεφελαις εις απαντησιν του	κυριου εις αερα. και ουτως παντοτε συν κυριω
2	τον αδελφον ημων και συνεργον του	θεου εν τω ευαγγελιω του χριστου, εις το
8	υμιν ου μονον το ευαγγελιον του	θεου αλλα και τας εαυτων ψυχας, διοτι αγαπητοι
9	εκηρυξαμεν εις υμας το ευαγγελιον του	θεου. υμεις μαρτυρες και ο θεος. ως οσιως και
9	λαλησαι προς υμας το ευαγγελιον του	θεου εν πολλω αγωνι. η γαρ παρακλησις ημων
14	εγενηθητε. αδελφοι, των εκκλησιων του	θεου των ουσων εν τη ιουδαια εν χριστω ιησου.
13	παραλαβοντες λογον ακοης παρ ημων του	θεου εδεξασθε ου λογον ανθρωπων αλλα καθως
3	αδιαλειπτως μνημονευοντες υμων του	εργου της πιστεως και του κοπου της αγαπης και
4	δολω. αλλα καθως δεδοκιμασμεθα υπο του	θεου πιστευθηναι το ευαγγελιον ουτως λαλουμεν.
28	πασιν τοις αδελφοις. η χαρις του	κυριου ημων ιησου χριστου μεθ υμων.
8	αφ υμων γαρ εξηχηται ο λογος του	κυριου ου μονον εν τη μακεδονια και (εν τη)
3	αγαπης και της υπομονης της ελπιδος του	κυριου ημων ιησου χριστου εμπροσθεν του θεου
12	εις το περιπατειν υμας αξιως του	θεου του καλουντος υμας εις την εαυτου
12	το περιπατειν υμας αξιως του θεου του	καλουντος υμας εις την εαυτου βασιλειαν και
2	συνεργον του θεου εν τω ευαγγελιω του	χριστου, εις το στηριξαι υμας και παρακαλεσαι

6 χριστου

7	δυναμενοι εν βαρει ειναι ως χριστου	αποστολοι. αλλα εγενηθημεν ηπιοι εν μεσω υμων.
9	δια του κυριου ημων ιησου χριστου	του αποθανοντος υπερ ημων ινα ειτε
23	παρουσια του κυριου ημων ιησου χριστου	τηρηθειη. πιστος ο καλων υμας, ος και
28	η χαρις του κυριου ημων ιησου χριστου	μεθ υμων.
3	ελπιδος του κυριου ημων ιησου χριστου	εμπροσθεν του θεου και πατρος ημων. ειδοτες,
2	του θεου εν τω ευαγγελιω του χριστου	εις το στηριξαι υμας και παρακαλεσαι υπερ της

5 αυτου

8	θεον τον (και) διδοντα το πνευμα αυτου	το αγιον εις υμας. περι δε της φιλαδελφιας ου
19	του κυριου ημων ιησου εν τη αυτου	παρουσια; υμεις γαρ εστε η δοξα ημων και η
10	αληθινω. και αναμενειν τον υιον αυτου	εκ των ουρανων, ον ηγειρεν εκ (των) νεκρων.
6	εν τω πραγματι τον αδελφον αυτου	διοτι εκδικος κυριος περι παντων τουτων.
13	ημων ιησου μετα παντων των αγιων αυτου	λοιπον ουν, αδελφοι, ερωτωμεν υμας και

3 εαυτου

11	ενα εκαστον υμων ως πατηρ τεκνα εαυτου	παρακαλουντες υμας και παραμυθουμενοι και
12	θεου του καλουντος υμας εις την εαυτου	βασιλειαν και δοξαν. και δια τουτο και ημεις
4	ειδεναι εκαστον υμων το εαυτου	σκευος κτασθαι εν αγιασμω και τιμη. μη εν

4 αφ

8	εν τη μακεδονια και εν τη αχαια. αφ	υμων γαρ εξηχηται ο λογος του κυριου ου μονον
6	ζητουντες εξ ανθρωπων δοξαν, ουτε αφ	υμων ουτε απ αλλων. δυναμενοι εν βαρει ειναι
6	αρτι δε ελθοντος τιμοθεου προς ημας αφ	υμων και ευαγγελισαμενου ημιν την πιστιν και
17	ημεις δε, αδελφοι, απορφανισθεντες αφ	υμων προς καιρον ωρας, προσωπω ου καρδια.

1 εφ

7	δια τουτο παρεκληθημεν, αδελφοι, εφ	υμιν επι παση τη αναγκη και θλιψει ημων δια

1 ουχ

4	το ευαγγελιον ουτως λαλουμεν, ουχ	ως ανθρωποις αρεσκοντες αλλα θεω τω

1 καγω

5	και εγενετο και οιδατε. δια τουτο καγω	μηκετι στεγων επεμψα εις το γνωναι την πιστιν

1 εγω
2:18   διοτι ηθελησαμεν ελθειν προς υμας. εγω μεν παυλος και απαξ και δις. και ενεκοψεν ημας

3 λογω
2:5   καρδιας ημων. ουτε γαρ ποτε εν λογω κολακειας εγενηθημεν. καθως οιδατε. ουτε εν
4:15   αυτω. τουτο γαρ υμιν λεγομεν εν λογω κυριου. οτι ημεις οι ζωντες οι περιλειπομενοι
1:5   ημων ουκ εγενηθη εις υμας εν λογω μονον αλλα και εν δυναμει και εν πνευματι αγιω

1 αποδω
5:15   μη τις κακον αντι κακου τινι αποδω αλλα παντοτε το αγαθον διωκετε εις αλληλους

9 θεω
2:4   ουχ ως ανθρωποις αρεσκοντες αλλα θεω τω δοκιμαζοντι τας καρδιας ημων. ουτε γαρ
2:15   προφητας. και ημας εκδιωξαντων. και θεω μη αρεσκοντων. και πασιν ανθρωποις εναντιων.
1:1   τη εκκλησια θεσσαλονικεων εν θεω πατρι και κυριω ιησου χριστω. χαρις υμιν και
4:1   δει υμας περιπατειν και αρεσκειν θεω καθως και περιπατειτε. ινα περισσευητε
1:9   τον θεον απο των ειδωλων δουλευειν θεω ζωντι και αληθινω. και αναμενειν τον υιον
3:9   τινα γαρ ευχαριστιαν δυναμεθα τω θεω ανταποδουναι περι υμων επι παση τη χαρα η
2:2   εν φιλιπποις επαρρησιασαμεθα εν τω θεω ημων λαλησαι προς υμας το ευαγγελιον του θεου
1:2   υμιν και ειρηνη. ευχαριστουμεν τω θεω παντοτε περι παντων υμων. μνειαν ποιουμενοι
2:13   τουτο και ημεις ευχαριστουμεν τω θεω αδιαλειπτως. οτι παραλαβοντες λογον ακοης παρ

1 ενορκιζω
5:27   παντας εν φιληματι αγιω. ενορκιζω υμας τον κυριον αναγνωσθηναι την επιστολην

2 αγιω
5:26   τους αδελφους παντας εν φιληματι αγιω ενορκιζω υμας τον κυριον αναγνωσθηναι την
1:5   και εν δυναμει και εν πνευματι αγιω και (εν) πληροφορια πολλη. καθως οιδατε οιοι

1 ευαγγελιω
3:2   και συνεργον του θεου εν τω ευαγγελιω του χριστου. εις το στηριξαι υμας και

5 κυριω
1:1   θεσσαλονικεων εν θεω πατρι και κυριω ιησου χριστω. χαρις υμιν και ειρηνη.
3:8   νυν ζωμεν εαν υμεις στηκετε εν κυριω τινα γαρ ευχαριστιαν δυναμεθα τω θεω
4:1   ερωτωμεν υμας και παρακαλουμεν εν κυριω ιησου. ινα καθως παρελαβετε παρ ημων το πως
5:12   εν υμιν και προισταμενους υμων εν κυριω και νουθετουντας υμας. και ηγεισθαι αυτους
4:17   εις αερα. και ουτως παντοτε συν κυριω εσομεθα. ωστε παρακαλειτε αλληλους εν τοις

1 πολλω
2:2   υμας το ευαγγελιον του θεου εν πολλω αγωνι. η γαρ παρακλησις ημων ουκ εκ πλανης

1 δολω
2:3   πλανης ουδε εξ ακαθαρσιας ουδε εν δολω αλλα καθως δεδοκιμασμεθα υπο του θεου

2 αγιασμω
4:4   το εαυτου σκευος κτασθαι εν αγιασμω και τιμη. μη εν παθει επιθυμιας καθαπερ και
4:7   ο θεος επι ακαθαρσια αλλ εν αγιασμω τοιγαρουν ο αθετων ουκ ανθρωπον αθετει αλλα

1 αληθινω
1:9   ειδωλων δουλευειν θεω ζωντι και αληθινω και αναμενειν τον υιον αυτου εκ των ουρανων.

1 εξω
4:12   ινα περιπατητε ευσχημονως προς τους εξω και μηδενος χρειαν εχητε. ου θελομεν δε υμας

1 τοπω
1:8   και (εν τη) αχαια. αλλ εν παντι τοπω η πιστις υμων η προς τον θεον εξεληλυθεν. ωστε

1 προσωπω
2:17   αφ υμων προς καιρον ωρας. προσωπω ου καρδια. περισσοτερως εσπουδασαμεν το

1 μεσω
2:7   αλλα εγενηθημεν ηπιοι εν μεσω υμων. ως εαν τροφος θαλπη τα εαυτης τεκνα.

7 τω
3:9   τινα γαρ ευχαριστιαν δυναμεθα τω θεω ανταποδουναι περι υμων επι παση τη χαρα
2:2   εν φιλιπποις επαρρησιασαμεθα εν τω θεω ημων λαλησαι προς υμας το ευαγγελιον του
4:6   το μη υπερβαινειν και πλεονεκτειν εν τω πραγματι τον αδελφον αυτου. διοτι εκδικος
3:2   ημων και συνεργον του θεου εν τω ευαγγελιω του χριστου. εις το στηριξαι υμας
1:2   υμιν και ειρηνη. ευχαριστουμεν τω θεω παντοτε περι παντων υμων. μνειαν
2:13   δια τουτο και ημεις ευχαριστουμεν τω θεω αδιαλειπτως. οτι παραλαβοντες λογον ακοης
2:4   ουχ ως ανθρωποις αρεσκοντες αλλα θεω τω δοκιμαζοντι τας καρδιας ημων. ουτε γαρ ποτε

4 χριστω

:14   θεου των ουσων εν τη ιουδαια εν χριστω ιησου, οτι τα αυτα επαθετε και υμεις υπο των
:16   απ ουρανου. και οι νεκροι εν χριστω αναστησονται πρωτον. επειτα ημεις οι ζωντες
:18   τουτο γαρ θελημα θεου εν χριστω ιησου εις υμας. το πνευμα μη σβεννυτε.
:1   εν θεω πατρι και κυριω ιησου χριστω χαρις υμιν και ειρηνη. ευχαριστουμεν τω θεω

2 αυτω

:10   γρηγορωμεν ειτε καθευδωμεν αμα συν αυτω ζησωμεν. διο παρακαλειτε αλληλους και
:14   κοιμηθεντας δια του ιησου αξει συν αυτω τουτο γαρ υμιν λεγομεν εν λογω κυριου. οτι

II THESSALONIANS
PART I
WORD COUNT
REVERSE INDEX

WORD COUNT: REVERSE INDEX.

α	1		ελπιδα	1		προσευχομεθα	1
δια	7		αληθεια	1		επιφανεια	1
αδικια	1		αποστασια	1		εκκλησια	1
παρουσια	1		αλλα	3		ενδειγμα	1
ονομα	1		σεβασμα	1		σατανα	1
μηδενα	1		ινα	7		τινα	1
αρα	1		παρα	2		ημερα	2
κατα	3		μετα	3		παντα	1
αποδεικνυντα	1		ταυτα	1		δε	11
μηδε	2		ουδε	1		ανεχεσθε	1
προσευχεσθε	1		ηγεισθε	1		σημειουσθε	1
οιδατε	2		στηκετε	1		ποιησετε	1
μνημονευετε	1		πασχετε	1		εδιδαχθητε	1
μητε	3		εγκακησητε	1		ειτε	2
ποιειτε	1		κρατειτε	1		νουθετειτε	1
οτε	1		τοτε	1		παντοτε	3
ωστε	2		η	8		ηδη	1
ελθη	2		ενδοξασθη	1		επιστευθη	1
αποκαλυφθη	1		επιστολη	1		μη	11
εμη	1		ειρηνη	1		εκεινη	1
αγαπη	1		εντραπη	1		παση	3
εξαπατηση	1		αξιωση	1		πληρωση	1
τη	7		απατη	1		τρεχη	1
δωη	1		μεθ	1		ανθ	1
εγκαυχασθαι	1		εργαζεσθαι	1		στελλεσθαι	1
μιμεισθαι	2		θροεισθαι	1		συναναμιγνυσθαι	1
και	48		θαυμασθηναι	1		ενδοξασθηναι	1
σαλευθηναι	1		αποκαλυφθηναι	1		καταξιωθηναι	1
σωθηναι	1		κατευθυναι	1		ανταποδουναι	1
στηριξαι	1		παρακαλεσαι	1		επιβαρησαι	1
καθισαι	1		πιστευσαι	1		αποκαλυφθησεται	1
δοξαζηται	1		γενηται	1		ενεργειται	1
δι	3		ει	2		δει	1
ψευδει	1		πλεοναζει	1		θελει	1
ανελει	1		δυναμει	2		υπεραυξανει	1
φυλαξει	1		στηριξει	1		πεμπει	1
καταργησει	1		πιστει	1		υπακουει	1
αποκαλυψει	1		οι	1		ηγαπημενοι	1
εργαζομενοι	2		αυτοι	1		αδελφοι	7
επι	1		περι	4		χειρι	1
πατρι	1		πυρι	1		ονοματι	1
πνευματι	1		ετι	1		χαριτι	1
παντι	2		οτι	11		αρτι	1
εκ	1		ουκ	3		αλλ	2
εαν	1		δωρεαν	1		ενεργειαν	2
ευδοκιαν	1		αιωνιαν	1		σωτηριαν	1
εξουσιαν	1		πασαν	1		παρελαβοσαν	1
οταν	1		εν	26		μηδεν	1
ενεστηκεν	1		πεποιθαμεν	1		ητακτησαμεν	1
ημεν	1		εφαγομεν	1		οφειλομεν	2
παραγγελλομεν	3		παρηγγελλομεν	1		ακουομεν	1
εχομεν	1		παρακαλουμεν	1		δωμεν	1
ρυσθωμεν	1		ερωτωμεν	1		εκαλεσεν	1
ην	1		αγαθην	1		δικην	1
ειρηνην	1		υπομονην	1		αγαπην	2
την	6		απαρχην	1		ευχαριστειν	2
υμιν	11		χαριν	1		πασιν	2
τερασιν	1		πιστευσασιν	1		ανεσιν	1
θλιψεσιν	1		περιποιησιν	1		εκδικησιν	1
παρακλησιν	1		παραδοσιν	1		ειδοσιν	1

θλιβουσιν	1	τισουσιν	1	υπακουουσιν	1
κριθωσιν	1	εσθιωσιν	1	εστιν	5
θλιψιν	1	ον	1	ναον	1
ελεγον	1	εργον	1	θεον	2
δικαιον	1	σημειον	1	αιωνιον	1
αξιον	1	μυστηριον	1	μαρτυριον	1
λεγομενον	1	μονον	1	λοιπον	1
τροπον	1	τυπον	1	ολεθρον	1
εχθρον	1	τον	2	αρτον	2
αυτον	3	εαυτον	1	τουτον	1
πρωτον	1	αδελφον	1	κατεχον	1
νυν	1	ουν	1	ων	2
θεσσαλονικεων	1	αγγελων	1	ημων	19
υμων	12	ατοπων	1	ανθρωπων	1
πονηρων	1	των	1	παντων	4
εαυτων	1	κατεχων	1	ο	21
απο	7	υπο	1	το	12
ειλατο	1	εδεξαντο	1	τουτο	2
απ	1	επ	1	γαρ	5
παρ	1	ειπερ	1	υπερ	3
πατηρ	1	ας	1	δικαιας	1
καρδιας	2	αληθειας	2	βασιλειας	1
απωλειας	1	αδικιας	1	ανομιας	2
παρουσιας	2	ησυχιας	1	ημας	4
υμας	15	τινας	1	ημερας	1
αγαπησας	1	τας	3	περιπατουντας	1
οιτινες	1	παντες	1	ευδοκησαντες	1
πιστευσαντες	1	καλοποιουντες	1	ης	1
επισυναγωγης	1	επιστολης	3	πλανης	1
ειρηνης	1	υπομονης	1	αγαθωσυνης	1
δοξης	2	της	14	αις	1
εκκλησιαις	1	ταις	2	εις	14
ημεις	1	υμεις	2	παραδοσεις	1
αγιοις	1	σημειοις	1	διωγμοις	1
θλιβομενοις	1	απολλυμενοις	1	τοις	9
αυτοις	1	τοιουτοις	1	χαρις	2
τις	3	πιστις	2	ος	1
λογος	1	φλογος	1	θεος	5
τιμοθεος	1	κυριος	6	υιος	1
παυλος	1	ανομος	1	ασπασμος	1
σιλουανος	1	ενος	1	αντικειμενος	1
υπεραιρομενος	1	τινος	1	νοος	1
ανθρωπος	1	προς	4	πατρος	1
στοματος	1	πνευματος	2	νυκτος	1
παντος	2	διδοντος	1	περιπατουντος	1
πιστος	1	χριστος	1	αυτος	2
ισχυος	1	δους	1	ψευδους	1
αλληλους	1	εργαζομενους	1	περιεργαζομενους	1
ιησους	1	αυτους	3	εαυτους	1
ως	4	εως	1	δυναμεως	1
κλησεως	1	κρισεως	1	πιστεως	1
ταχεως	1	καθως	2	πως	1
οπως	1	ατακτως	2	ουτως	1
κατ	1	μετ	1	ου	4
λογου	2	θεου	7	ευαγγελιου	1
κυριου	13	παυλου	1	ουρανου	1
προσωπου	1	πονηρου	1	μεσου	1
ιησου	11	του	22	εκαστου	1
χριστου	7	αυτου	5	εαυτου	1
αδελφου	1	εφ	2	ουχ	2
λογω	2	εργω	1	θεω	4
αγαθω	1	μοχθω	1	ευαγγελιω	1
κυριω	3	αγιασμω	1	κοπω	1
τροπω	1	καιρω	1	τω	7
εσθιετω	1	χριστω	2	αυτω	2
γραφω	1				

II THESSALONIANS
PART II
WORD COUNT
FORWARD INDEX

WORD COUNT: FORWARD INDEX.

1	α	1	αγαθην	1	αγαθω
1	αγαθωσυνης	1	αγαπη	2	αγαπην
1	αγαπησας	1	αγγελων	1	αγιασμω
1	αγιοις	7	αδελφοι	1	αδελφον
1	αδελφου	1	αδικια	1	αδικιας
1	αις	1	αιωνιαν	1	αιωνιον
1	ακουομεν	1	αληθεια	2	αληθειας
2	αλλ	3	αλλα	1	αλληλους
1	ανελει	1	ανεσιν	1	ανεχεσθε
1	ανθ	1	ανθρωπος	1	ανθρωπων
2	ανομιας	1	ανομος	1	ανταποδουναι
1	αντικειμενος	1	αξιον	1	αξιωση
1	απ	1	απαρχην	1	απατη
7	απο	1	αποδεικνυντα	1	αποκαλυφθη
1	αποκαλυφθηναι	1	αποκαλυφθησεται	1	αποκαλυψει
1	απολλυμενοις	1	αποστασια	1	απωλειας
1	αρα	1	αρτι	2	αρτον
1	ασπασμος	1	ας	2	ατακτως
1	ατοπων	1	αυτοι	1	αυτοις
3	αυτον	2	αυτος	5	αυτου
3	αυτους	2	αυτω	1	βασιλειας
5	γαρ	1	γενηται	1	γραφω
1	δε	1	δει	3	δι
7	δια	1	διδοντος	1	δικαιας
1	δικαιον	1	δικην	1	διωγμοις
1	δοξαζηται	2	δοξης	1	δους
2	δυναμει	1	δυναμεως	1	δωη
1	δωμεν	1	δωρεαν	1	εαν
1	εαυτον	1	εαυτου	1	εαυτους
1	εαυτων	1	εγκακησητε	1	εγκαυχασθαι
1	εδεξαντο	1	εδιδαχθητε	2	ει
1	ειδοσιν	1	ειλατο	1	ειπερ
1	ειρηνη	1	ειρηνην	1	ειρηνης
4	εις	2	ειτε	1	εκ
1	εκαλεσεν	1	εκαστου	1	εκδικησιν
1	εκεινη	1	εκκλησια	1	εκκλησιαις
1	ελεγον	2	ελθη	1	ελπιδα
1	εμη	26	εν	1	ενδειγμα
1	ενδοξασθη	1	ενδοξασθηναι	2	ενεργειαν
1	ενεργειται	1	ενεστηκεν	1	ενος
1	εντραπη	1	εξαπατηση	1	εξουσιαν
1	επ	1	επι	1	επιβαρησαι
1	επιστευθη	1	επιστολη	3	επιστολης
1	επισυναγωγης	1	επιφανεια	1	εργαζεσθαι
2	εργαζομενοι	1	εργαζομενους	1	εργον
1	εργω	1	ερωτωμεν	1	εσθιετω
1	εσθιωσιν	5	εστιν	1	ετι
1	ευαγγελιου	1	ευαγγελιω	1	ευδοκησαντες
1	ευδοκιαν	2	ευχαριστειν	2	εφ
1	εφαγομεν	1	εχθρον	1	εχομεν
1	εως	8	η	1	ηγαπημενοι
1	ηγεισθε	1	ηδη	4	ημας
1	ημεις	1	ημεν	2	ημερα
1	ημερας	19	ημων	1	ην
1	ησυχιας	1	ης	1	ητακτησαμεν
1	θαυμασθηναι	1	θελει	2	θεον
5	θεος	7	θεου	1	θεσσαλονικεων
4	θεω	1	θλιβομενοις	1	θλιβουσιν
1	θλιψεσιν	1	θλιψιν	1	θροεισθαι
11	ιησου	1	ιησους	7	ινα

1	ισχυος	1	καθισαι	2	καθως
48	και	1	καιρω	1	καλοποιουντες
2	καρδιας	1	κατ	3	κατα
1	καταξιωθηναι	1	καταργησει	1	κατευθυναι
1	κατεχον	1	κατεχων	1	κλησεως
1	κοπω	1	κρατειτε	1	κριθωσιν
1	κρισεως	5	κυριος	13	κυριου
3	κυριω	1	λεγομενον	1	λογος
2	λογου	2	λογω	1	λοιπον
1	μαρτυριον	1	μεθ	1	μεσου
1	μετ	3	μετα	11	μη
2	μηδε	1	μηδεν	1	μηδενα
3	μητε	2	μιμεισθαι	1	μνημονευετε
1	μονον	1	μοχθω	1	μυστηριον
1	ναον	1	νοος	1	νουθετειτε
1	νυκτος	1	νυν	21	ο
1	οι	2	οιδατε	1	οιτινες
1	ολεθρον	1	ον	1	ονομα
1	ονοματι	1	οπως	1	ος
1	οταν	1	οτε	11	οτι
4	ου	1	ουδε	3	ουκ
1	ουν	1	ουρανου	1	ουτως
2	ουχ	2	οφειλομεν	1	παντα
1	παντες	2	παντι	2	παντος
3	παντοτε	4	παντων	1	παρ
2	παρα	3	παραγγελλομεν	1	παραδοσεις
1	παραδοσιν	1	παρακαλεσαι	1	παρακαλουμεν
1	παρακλησιν	1	παρελαβοσαν	1	παρηγγελλομεν
1	παρουσια	2	παρουσιας	1	πασαν
3	παση	2	πασιν	1	πασχετε
1	πατηρ	1	πατρι	1	πατρος
1	παυλος	1	παυλου	1	πεμπει
1	πεποιθαμεν	4	περι	1	περιεργαζομενους
1	περιπατουντας	1	περιπατουντος	1	περιποιησιν
1	πιστει	1	πιστευσαι	1	πιστευσαντες
1	πιστευσασιν	2	πιστεως	2	πιστις
1	πιστος	1	πλανης	1	πλεοναζει
1	πληρωση	1	πνευματι	2	πνευματος
1	ποιειτε	1	ποιησετε	1	πονηρου
1	πονηρων	1	προσευχεσθε	1	προσευχομεθα
1	προσωπου	4	προς	1	πρωτον
1	πυρι	1	πως	1	ρυσθωμεν
1	σαλευθηναι	1	σατανα	1	σεβασμα
1	σημειοις	1	σημειον	1	σημειουσθε
1	σιλουανος	1	στελλεσθαι	1	στηκετε
1	στηριξαι	1	στηριξει	1	στοματος
1	συναναμιγνυσθαι	1	σωθηναι	1	σωτηριαν
2	ταις	3	τας	1	ταυτα
1	ταχεως	1	τερασιν	7	τη
6	την	14	της	1	τιμοθεος
1	τινα	1	τινας	1	τινος
1	τισουσιν	3	τις	12	το
1	τοιουτοις	9	τοις	2	τον
1	τοτε	22	του	2	τουτο
1	τουτον	1	τρεχη	1	τροπον
1	τροπω	1	τυπον	7	τω
1	των	1	υιος	15	υμας
2	υμεις	11	υμιν	12	υμων
1	υπακουει	1	υπακουουσιν	3	υπερ
1	υπεραιρομενος	1	υπεραυξανει	1	υπο
1	υπομονην	1	υπομονης	1	φλογος
1	φυλαξει	1	χαριν	2	χαρις
1	χαριτι	1	χειρι	1	χριστος
7	χριστου	2	χριστω	1	ψευδει
1	ψευδους	2	ων	2	ωστε
4	ως				

II THESSALONIANS
PART III

WORD COUNT
WORDS CLASSIFIED BY
FREQUENCY BEFORE FORWARD INDEXING

WORD COUNT: WORDS CLASSIFIED BY FREQUENCY BEFORE FORWARD INDEXING.

48	και	26	εν	22	του
21	ο	17	ημων	15	υμας
14	εις	14	της	13	κυριου
12	το	12	υμων	11	δε
11	ιησου	11	μη	11	οτι
11	υμιν	9	τοις	8	η
7	αδελφοι	7	απο	7	δια
7	θεου	7	ινα	7	τη
7	τω	7	χριστου	6	κυριος
6	την	5	αυτου	5	γαρ
5	εστιν	5	θεος	4	ημας
4	θεω	4	ου	4	παντων
4	περι	4	προς	4	ως
3	αλλα	3	αυτον	3	αυτους
3	δι	3	επιστολης	3	κατα
3	κυριω	3	μετα	3	μητε
3	ουκ	3	παντοτε	3	παραγγελλομεν
3	παση	3	τας	3	τις
3	υπερ	2	αγαπην	2	αληθειας
2	αλλ	2	ανομιας	2	αρτον
2	ατακτως	2	αυτος	2	αυτω
2	δοξης	2	δυναμει	2	ει
2	ειτε	2	ελθη	2	ενεργειαν
2	εργαζομενοι	2	ευχαριστειν	2	εφ
2	ημερα	2	θεον	2	καθως
2	καρδιας	2	λογου	2	λογω
2	μηδε	2	μιμεισθαι	2	οιδατε
2	ουχ	2	οφειλομεν	2	παντι
2	παντος	2	παρα	2	παρουσιας
2	πασιν	2	πιστεως	2	πιστις
2	πνευματος	2	ταις	2	τον
2	τουτο	2	υμεις	2	χαρις
2	χριστω	2	ων	2	ωστε
1	α	1	αγαθην	1	αγαθω
1	αγαθωσυνης	1	αγαπη	1	αγαπησας
1	αγγελων	1	αγιασμω	1	αγιοις
1	αδελφον	1	αδελφου	1	αδικια
1	αδικιας	1	αις	1	αιωνιαν
1	αιωνιον	1	ακουομεν	1	αληθεια
1	αλληλους	1	ανελει	1	ανεσιν
1	ανεχεσθε	1	ανθ	1	ανθρωπος
1	ανθρωπων	1	ανομος	1	ανταποδουναι
1	αντικειμενος	1	αξιον	1	αξιωση
1	απ	1	απαρχην	1	απατη
1	αποδεικνυντα	1	αποκαλυφθη	1	αποκαλυφθηναι
1	αποκαλυφθησεται	1	αποκαλυψει	1	απολλυμενοις
1	αποστασια	1	απωλειας	1	αρα
1	αρτι	1	ασπασμος	1	ας
1	ατοπων	1	αυτοι	1	αυτοις
1	βασιλειας	1	γενηται	1	γραφω
1	δει	1	διδοντος	1	δικαιας
1	δικαιον	1	δικην	1	διωγμοις
1	δοξαζηται	1	δους	1	δυναμεως
1	δοη	1	δωμεν	1	δωρεαν
1	εαν	1	εαυτον	1	εαυτου
1	εαυτους	1	εαυτων	1	εγκακησητε
1	εγκαυχασθαι	1	εδεξαντο	1	εδιδαχθητε
1	ειδοσιν	1	ειλατο	1	ειπερ
1	ειρηνη	1	ειρηνην	1	ειρηνης
1	εκ	1	εκαλεσεν	1	εκαστου

1	εκδικησιν	1	εκεινη	1	εκκλησια
1	εκκλησιαις	1	ελεγον	1	ελπιδα
1	εμη	1	ενδειγμα	1	ενδοξασθη
1	ενδοξασθηναι	1	ενεργειται	1	ενεστηκεν
1	ενος	1	εντραπη	1	εξαπατηση
1	εξουσιαν	1	επ	1	επι
1	επιβαρησαι	1	επιστευθη	1	επιστολη
1	επισυναγωγης	1	επιφανεια	1	εργαζεσθαι
1	εργαζομενους	1	εργον	1	εργω
1	ερωτωμεν	1	εσθιετω	1	εσθιωσιν
1	ετι	1	ευαγγελιου	1	ευαγγελιω
1	ευδοκησαντες	1	ευδοκιαν	1	εφαγομεν
1	εχθρον	1	εχομεν	1	εως
1	ηγαπημενοι	1	ηγεισθε	1	ηδη
1	ημεις	1	ημεν	1	ημερας
1	ην	1	ησυχιας	1	ης
1	ητακτησαμεν	1	θαυμασθηναι	1	θελει
1	θεσσαλονικεων	1	θλιβομενοις	1	θλιβουσιν
1	θλιψεσιν	1	θλιψιν	1	θροεισθαι
1	ιησους	1	ισχυος	1	καθισαι
1	καιρω	1	καλοποιουντες	1	κατ
1	καταξιωθηναι	1	καταργηση	1	κατευθυναι
1	κατεχον	1	κατεχων	1	κλησεως
1	κοπω	1	κρατειτε	1	κριθωσιν
1	κρισεως	1	λεγομενον	1	λογος
1	λοιπον	1	μαρτυριον	1	μεθ
1	μεσου	1	μετ	1	μη δεν
1	μηδενα	1	μνημονευετε	1	μονον
1	μοχθω	1	μυστηριον	1	ναον
1	νοος	1	νουθετειτε	1	νυκτος
1	νυν	1	οι	1	οιτινες
1	ολεθρον	1	ον	1	ονομα
1	ονοματι	1	οπως	1	ος
1	οταν	1	οτε	1	ουδε
1	ουν	1	ουρανου	1	ουτως
1	παντα	1	παντες	1	παρ
1	παραδοσεις	1	παραδοσιν	1	παρακαλεσαι
1	παρακαλουμεν	1	παρακλησιν	1	παρελαβοσαν
1	παρηγγελλομεν	1	παρουσια	1	πασαν
1	πασχετε	1	πατηρ	1	πατρι
1	πατρος	1	παυλος	1	παυλου
1	πεμπει	1	πεποιθαμεν	1	περιεργαζομενους
1	περιπατουντας	1	περιπατουντος	1	περιποιησιν
1	πιστει	1	πιστευσαι	1	πιστευσαντες
1	πιστευσασιν	1	πιστος	1	πλανης
1	πλεοναζει	1	πληρωση	1	πνευματι
1	ποιειτε	1	ποιησετε	1	πονηρου
1	πονηρων	1	προσευχεσθε	1	προσευχομεθα
1	προσωπου	1	πρωτον	1	πυρι
1	πως	1	ρυσθωμεν	1	σαλευθηναι
1	σατανα	1	σεβασμα	1	σημειοις
1	σημειον	1	σημειουσθε	1	σιλουανος
1	στελλεσθαι	1	στηκετε	1	στηριξαι
1	στηριξει	1	στοματος	1	συναναμιγνυσθαι
1	σωθηναι	1	σωτηριαν	1	ταυτα
1	ταχεως	1	τερασιν	1	τιμοθεος
1	τινα	1	τινας	1	τινος
1	τισουσιν	1	τοιουτοις	1	τοτε
1	τουτον	1	τρεχη	1	τροπον
1	τροπω	1	τυπον	1	των
1	υιος	1	υπακουει	1	υπακουουσιν
1	υπεραιρομενος	1	υπεραυξανει	1	υπο
1	υπομονην	1	υπομονης	1	φλογος
1	φυλαξει	1	χαριν	1	χαριτι
1	χειρι	1	χριστος	1	ψευδει
1	ψευδους				

II THESSALONIANS
PART IV
FREQUENCY PROFILE

FREQUENCY PROFILE.

WORD FREQ	NUMBER SUCH	VOCAB TOTAL	WORD TOTAL	% OF VOCAB	% OF WORDS
1	277	277	277	73.67	33.90
2	44	321	365	85.37	44.68
3	16	337	413	89.63	50.55
4	7	344	441	91.49	53.98
5	4	348	461	92.55	56.43
6	2	350	473	93.09	57.89
7	8	358	529	95.21	64.75
8	1	359	537	95.48	65.73
9	1	360	546	95.74	66.83
11	5	365	601	97.07	73.56
12	2	367	625	97.61	76.50
13	1	368	638	97.87	78.09
14	2	370	666	98.40	81.52
15	1	371	681	98.67	83.35
19	1	372	700	98.94	85.68
21	1	373	721	99.20	88.25
22	1	374	743	99.47	90.94
26	1	375	769	99.73	94.12
48	1	376	817	100.00	100.00

II THESSALONIANS
PART V
FORWARD CONCORDANCE

:4   πεποιθαμεν δε εν κυριω εφ υμας, οτι α παραγγελλομεν (και) ποιειτε και ποιησετε.   ο

:16   και δους παρακλησιν αιωνιαν και ελπιδα αγαθην εν χαριτι.   παρακαλεσαι υμων τας καρδιας

:17   και στηριξαι εν παντι εργω και λογω αγαθω.   το λοιπον προσευχεσθε, αδελφοι, περι

:11   ο θεος ημων και πληρωση πασαν ευδοκιαν αγαθωσυνης και εργον πιστεως εν δυναμει.   οπως

:3   η πιστις υμων και πλεοναζει η αγαπη ενος εκαστου παντων υμων εις αλληλους,

:10   αδικιας τοις απολλυμενοις, ανθ ων την αγαπην της αληθειας ουκ εδεξαντο εις το σωθηναι
:5   κατευθυναι υμων τας καρδιας εις την αγαπην του θεου και εις την υπομονην του

:16   χριστος και (ο) θεος ο πατηρ ημων, ο αγαπησας ημας και δους παρακλησιν αιωνιαν και

:7   του κυριου ιησου απ ουρανου μετ αγγελων δυναμεως αυτου εν πυρι φλογος,

:13   υμας ο θεος απαρχην εις σωτηριαν εν αγιασμω πνευματος και πιστει αληθειας. εις ο

:10   αυτου, οταν ελθη ενδοξασθηναι εν τοις αγιοις αυτου και θαυμασθηναι εν πασιν τοις

:13   ευχαριστειν τω θεω παντοτε περι υμων, αδελφοι ηγαπημενοι υπο κυριου, οτι ειλατο υμας
:6   του χριστου. παραγγελλομεν δε υμιν, αδελφοι, εν ονοματι του κυριου ιησου χριστου,
:3   οφειλομεν τω θεω παντοτε περι υμων, αδελφοι, καθως αξιον εστιν, οτι υπεραυξανει η
:13   τον εαυτων αρτον εσθιωσιν. υμεις δε, αδελφοι, μη εγκακησητε καλοτοιουντες. ει δε
:1   λογω αγαθω. το λοιπον προσευχεσθε, αδελφοι, περι ημων, ινα ο λογος του κυριου
:15   κυριου ημων ιησου χριστου. αρα ουν, αδελφοι, στηκετε, και κρατειτε τας παραδοσεις
:1   ιησου χριστου. ερωτωμεν δε υμας, αδελφοι, υπερ της παρουσιας του κυριου ημων

:15   ως εχθρον ηγεισθε, αλλα νουθετειτε ως αδελφον.   αυτος δε ο κυριος της ειρηνης δωη

:6   χριστου, στελλεσθαι υμας απο παντος αδελφου ατακτως περιπατουντος και μη κατα την

:12   τη αληθεια αλλα ευδοκησαντες τη αδικια.   ημεις δε οφειλομεν ευχαριστειν τω θεω

:10   και τερασιν ψευδους και εν παση απατη αδικιας τοις απολλυμενοις. ανθ ων την αγαπην

:4   τοις διωγμοις υμων και ταις θλιψεσιν αις ανεχεσθε, ενδειγμα της δικαιας κρισεως του

:16   ο αγαπησας ημας και δους παρακλησιν αιωνιαν και ελπιδα αγαθην εν χαριτι,

:9   ιησου. οιτινες δικην τισουσιν ολεθρον αιωνιον απο προσωπου του κυριου και απο της

:11   τις ου θελει εργαζεσθαι μηδε εσθιετω. ακουομεν γαρ τινας περιπατουντας εν υμιν

:12   κριθωσιν παντες οι μη πιστευσαντες τη αληθεια αλλα ευδοκησαντες τη αδικια. ημεις δε

:10   απολλυμενοις, ανθ ων την αγαπην της αληθειας ουκ εδεξαντο εις το σωθηναι αυτους.
:13   εν αγιασμω πνευματος και πιστει αληθειας. εις ο εκαλεσεν υμας δια του

```
                                    2 αλλ
3:8    ουδε δωρεαν αρτον εφαγομεν παρα τινος. αλλ εν κοπω και μοχθω νυκτος και ημερας
3:9    υμων.  ουχ οτι ουκ εχομεν εξουσιαν. αλλ ινα εαυτους τυπον δωμεν υμιν εις το

                                    3 αλλα
2:12   παντες οι μη πιστευσαντες τη αληθεια αλλα ευδοκησαντες τη αδικια.  ημεις δε
3:15   εντραπη.  και μη ως εχθρον ηγεισθε. αλλα νουθετειτε ως αδελφον.  αυτος δε ο κυριος
3:11   εν υμιν ατακτως, μηδεν εργαζομενους αλλα περιεργαζομενους.  τοις δε τοιουτοις

                                    1 αλληλους
1:3    η αγαπη ενος εκαστου παντων υμων εις αλληλους.  ωστε αυτους ημας εν υμιν εγκαυχασθαι

                                    1 ανελει
2:8    ο ανομος. ον ο κυριος (ιησους) ανελει τω πνευματι του στοματος αυτου και

                                    1 ανεσιν
1:7    θλιψιν  και υμιν  τοις θλιβομενοις ανεσιν μεθ ημων εν τη αποκαλυψει του κυριου

                                    1 ανεχεσθε
1:4    διωγμοις υμων και ταις θλιψεσιν αις ανεχεσθε.  ενδειγμα της δικαιας κρισεως του

                                    1 ανθ
2:10   παση απατη αδικιας τοις απολλυμενοις. ανθ ων την αγαπην της αληθειας ουκ εδεξαντο εις

                                    1 ανθρωπος
2:3    η αποστασια πρωτον και αποκαλυφθη ο ανθρωπος της ανομιας. ο υιος της απωλειας.  ο

                                    1 ανθρωπων
3:2    ρυσθωμεν απο των ατοπων και πονηρων ανθρωπων. ου γαρ παντων η πιστις.  πιστος δε

                                    2 ανομιας
2:7    το γαρ μυστηριον ηδη ενεργειται της ανομιας. μονον ο κατεχων αρτι εως εκ μεσου
2:3    πρωτον και αποκαλυφθη ο ανθρωπος της ανομιας. ο υιος της απωλειας.  ο αντικειμενος

                                    1 ανομος
2:8    γενηται.  και τοτε αποκαλυφθησεται ο ανομος. ον ο κυριος (ιησους) ανελει τω πνευματι

                                    1 ανταποδουναι
1:6    και πασχετε.  ειπερ δικαιον παρα θεω ανταποδουναι τοις θλιβουσιν υμας θλιψιν  και

                                    1 αντικειμενος
2:4    της ανομιας. ο υιος της απωλειας.  ο αντικειμενος και υπεραιρομενος επι παντα

                                    1 αξιον
1:3    θεω παντοτε περι υμων. αδελφοι. καθως αξιον εστιν. οτι υπεραυξανει η πιστις υμων και

                                    1 αξιωση
1:11   παντοτε περι υμων. ινα υμας αξιωση της κλησεως ο θεος ημων και πληρωση

                                    1 απ
1:7    ημων εν τη αποκαλυψει του κυριου ιησου απ ουρανου μετ αγγελων δυναμεως αυτου  εν πυρι

                                    1 απαρχην
2:13   υπο κυριου. οτι ειλατο υμας ο θεος απαρχην εις σωτηριαν εν αγιασμω πνευματος και

                                    1 απατη
2:10   και τερασιν ψευδους  και εν παση απατη αδικιας τοις απολλυμενοις. ανθ ων την

                                    7 απο
1:2    ιησου χριστω.  χαρις υμιν και ειρηνη απο θεου πατρος και κυριου ιησου χριστου.
3:6    κυριου ιησου χριστου. στελλεσθαι υμας απο παντος αδελφου ατακτως περιπατουντος και μη
1:9    οιτινες δικην τισουσιν ολεθρον αιωνιον απο προσωπου του κυριου και απο της δοξης της
1:9    αιωνιον απο προσωπου του κυριου και απο της δοξης της ισχυος αυτου.  οταν ελθη
2:2    εις το μη ταχεως σαλευθηναι υμας απο του νοος μηδε θροεισθαι μητε δια πνευματος
3:3    ο κυριος. ος στηριξει υμας και φυλαξει απο του πονηρου.  πεποιθαμεν δε εν κυριω εφ
3:2    καθως και προς υμας.  και ινα ρυσθωμεν απο των ατοπων και πονηρων ανθρωπων. ου γαρ

                                    1 αποδεικνυντα
2:4    αυτον εις τον ναον του θεου καθισαι. αποδεικνυντα εαυτον οτι εστιν θεος.  ου
```

1 αποκαλυφθη
:3 οτι εαν μη ελθη η αποστασια πρωτον και αποκαλυφθη ο ανθρωπος της ανομιας, ο υιος της

1 αποκαλυφθηναι
:6 και νυν το κατεχον οιδατε, εις το αποκαλυφθηναι αυτον εν τω εαυτου καιρω. το γαρ

1 αποκαλυφθησεται
:8 αρτι εως εκ μεσου γενηται. και τοτε αποκαλυφθησεται ο ανομος, ον ο κυριος (ιησους)

1 αποκαλυψει
:7 τοις θλιβομενοις ανεσιν μεθ ημων εν τη αποκαλυψει του κυριου ιησου απ ουρανου μετ

1 απολλυμενοις
:10 και εν παση απατη αδικιας τοις απολλυμενοις, ανθ ων την αγαπην της αληθειας

1 αποστασια
:3 κατα μηδενα τροπον. οτι εαν μη ελθη η αποστασια πρωτον και αποκαλυφθη ο ανθρωπος της

1 απωλειας
:3 ο ανθρωπος της ανομιας, ο υιος της απωλειας, ο αντικειμενος και υπεραιρομενος επι

1 αρα
:15 δοξης του κυριου ημων ιησου χριστου. αρα ουν, αδελφοι, στηκετε, και κρατειτε τας

1 αρτι
:7 της ανομιας. μονον ο κατεχων αρτι εως εκ μεσου γενηται. και τοτε

2 αρτον
:12 μετα ησυχιας εργαζομενοι τον εαυτων αρτον εσθιωσιν. υμεις δε, αδελφοι, μη
:8 ουκ ητακτησαμεν εν υμιν, ουδε δωρεαν αρτον εφαγομεν παρα τινος, αλλ εν κοπω και

1 ασπασμος
:17 τροπω. ο κυριος μετα παντων υμων. ο ασπασμος τη εμη χειρι παυλου, ο εστιν σημειον

1 ας
:15 στηκετε, και κρατειτε τας παραδοσεις ας εδιδαχθητε ειτε δια λογου ειτε δι επιστολης

2 ατακτως
:6 στελλεσθαι υμας απο παντος αδελφου ατακτως περιπατουντος και μη κατα την παραδοσιν
:11 γαρ τινας περιπατουντας εν υμιν ατακτως, μηδεν εργαζομενους αλλα

1 ατοπων
:2 προς υμας, και ινα ρυσθωμεν απο των ατοπων και πονηρων ανθρωπων. ου γαρ παντων η

1 αυτοι
:7 παραδοσιν ην παρελαβοσαν παρ ημων. αυτοι γαρ οιδατε πως δει μιμεισθαι ημας, οτι

1 αυτοις
:11 σωθηναι αυτους. και δια τουτο πεμπει αυτοις ο θεος ενεργειαν πλανης εις το πιστευσαι

3 αυτον
:4 παντα λεγομενον θεον η σεβασμα, ωστε αυτον εις τον ναον του θεου καθισαι,
:6 κατεχον οιδατε, εις το αποκαλυφθηναι αυτον εν τω εαυτου καιρω. το γαρ μυστηριον ηδη
:1 ιησου χριστου και ημων επισυναγωγης επ αυτον, εις το μη ταχεως σαλευθηναι υμας απο

2 αυτος
:16 δια λογου ειτε δι επιστολης ημων. αυτος δε ο κυριος ημων ιησους χριστος και (ο)
:16 ηγεισθε, αλλα νουθετειτε ως αδελφον. αυτος δε ο κυριος της ειρηνης δωη υμιν την

5 αυτου
:7 ιησου απ ουρανου μετ αγγελων δυναμεως αυτου εν πυρι φλογος, διδοντος εκδικησιν τοις
:10 οταν ελθη ενδοξασθηναι εν τοις αγιοις αυτου και θαυμασθηναι εν πασιν τοις
:8 ανελει τω πνευματι του στοματος αυτου και καταργησει τη επιφανεια της παρουσιας
:9 κυριου και απο της δοξης της ισχυος αυτου, οταν ελθη ενδοξασθηναι εν τοις αγιοις
:8 καταργησει τη επιφανεια της παρουσιας αυτου, ου εστιν η παρουσια κατ ενεργειαν του

3 αυτους
:4 παντων υμων εις αλληλους, ωστε αυτους ημας εν υμιν εγκαυχασθαι εν ταις
:11 θεος ενεργειαν πλανης εις το πιστευσαι αυτους τω ψευδει, ινα κριθωσιν παντες οι μη
:10 αληθειας ουκ εδεξαντο εις το σωθηναι αυτους. και δια τουτο πεμπει αυτοις ο θεος

		2 αυτω
3:14	τουτον σημειουσθε. μη συναναμιγνυσθαι	αυτω. ινα εντραπη. και μη ως εχθρον ηγεισθε.
1:12	ημων ιησου εν υμιν. και υμεις εν	αυτω. κατα την χαριν του θεου ημων και κυριου

		1 βασιλειας
1:5	του θεου. εις το καταξιωθηναι υμας της	βασιλειας του θεου. υπερ ης και πασχετε. ειπερ

		5 γαρ
2:7	αυτον εν τω εαυτου καιρω. το	γαρ μυστηριον ηδη ενεργειται της ανομιας. μονον
3:7	ην παρελαβοσαν παρ ημων. αυτοι	γαρ οιδατε πως δει μιμεισθαι ημας. οτι ουκ
3:10	δωμεν υμιν εις το μιμεισθαι ημας. και	γαρ οτε ημεν προς υμας. τουτο παρηγγελλομεν
3:2	των ατοπων και πονηρων ανθρωπων. ου	γαρ παντων η πιστις. πιστος δε εστιν ο κυριος.
3:11	εργαζεσθαι μηδε εσθιετω. ακουομεν	γαρ τινας περιπατουντας εν υμιν ατακτως. μηδεν

		1 γενηται
2:7	μονον ο κατεχων αρτι εως εκ μεσου	γενηται. και τοτε αποκαλυφθησεται ο ανομος. ον

		1 γραφω
3:17	εστιν σημειον εν παση επιστολη. ουτως	γραφω. η χαρις του κυριου ημων ιησου χριστου

		11 δε
3:4	φυλαξει απο του πονηρου. πεποιθαμεν	δε εν κυριω εφ υμας. οτι α παραγγελλομεν (και)
3:3	ου γαρ παντων η πιστις. πιστος	δε εστιν ο κυριος. ος στηριξει υμας και φυλαξει
3:5	(και) ποιειτε και ποιησετε. ο	δε κυριος κατευθυναι υμων τας καρδιας εις την
2:16	λογου ειτε δι επιστολης ημων. αυτος	δε ο κυριος ημων ιησους χριστος και (ο) θεος ο
3:16	αλλα νουθετειτε ως αδελφον. αυτος	δε ο κυριος της ειρηνης δωη υμιν την ειρηνην
2:13	αλλα ευδοκησαντες τη αδικια. ημεις	δε οφειλομεν ευχαριστειν τω θεω παντοτε περι
3:14	μη εγκακησητε καλοποιουντες. ει	δε τις ουχ υπακουει τω λογω ημων δια της
3:12	αλλα περιεργαζομενους. τοις	δε τοιουτοις παραγγελλομεν και παρακαλουμεν εν
2:1	και κυριου ιησου χριστου. ερωτωμεν	δε υμας. αδελφοι. υπερ της παρουσιας του κυριου
3:6	υπομονην του χριστου. παραγγελλομεν	δε υμιν. αδελφοι. εν ονοματι του κυριου ιησου
3:13	τον εαυτων αρτον εσθιωσιν. υμεις	δε. αδελφοι. μη εγκακησητε καλοποιουντες. ει

		1 δει
3:7	παρ ημων. αυτοι γαρ οιδατε πως	δει μιμεισθαι ημας. οτι ουκ ητακτησαμεν εν

		3 δι
2:15	ας εδιδαχθητε ειτε δια λογου ειτε	δι επιστολης ημων. αυτος δε ο κυριος ημων
2:2	μητε δια πνευματος μητε δια λογου μητε	δι επιστολης ως δι ημων. ως οτι ενεστηκεν η
2:2	μητε δια λογου μητε δι επιστολης ως	δι ημων. ως οτι ενεστηκεν η ημερα του κυριου.

		7 δια
2:15	τας παραδοσεις ας εδιδαχθητε ειτε	δια λογου ειτε δι επιστολης ημων. αυτος δε ο
2:2	μηδε θροεισθαι μητε δια πνευματος μητε	δια λογου μητε δι επιστολης ως δι ημων. ως οτι
3:16	της ειρηνης δωη υμιν την ειρηνην	δια παντος εν παντι τροπω. ο κυριος μετα παντων
2:2	υμας απο του νοος μηδε θροεισθαι μητε	δια πνευματος μητε δια λογου μητε δι επιστολης
3:14	ει δε τις ουχ υπακουει τω λογω ημων	δια της επιστολης. τουτον σημειουσθε. μη
2:14	πιστει αληθειας. εις ο εκαλεσεν υμας	δια του ευαγγελιου ημων. εις περιποιησιν δοξης
2:11	εδεξαντο εις το σωθηναι αυτους. και	δια τουτο πεμπει αυτοις ο θεος ενεργειαν πλανης

		1 διδοντος
1:8	δυναμεως αυτου εν πυρι φλογος.	διδοντος εκδικησιν τοις μη ειδοσιν θεον και

		1 δικαιας
1:5	θλιψεσιν αις ανεχεσθε. ενδειγμα της	δικαιας κρισεως του θεου. εις το καταξιωθηναι

		1 δικαιον
1:6	του θεου. υπερ ης και πασχετε. ειπερ	δικαιον παρα θεω ανταποδουναι τοις θλιβουσιν

		1 δικην
1:9	του κυριου ημων ιησου. οιτινες	δικην τισουσιν ολεθρον αιωνιον απο προσωπου του

		1 διωγμοις
1:4	υμων και πιστεως εν πασιν τοις	διωγμοις υμων και ταις θλιψεσιν αις ανεχεσθε.

		1 δοξαζηται
3:1	ημων. ινα ο λογος του κυριου τρεχη και	δοξαζηται καθως και προς υμας. και ινα

		2 δοξης
1:9	απο προσωπου του κυριου και απο της	δοξης της ισχυος αυτου. οταν ελθη ενδοξασθηναι
2:14	του ευαγγελιου ημων. εις περιποιησιν	δοξης του κυριου ημων ιησου χριστου. αρα ουν.

	1 δους

:16   θεος ο πατηρ ημων. ο αγαπησας ημας και   δους παρακλησιν αιωνιαν και ελπιδα αγαθην εν

2 δυναμει

:9   κατ ενεργειαν του σατανα εν παση   δυναμει και σημειοις και τερασιν ψευδους και
:11   αγαθωσυνης και εργον πιστεως εν   δυναμει.   οπως ενδοξασθη το ονομα του κυριου

1 δυναμεως

:7   κυριου ιησου απ ουρανου μετ αγγελων   δυναμεως αυτου   εν πυρι φλογος. διδοντος

1 δωη

:16   αυτος δε ο κυριος της ειρηνης   δωη υμιν την ειρηνην δια παντος εν παντι τροπω.

1 δωμεν

:9   εχομεν εξουσιαν. αλλ ινα εαυτους τυπον   δωμεν υμιν εις το μιμεισθαι ημας.   και γαρ οτε

1 δωρεαν

:8   οτι ουκ ητακτησαμεν εν υμιν.   ουδε   δωρεαν αρτον εφαγομεν παρα τινος. αλλ εν κοπω

1 εαν

:3   υμας εξαπατηση κατα μηδενα τροπον. οτι   εαν μη ελθη η αποστασια πρωτον και αποκαλυφθη ο

1 εαυτον

:4   ναον του θεου καθισαι. αποδεικνυντα   εαυτον οτι εστιν θεος.   ου μνημονευετε οτι ετι

1 εαυτου

:6   εις το αποκαλυφθηναι αυτον εν τω   εαυτου καιρω.   το γαρ μυστηριον ηδη ενεργειται

1 εαυτους

:9   ουχ οτι ουκ εχομεν εξουσιαν, αλλ ινα   εαυτους τυπον δωμεν υμιν εις το μιμεισθαι ημας.

1 εαυτων

:12   ινα μετα ησυχιας εργαζομενοι τον   εαυτων αρτον εσθιωσιν.   υμεις δε. αδελφοι. μη

1 εγκακησητε

:13   αρτον εσθιωσιν.   υμεις δε. αδελφοι. μη   εγκακησητε καλοποιουντες.   ει δε τις ουχ

1 εγκαυχασθαι

:4   αλληλους.   ωστε αυτους ημας εν υμιν   εγκαυχασθαι εν ταις εκκλησιαις του θεου υπερ

1 εδεξαντο

:10   ανθ ων την αγαπην της αληθειας ουκ   εδεξαντο εις το σωθηναι αυτους.   και δια τουτο

1 εδιδαχθητε

:15   και κρατειτε τας παραδοσεις ας   εδιδαχθητε ειτε δια λογου ειτε δι επιστολης

2 ει

:14   αδελφοι. μη εγκακησητε καλοποιουντες.   ει δε τις ουχ υπακουει τω λογω ημων δια της
:10   υμας. τουτο παρηγγελλομεν υμιν. οτι   ει τις ου θελει εργαζεσθαι μηδε εσθιετω.

1 ειδοσιν

:8   φλογος. διδοντος εκδικησιν τοις μη   ειδοσιν θεον και τοις μη υπακουουσιν τω

1 ειλατο

:13   αδελφοι ηγαπημενοι υπο κυριου. οτι   ειλατο υμας ο θεος απαρχην εις σωτηριαν εν

1 ειπερ

:6   του θεου. υπερ ης και πασχετε.   ειπερ δικαιον παρα θεω ανταποδουναι τοις

1 ειρηνη

:2   κυριω ιησου χριστω.   χαρις υμιν και   ειρηνη απο θεου πατρος και κυριου ιησου

1 ειρηνην

:16   δε ο κυριος της ειρηνης δωη υμιν την   ειρηνην δια παντος εν παντι τροπω. ο κυριος

1 ειρηνης

:16   ως αδελφον.   αυτος δε ο κυριος της   ειρηνης δωη υμιν την ειρηνην δια παντος εν

14 εις

:3   η αγαπη ενος εκαστου παντων υμων   εις αλληλους.   ωστε αυτους ημας εν υμιν
:14   πνευματος και πιστει αληθειας.   εις ο εκαλεσεν υμας δια του ευαγγελιου ημων.
:11   ημων εφ υμας. εν τη ημερα εκεινη.   εις ο και προσευχομεθα παντοτε περι υμων. ινα

2:14	εκαλεσεν υμας δια του ευαγγελιου ημων.	εις	περιποιησιν δοξης του κυριου ημων ιησου
2:13	κυριου. οτι ειλατο υμας ο θεος απαρχην	εις	σωτηριαν εν αγιασμω πνευματος και πιστει
3:5	δε κυριος κατευθυναι υμων τας καρδιας	εις	την αγαπην του θεου και εις την υπομονην
3:5	καρδιας εις την αγαπην του θεου και	εις	την υπομονην του χριστου. παραγγελομεν δε
2:6	υμιν; και νυν το κατεχον οιδατε.	εις	το αποκαλυφθηναι αυτον εν τω εαυτου καιρω.
1:5	ενδειγμα της δικαιας κρισεως του θεου.	εις	το καταξιωθηναι υμας της βασιλειας του
2:2	και ημων επισυναγωγης επ αυτον.	εις	το μη ταχεως σαλευθηναι υμας απο του νοος
3:9	αλλ ινα εαυτους τυπον δωμεν υμιν	εις	το μιμεισθαι ημας. και γαρ οτε ημεν προς
2:11	πεμπει αυτοις ο θεος ενεργειαν πλανης	εις	το πιστευσαι αυτους τω ψευδει. ινα
2:10	την αγαπην της αληθειας ουκ εδεξαντο	εις	το σωθηναι αυτους. και δια τουτο πεμπει
2:4	λεγομενον θεον η σεβασμα. ωστε αυτον	εις	τον ναον του θεου καθισαι. αποδεικνυντα

	2 ειτε		
2:15	ας εδιδαχθητε ειτε δια λογου	ειτε	δι επιστολης ημων. αυτος δε ο κυριος ημων
2:15	κρατειτε τας παραδοσεις ας εδιδαχθητε	ειτε	δια λογου ειτε δι επιστολης ημων. αυτος

	1 εκ		
2:7	της ανομιας. μονον ο κατεχων αρτι εως	εκ	μεσου γενηται. και τοτε αποκαλυφθησεται ο

	1 εκαλεσεν		
2:14	πνευματος και πιστει αληθειας. εις ο	εκαλεσεν	υμας δια του ευαγγελιου ημων. εις

	1 εκαστου		
1:3	πιστις υμων και πλεοναζει η αγαπη ενος	εκαστου	παντων υμων εις αλληλους. ωστε αυτους

	1 εκδικησιν		
1:8	αυτου εν πυρι φλογος. διδοντος	εκδικησιν	τοις μη ειδοσιν θεον και τοις μη

	1 εκεινη		
1:10	το μαρτυριον ημων εφ υμας. εν τη ημερα	εκεινη.	εις ο και προσευχομεθα παντοτε περι

	1 εκκλησια		
1:1	παυλος και σιλουανος και τιμοθεος τη	εκκλησια	θεσσαλονικεων εν θεω πατρι ημων και

	1 εκκλησιαις		
1:4	ημας εν υμιν εγκαυχασθαι εν ταις	εκκλησιαις	του θεου υπερ της υπομονης υμων και

	1 ελεγον		
2:5	μνημονευετε οτι ετι ων προς υμας ταυτα	ελεγον	υμιν; και νυν το κατεχον οιδατε. εις το

	2 ελθη		
1:10	απο της δοξης της ισχυος αυτου. οταν	ελθη	ενδοξασθηναι εν τοις αγιοις αυτου και
2:3	κατα μηδενα τροπον. οτι εαν μη	ελθη	η αποστασια πρωτον και αποκαλυφθη ο

	1 ελπιδα		
2:16	ημας και δους παρακλησιν αιωνιαν και	ελπιδα	αγαθην εν χαριτι. παρακαλεσαι υμων τας

	1 εμη		
3:17	μετα παντων υμων. ο ασπασμος τη	εμη	χειρι παυλου. ο εστιν σημειον εν παση

	26 εν		
2:13	υμας ο θεος απαρχην εις σωτηριαν	εν	αγιασμω πνευματος και πιστει αληθειας. εις
1:12	κυριου ημων ιησου εν υμιν. και υμεις	εν	αυτω. κατα την χαριν του θεου ημων και
1:11	ευδοκιαν αγαθωσυνης και εργον πιστεως	εν	δυναμει. οπως ενδοξασθη το ονομα του κυριου
1:1	και τιμοθεος τη εκκλησια θεσσαλονικεων	εν	θεω πατρι ημων και κυριω ιησου χριστω.
3:8	δωρεαν αρτον εφαγομεν παρα τινος. αλλ	εν	κοπω και μοχθω νυκτος και ημερας εργαζομενο
3:4	απο του πονηρου. πεποιθαμεν δε	εν	κυριω εφ υμας. οτι α παραγγελομεν (και)
3:12	παραγγελομεν και παρακαλουμεν	εν	κυριω ιησου χριστω ινα μετα ησυχιας
3:6	παραγγελλομεν δε υμιν. αδελφοι.	εν	ονοματι του κυριου ιησου χριστου. στελλεσθαι
2:17	υμων τας καρδιας και στηριξαι	εν	παντι εργω και λογω αγαθω. το λοιπον
3:16	δωη υμιν την ειρηνην δια παντος	εν	παντι τροπω. ο κυριος μετα παντων υμων. ο
2:10	και σημειοις και τερασιν ψευδους και	εν	παση απατη αδικιας τοις απολλυμενοις. ανθ
2:9	η παρουσια κατ ενεργειαν του σατανα	εν	παση δυναμει και σημειοις και τερασιν
3:17	τη εμη χειρι παυλου. ο εστιν σημειον	εν	παση επιστολη. ουτως γραφω. η χαρις του
1:4	υπερ της υπομονης υμων και πιστεως	εν	πασιν τοις διωγμοις υμων και ταις θλιψεσιν
1:10	εν τοις αγιοις αυτου και θαυμασθηναι	εν	πασιν τοις πιστευσασιν. οτι επιστευθη το
1:8	απ ουρανου μετ αγγελων δυναμεως αυτου	εν	πυρι φλογος. διδοντος εκδικησιν τοις μη
1:4	ωστε αυτους ημας εν υμιν εγκαυχασθαι	εν	ταις εκκλησιαις του θεου υπερ της υπομονης
1:7	υμιν τοις θλιβομενοις ανεσιν μεθ ημων	εν	τη αποκαλυψει του κυριου ιησου απ ουρανου
1:10	επιστευθη το μαρτυριον ημων εφ υμας.	εν	τη ημερα εκεινη. εις ο και προσευχομεθα
1:10	ισχυος αυτου. οταν ελθη ενδοξασθηναι	εν	τοις αγιοις αυτου και θαυμασθηναι εν πασιν
2:6	οιδατε. εις το αποκαλυφθηναι αυτον	εν	τω εαυτου καιρω. το γαρ μυστηριον ηδη
3:11	ακουομεν γαρ τινας περιπατουντας	εν	υμιν ατακτως. μηδεν εργαζομενους αλλα

```
:4    υμων εις αλληλους.  ωστε αυτους ημας  εν υμιν εγκαυχασθαι εν ταις εκκλησιαις του θεου
:7    μιμεισθαι ημας, οτι ουκ ητακτησαμεν  εν υμιν.  ουδε δωρεαν αρτον εφαγομεν παρα
:12         το ονομα του κυριου ημων ιησου  εν υμιν. και υμεις εν αυτω, κατα την χαριν του
:16   παρακλησιν αιωνιαν και ελπιδα αγαθην  εν χαριτι.  παρακαλεσαι υμων τας καρδιας και

                                        1  ενδειγμα
:5    υμων και ταις θλιψεσιν αις ανεχεσθε.  ενδειγμα της δικαιας κρισεως του θεου. εις το

                                        1  ενδοξασθη
:12   και εργον πιστεως εν δυναμει.  οπως  ενδοξασθη το ονομα του κυριου ημων ιησου εν

                                        1  ενδοξασθηναι
:10   της δοξης της ισχυος αυτου.  οταν ελθη  ενδοξασθηναι εν τοις αγιοις αυτου και

                                        2  ενεργειαν
:11   και δια τουτο πεμπει αυτοις ο θεος  ενεργειαν πλανης εις το πιστευσαι αυτους τω
:9    αυτου.  ου εστιν η παρουσια κατ  ενεργειαν του σατανα εν παση δυναμει και

                                        1  ενεργειται
:7    τω εαυτου καιρω.  το γαρ μυστηριον ηδη  ενεργειται της ανομιας. μονον ο κατεχων αρτι

                                        1  ενεστηκεν
:2    μητε δι επιστολης ως δι ημων, ως οτι  ενεστηκεν η ημερα του κυριου.  μη τις υμας

                                        1  ενος
:3    η πιστις υμων και πλεοναζει η αγαπη  ενος εκαστου παντων υμων εις αλληλους.  ωστε

                                        1  εντραπη
:14   μη συναναμιγνυσθαι αυτω, ινα  εντραπη.  και μη ως εχθρον ηγεισθε. αλλα

                                        1  εξαπατηση
:3    η ημερα του κυριου.  μη τις υμας  εξαπατηση κατα μηδενα τροπον. οτι εαν μη ελθη η

                                        1  εξουσιαν
:9    τινα υμων.  ουχ οτι ουκ εχομεν  εξουσιαν. αλλ ινα εαυτους τυπον δωμεν υμιν εις

                                        1  επ
:1    ιησου χριστου και ημων επισυναγωγης  επ αυτον.  εις το μη ταχεως σαλευθηναι υμας απο

                                        1  επι
:4    ο αντικειμενος και υπεραιρομενος  επι παντα λεγομενον θεον η σεβασμα. ωστε αυτον

                                        1  επιβαρησαι
:8    και ημερας εργαζομενοι προς το μη  επιβαρησαι τινα υμων.  ουχ οτι ουκ εχομεν

                                        1  επιστευθη
:10   εν πασιν τοις πιστευσασιν. οτι  επιστευθη το μαρτυριον ημων εφ υμας, εν τη

                                        1  επιστολη
:17   χειρι παυλου. ο εστιν σημειον εν παση  επιστολη. ουτως γραφω.  η χαρις του κυριου ημων

                                        3  επιστολης
:15   ας εδιδαχθητε ειτε δια λογου ειτε δι  επιστολης ημων.  αυτος δε ο κυριος ημων ιησους
:2    δια πνευματος μητε δια λογου μητε δι  επιστολης ως δι ημων. ως οτι ενεστηκεν η ημερα
:14   τις ουχ υπακουει τω λογω ημων δια της  επιστολης. τουτον σημειουσθε. μη

                                        1  επισυναγωγης
:1    του κυριου ημων ιησου χριστου και ημων  επισυναγωγης επ αυτον.  εις το μη ταχεως

                                        1  επιφανεια
:8    του στοματος αυτου και καταργησει τη  επιφανεια της παρουσιας αυτου.  ου εστιν η

                                        1  εργαζεσθαι
:10   υμιν. οτι ει τις ου θελει  εργαζεσθαι μηδε εσθιετω.  ακονομεν γαρ τινας

                                        2  εργαζομενοι
:8    εν κοπω και μοχθω νυκτος και ημερας  εργαζομενοι προς το μη επιβαρησαι τινα υμων.
:12   εν κυριω ιησου χριστω ινα μετα ησυχιας  εργαζομενοι τον εαυτων αρτον εσθιωσιν.  υμεις

                                        1  εργαζομενους
:11   περιπατουντας εν υμιν ατακτως. μηδεν  εργαζομενους αλλα περιεργαζομενους.  τοις δε
```

1
1:11   εργον
πληρωση πασαν ευδοκιαν αγαθωσυνης και εργον πιστεως εν δυναμει. οπως ενδοξασθη το

1
2:17   εργω
υμων τας καρδιας και στηριξαι εν παντι εργω και λογω αγαθω.   το λοιπον προσευχεσθε.

1
2:1   ερωτωμεν
θεου ημων και κυριου ιησου χριστου. ερωτωμεν δε υμας, αδελφοι, υπερ της παρουσιας

1
3:10   εσθιετω
οτι ει τις ου θελει εργαζεσθαι μηδε εσθιετω. ακουομεν γαρ τινας περιπατουντας εν

1
3:12   εσθιωσιν
ησυχιας εργαζομενοι τον εαυτων αρτον εσθιωσιν. υμεις δε, αδελφοι, μη εγκακησητε

5
                                  εστιν
2:9   τη επιφανεια της παρουσιας αυτου. ου εστιν η παρουσια κατ ενεργειαν του σατανα εν
2:4   θεου καθισαι, αποδεικνυντα εαυτον οτι εστιν θεος. ου μνημονευετε οτι ετι ων προς
3:3   ου γαρ παντων η πιστις. πιστος δε εστιν ο κυριος, ος στηριξει υμας και φυλαξει
3:17   ο ασπασμος τη εμη χειρι παυλου. ο εστιν σημειον εν παση επιστολη. ουτως γραφω. τ
1:3   περι υμων, αδελφοι, καθως αξιον εστιν, οτι υπεραυξανει η πιστις υμων και

1
                                  ετι
2:5   οτι εστιν θεος. ου μνημονευετε οτι ετι ων προς υμας ταυτα ελεγον υμιν: και νυν το

1
                                  ευαγγελιου
2:14   αληθειας. εις ο εκαλεσεν υμας δια του ευαγγελιου ημων, εις περιποιησιν δοξης του

1
                                  ευαγγελιω
1:8   θεον και τοις μη υπακουουσιν τω ευαγγελιω του κυριου ημων ιησου. οιτινες δικην

1
                                  ευδοκησαντες
2:12   οι μη πιστευσαντες τη αληθεια αλλα ευδοκησαντες τη αδικια. ημεις δε οφειλομεν

1
                                  ευδοκιαν
1:11   κλησεως ο θεος ημων και πληρωση πασαν ευδοκιαν αγαθωσυνης και εργον πιστεως εν

2
                                  ευχαριστειν
1:3   θεου πατρος και κυριου ιησου χριστου. ευχαριστειν οφειλομεν τω θεω παντοτε περι υμων.
2:13   τη αδικια. ημεις δε οφειλομεν ευχαριστειν τω θεω παντοτε περι υμων, αδελφοι

2
                                  εφ
1:10   οτι επιστευθη το μαρτυριον ημων εφ υμας, εν τη ημερα εκεινη. εις ο και
3:4   του πονηρου. πεποιθαμεν δε εν κυριω εφ υμας, οτι α παραγγελλομεν (και) ποιειτε και

1
                                  εφαγομεν
3:8   εν υμιν. ουδε δωρεαν αρτον εφαγομεν παρα τινος. αλλ εν κοπω και μοχθω

1
                                  εχθρον
3:15   αυτω, ινα εντραπη. και μη ως εχθρον ηγεισθε, αλλα νουθετειτε ως αδελφον.

1
                                  εχομεν
3:9   μη επιβαρησαι τινα υμων. ουχ οτι ουκ εχομεν εξουσιαν, αλλ ινα εαυτους τυπον δωμεν

1
                                  εως
2:7   της ανομιας. μονον ο κατεχων αρτι εως εκ μεσου γενηται. και τοτε αποκαλυφθησεται

1
                                  ηγαπημενοι
2:13   τω θεω παντοτε περι υμων, αδελφοι ηγαπημενοι υπο κυριου, οτι ειλατο υμας ο θεος

1
                                  ηγεισθε
3:15   αυτω, ινα εντραπη. και μη ως εχθρον ηγεισθε, αλλα νουθετειτε ως αδελφον. αυτος δε

1
                                  ηδη
2:7   εν τω εαυτου καιρω. το γαρ μυστηριον ηδη ενεργειται της ανομιας. μονον ο κατεχων

4
                                  ημας
1:4   παντων υμων εις αλληλους. ωστε αυτους ημας εν υμιν εγκαυχασθαι εν ταις εκκλησιαις του
2:16   και (ο) θεος ο πατηρ ημων, ο αγαπησας ημας και δους παρακλησιν αιωνιαν και ελπιδα
3:9   τυπον δωμεν υμιν εις το μιμεισθαι ημας. και γαρ οτε ημεν προς υμας, τουτο
3:7   αυτοι γαρ οιδατε πως δει μιμεισθαι ημας, οτι ουκ ητακτησαμεν εν υμιν. ουδε δωρεαν

1 ημεις

·13   αληθεια αλλα ευδοκησαντες τη αδικια. ημεις δε οφειλομεν ευχαριστειν τω θεω παντοτε

1 ημεν

·10   εις το μιμεισθαι ημας. και γαρ οτε ημεν προς υμας. τουτο παρηγγελλομεν υμιν. οτι

2 ημερα

·10   το μαρτυριον ημων εφ υμας. εν τη ημερα εκεινη. εις ο και προσευχομεθα παντοτε
·2   ως δι ημων. ως οτι ενεστηκεν η ημερα του κυριου. μη τις υμας εξαπατηση κατα

1 ημερας

·8   αλλ εν κοπω και μοχθω νυκτος και ημερας εργαζομενοι προς το μη επιβαρησαι τινα

19 ημων

·14   ει δε τις ουχ υπακουει τω λογω ημων δια της επιστολης. τουτον σημειουσθε. μη
·7   και υμιν τοις θλιβομενοις ανεσιν μεθ ημων εν τη αποκαλυψει του κυριου ιησου απ
·1   του κυριου ημων ιησου χριστου και ημων επισυναγωγης επ αυτον. εις το μη ταχεως
·10   οτι επιστευθη το μαρτυριον ημων εφ υμας. εν τη ημερα εκεινη. εις ο και
·12   οπως ενδοξασθη το ονομα του κυριου ημων ιησου εν υμιν. και υμεις εν αυτω. κατα την
·1   αδελφοι. υπερ της παρουσιας του κυριου ημων ιησου χριστου και ημων επισυναγωγης επ
·18   ουτως γραφω. η χαρις του κυριου ημων ιησου χριστου μετα παντων υμων.
·14   ημων. εις περιποιησιν δοξης του κυριου ημων ιησου χριστου. αρα ουν. αδελφοι. στηκετε.
·16   δι επιστολης ημων. αυτος δε ο κυριος ημων ιησους χριστος και (ο) θεος ο πατηρ ημων.
·8   μη υπακουουσιν τω ευαγγελιω του κυριου ημων ιησου. οιτινες δικην τισουσιν ολεθρον
·12   υμεις εν αυτω. κατα την χαριν του θεου ημων και κυριου ιησου χριστου. ερωτωμεν δε
·1   τη εκκλησια θεσσαλονικεων εν θεω πατρι ημων και κυριω ιησου χριστω. χαρις υμιν και
·11   ινα υμας αξιωση της κλησεως ο θεος ημων και πληρωση πασαν ευδοκιαν αγαθωσυνης και
·6   κατα την παραδοσιν ην παρελαβοσαν παρ ημων. αυτοι γαρ οιδατε πως δει μιμεισθαι ημας.
·15   ειτε δια λογου ειτε δι επιστολης ημων. αυτος δε ο κυριος ημων ιησους χριστος
·14   εις ο εκαλεσεν υμας δια του ευαγγελιου ημων. εις περιποιησιν δοξης του κυριου ημων
·1   το λοιπον προσευχεσθε. αδελφοι. περι ημων. ινα ο λογος του κυριου τρεχη και
·16   ιησους χριστος και (ο) θεος ο πατηρ ημων. ο αγαπησας ημας και δους παρακλησιν
·2   μητε δια λογου μητε δι επιστολης ως δι ημων. ως οτι ενεστηκεν η ημερα του κυριου. μη

1 ην

·6   και μη κατα την παραδοσιν ην παρελαβοσαν παρ ημων. αυτοι γαρ οιδατε πως

1 ησυχιας

·12   εν κυριω ιησου χριστω ινα μετα ησυχιας εργαζομενοι τον εαυτων αρτον εσθιωσιν.

1 ης

·5   υμας της βασιλειας του θεου. υπερ ης και πασχετε. ειπερ δικαιον παρα θεω

1 ητακτησαμεν

·7   οιδατε πως δει μιμεισθαι ημας. οτι ουκ ητακτησαμεν εν υμιν. ουδε δωρεαν αρτον

1 θαυμασθηναι

·10   ενδοξασθηναι εν τοις αγιοις αυτου και θαυμασθηναι εν πασιν τοις πιστευσασιν. οτι

1 θελει

·10   παρηγγελλομεν υμιν. οτι ει τις ου θελει εργαζεσθαι μηδε εσθιετω. ακουομεν γαρ

2 θεον

·4   και υπεραιρομενος επι παντα λεγομενον θεον η σεβασμα. ωστε αυτον εις τον ναον του
·8   διδοντος εκδικησιν τοις μη ειδοσιν θεον και τοις μη υπακουουσιν τω ευαγγελιω του

5 θεος

·13   υπο κυριου. οτι ειλατο υμας ο θεος απαρχην εις σωτηριαν εν αγιασμω πνευματος
·11   αυτους. και δια τουτο πεμπει αυτοις ο θεος ενεργειαν πλανης εις το πιστευσαι αυτους
·11   υμων. ινα υμας αξιωση της κλησεως ο θεος ημων και πληρωση πασαν ευδοκιαν αγαθωσυνης
·16   ο κυριος ημων ιησους χριστος και (ο) θεος ο πατηρ ημων. ο αγαπησας ημας και δους
·4   καθισαι. αποδεικνυντα εαυτον οτι εστιν θεος. ου μνημονευετε οτι ετι ων προς υμας

7 θεου

·12   και υμεις εν αυτω. κατα την χαριν του θεου ημων και κυριου ιησου χριστου. ερωτωμεν
·4   η σεβασμα. ωστε αυτον εις τον ναον του θεου καθισαι. αποδεικνυντα εαυτον οτι εστιν
·5   υμων τας καρδιας εις την αγαπην του θεου και εις την υπομονην του χριστου.
·2   χριστω. χαρις υμιν και ειρηνη απο θεου πατρος και κυριου ιησου χριστου.
·4   εγκαυχασθαι εν ταις εκκλησιαις του θεου υπερ της υπομονης υμων και πιστεως εν
·5   ενδειγμα της δικαιας κρισεως του θεου. εις το καταξιωθηναι υμας της βασιλειας
·5   το καταξιωθηναι υμας της βασιλειας του θεου. υπερ ης και πασχετε. ειπερ δικαιον παρα

1 θεσσαλονικεων

1:1 και σιλουανος και τιμοθεος τη εκκλησια θεσσαλονικεων εν θεω πατρι ημων και κυριω ιησο

4 θεω

1:6 ης και πασχετε. ειπερ δικαιον παρα θεω ανταποδουναι τοις θλιβουσιν υμας θλιψιν
2:13 ημεις δε οφειλομεν ευχαριστειν τω θεω παντοτε περι υμων, αδελφοι ηγαπημενοι υπο
1:3 χριστου. ευχαριστειν οφειλομεν τω θεω παντοτε περι υμων, αδελφοι, καθως αξιον
1:1 τιμοθεος τη εκκλησια θεσσαλονικεων εν θεω πατρι ημων και κυριω ιησου χριστω. χαρις

1 θλιβομενοις

1:7 θλιβουσιν υμας θλιψιν και υμιν τοις θλιβομενοις ανεσιν μεθ ημων εν τη αποκαλυψει

1 θλιβουσιν

1:6 δικαιον παρα θεω ανταποδουναι τοις θλιβουσιν υμας θλιψιν και υμιν τοις

1 θλιψεσιν

1:4 εν πασιν τοις διωγμοις υμων και ταις θλιψεσιν αις ανεχεσθε. ενδειγμα της δικαιας

1 θλιψιν

1:6 θεω ανταποδουναι τοις θλιβουσιν υμας θλιψιν και υμιν τοις θλιβομενοις ανεσιν μεθ

1 θροεισθαι

2:2 σαλευθηναι υμας απο του νοος μηδε θροεισθαι μητε δια πνευματος μητε δια λογου

11 ιησου

1:7 μεθ ημων εν τη αποκαλυψει του κυριου ιησου απ ουρανου μετ αγγελων δυναμεως αυτου ε
1:12 ενδοξασθη το ονομα του κυριου ημων ιησου εν υμιν, και υμεις εν αυτω, κατα την
2:1 υπερ της παρουσιας του κυριου ημων ιησου χριστου και ημων επισυναγωγης επ αυτον,
3:18 ουτως γραφω. η χαρις του κυριου ημων ιησου χριστου μετα παντων υμων.
1:12 την χαριν του θεου ημων και κυριου ιησου χριστου. ερωτωμεν δε υμας, αδελφοι,
2:14 εις περιποιησιν δοξης του κυριου ημων ιησου χριστου. αρα ουν, αδελφοι, στηκετε. και
1:2 και ειρηνη απο θεου πατρος και κυριου ιησου χριστου. ευχαριστειν οφειλομεν τω θεω
3:6 υμιν, αδελφοι, εν ονοματι του κυριου ιησου χριστου. στελλεσθαι υμας απο παντος
3:12 και παρακαλουμεν εν κυριω ιησου χριστω ινα μετα ησυχιας εργαζομενοι τον
1:1 εν θεω πατρι ημων και κυριω ιησου χριστω. χαρις υμιν και ειρηνη απο θεου
1:8 τω ευαγγελιω του κυριου ημων ιησου. οιτινες δικην τισουσιν ολεθρον αιωνιον

1 ιησους

2:16 ημων. αυτος δε ο κυριος ημων ιησους χριστος και (ο) θεος ο πατηρ ημων, ο

7 ινα

3:9 ουχ οτι ουκ εχομεν εξουσιαν, αλλ ινα εαυτους τυπον δωμεν υμιν εις το μιμεισθαι
3:14 σημειουσθε, μη συναναμιγνυσθαι αυτω, ινα εντραπη. και μη ως εχθρον ηγεισθε, αλλα
2:12 εις το πιστευσαι αυτους τω ψευδει. ινα κριθωσιν παντες οι μη πιστευσαντες τη
3:12 και παρακαλουμεν εν κυριω ιησου χριστω ινα μετα ησυχιας εργαζομενοι τον εαυτων αρτον
3:1 προσευχεσθε, αδελφοι, περι ημων, ινα ο λογος του κυριου τρεχη και δοξαζηται
3:2 δοξαζηται καθως και προς υμας, και ινα ρυσθωμεν απο των ατοπων και πονηρων
1:11 ο και προσευχομεθα παντοτε περι υμων, ινα υμας αξιωση της κλησεως ο θεος ημων και

1 ισχυος

1:9 του κυριου και απο της δοξης της ισχυος αυτου. οταν ελθη ενδοξασθηναι εν τοις

1 καθισαι

2:4 ωστε αυτον εις τον ναον του θεου καθισαι, αποδεικνυντα εαυτον οτι εστιν θεος.

2 καθως

1:3 τω θεω παντοτε περι υμων, αδελφοι, καθως αξιον εστιν, οτι υπεραυξανει η πιστις
3:1 ο λογος του κυριου τρεχη και δοξαζηται καθως και προς υμας, και ινα ρυσθωμεν απο τω

48 και

1:9 αιωνιον απο προσωπου του κυριου και απο της δοξης της ισχυος αυτου, οταν ελθη
2:3 οτι εαν μη ελθη η αποστασια πρωτον και αποκαλυφθη ο ανθρωπος της ανομιας, ο υιος
3:10 δωμεν υμιν εις το μιμεισθαι ημας. και γαρ οτε ημεν προς υμας, τουτο παρηγγελλομε
2:11 ουκ εδεξαντο εις το σωθηναι αυτους. και δια τουτο πεμπει αυτοις ο θεος ενεργειαν
3:1 ημων, ινα ο λογος του κυριου τρεχη και δοξαζηται καθως και προς υμας, και ινα
2:16 (ο) θεος ο πατηρ ημων, ο αγαπησας ημας και δους παρακλησιν αιωνιαν και ελπιδα αγαθην
1:2 και ειρηνη απο θεου πατρος και κυριου ιησου χριστω. χαρις υμιν και ειρηνη απο θεου πατρος και κυριου ιησου
3:5 τας καρδιας εις την αγαπην του θεου και εις την υπομονην του χριστου.
2:16 ημας και δους παρακλησιν αιωνιαν και ελπιδα αγαθην εν χαριτι. παρακαλεσαι υμων
2:10 και σημειοις και τερασιν ψευδους και εν παση απατη αδικιας τοις απολλυμενοις,
1:11 και πληρωση πασαν ευδοκιαν αγαθωσυνης και εργον πιστεως εν δυναμει. οπως ενδοξασθη
3:8 τινος, αλλ εν κοπω και μοχθω νυκτος και ημερας εργαζομενοι προς το μη επιβαρησαι

:1	του κυριου ημων ιησου χριστου και	ημων επισυναγωγης επ αυτον. εις το μη
:10	ελθη ενδοξασθηναι εν τοις αγιοις αυτου και	θαυμασθηναι εν πασιν τοις πιστευσασιν. οτι
:2	και δοξαζηται καθως και προς υμας. και	ινα ρυσθωμεν απο των ατοπων και πονηρων
:8	ανελει τω πνευματι του στοματος αυτου και	καταργησει τη επιφανεια της παρουσιας
:15	χριστου. αρα ουν. αδελφοι. στηκετε. και	κρατειτε τας παραδοσεις ας εδιδαχθητε ειτε
:12	εν αυτω. κατα την χαριν του θεου ημων και	κυριου ιησου χριστου. ερωτωμεν δε υμας.
:2	χαρις υμιν και ειρηνη απο θεου πατρος και	κυριου ιησου χριστου. ευχαριστειν
:1	θεσσαλονικεων εν θεω πατρι ημων και	κυριω ιησου χριστω. χαρις υμιν και ειρηνη
:17	τας καρδιας και στηριξαι εν παντι εργω και	λογω αγαθω. το λοιπον προσευχεσθε.
:6	παντος αδελφου ατακτως περιπατουντος και	μη κατα την παραδοσιν ην παρελαβοσαν παρ
:15	μη συναναμιγνυσθαι αυτω. ινα εντραπη. και	μη ως εχθρον ηγεισθε. αλλα νουθετειτε ως
:8	αρτον εφαγομεν παρα τινος. αλλ εν κοπω και	μοχθω νυκτος και ημερας εργαζομενοι προς το
:6	ετι ων προς υμας ταυτα ελεγον υμιν; και	νυν το κατεχον οιδατε. εις το αποκαλυφθηναι
:12	τοις δε τοιουτοις παραγγελλομεν και	παρακαλουμεν εν κυριω ιησου χριστω ινα μετα
:5	υμας της βασιλειας του θεου. υπερ ης και	πασχετε. ειπερ δικαιον παρα θεω
:13	εις σωτηριαν εν αγιασμω πνευματος και	πιστει αληθειας. εις ο εκαλεσεν υμας δια
:4	του θεου υπερ της υπομονης υμων και	πιστεως εν πασιν τοις διωγμοις υμων και
:3	εστιν. οτι υπεραυξανει η πιστις υμων και	πλεοναζει η αγαπη ενος εκαστου παντων υμων
:11	υμας αξιωση της κλησεως ο θεος ημων και	πληρωση πασαν ευδοκιαν αγαθωσυνης και εργον
:4	οτι α παραγγελλομεν (και) ποιειτε και	ποιησετε. ο δε κυριος κατευθυναι υμων τας
:2	υμας. και ινα ρυσθωμεν απο των ατοπων και	πονηρων ανθρωπων. ου γαρ παντων η πιστις.
:11	εφ υμας. εν τη ημερα εκεινη. εις ο και	προσευχομεθα παντοτε περι υμων. ινα υμας
:1	του κυριου τρεχη και δοξαζηται καθως και	προς υμας. και ινα ρυσθωμεν απο των ατοπων
:9	ενεργειαν του σατανα εν παση δυναμει και	σημειοις και τερασιν ψευδους και εν παση
	παυλος και	σιλουανος και τιμοθεος τη εκκλησια
:17	χαριτι. παρακαλεσαι υμων τας καρδιας και	στηριξαι εν παντι εργω και λογω αγαθω. το
:4	πιστεως εν πασιν τοις διωγμοις υμων και	ταις θλιψεσιν αις ανεχεσθε. ενδειγμα της
:9	σατανα εν παση δυναμει και σημειοις και	τερασιν ψευδους και εν παση απατη αδικιας
:1	παυλος και σιλουανος και	τιμοθεος τη εκκλησια θεσσαλονικεων εν θεω
:8	εκδικησιν τοις μη ειδοσιν θεον και	τοις μη υπακουουσιν τω ευαγγελιω του κυριου
:8	ο κατεχων αρτι εως εκ μεσου γενηται. και	τοτε αποκαλυφθησεται ο ανομος. ον ο κυριος
:12	ονομα του κυριου ημων ιησου εν υμιν. και	υμεις εν αυτω. κατα την χαριν του θεου ημων
:7	τοις θλιβουσιν υμας θλιψιν και	υμιν τοις θλιβομενοις ανεσιν μεθ ημων εν
:4	ο υιος της απωλειας. ο αντικειμενος και	υπεραιρομενος επι παντα λεγομενον θεον η
:3	δε εστιν ο κυριος. ος στηριξει υμας και	φυλαξει απο του πονηρου. πεποιθαμεν δε εν
:16	αυτος δε ο κυριος ημων ιησους χριστος και	(ο) θεος ο πατηρ ημων. ο αγαπησας ημας και

	1 καιρω	
:6	το αποκαλυφθηναι αυτον εν τω εαυτου	καιρω. το γαρ μυστηριον ηδη ενεργειται της

	1 καλοποιουντες	
:13	υμεις δε. αδελφοι. μη εγκακησητε	καλοποιουντες. ει δε τις ουχ υπακουει τω λογω

	2 καρδιας	
:5	ο δε κυριος κατευθυναι υμων τας	καρδιας εις την αγαπην του θεου και εις την
:17	εν χαριτι. παρακαλεσαι υμων τας	καρδιας και στηριξαι εν παντι εργω και λογω

	1 κατ	
:9	παρουσιας αυτου. ου εστιν η παρουσια	κατ ενεργειαν του σατανα εν παση δυναμει και

	3 κατα	
:3	του κυριου. μη τις υμας εξαπατηση	κατα μηδενα τροπον. οτι εαν μη ελθη η αποστασια
:6	αδελφου ατακτως περιπατουντος και μη	κατα την παραδοσιν ην παρελαβοσαν παρ ημων.
:12	ημων ιησου εν υμιν. και υμεις εν αυτω.	κατα την χαριν του θεου ημων και κυριου ιησου

	1 καταξιωθηναι	
:5	της δικαιας κρισεως του θεου. εις το	καταξιωθηναι υμας της βασιλειας του θεου. υπερ

	1 καταργησει	
:8	τω πνευματι του στοματος αυτου και	καταργησει τη επιφανεια της παρουσιας αυτου.

	1 κατευθυναι	
:5	ποιειτε και ποιησετε. ο δε κυριος	κατευθυναι υμων τας καρδιας εις την αγαπην του

	1 κατεχον	
:6	υμας ταυτα ελεγον υμιν; και νυν το	κατεχον οιδατε. εις το αποκαλυφθηναι αυτον εν

	1 κατεχων	
:7	ηδη ενεργειται της ανομιας. μονον ο	κατεχων αρτι εως εκ μεσου γενηται. και τοτε

	1 κλησεως	
:11	παντοτε περι υμων. ινα υμας αξιωση της	κλησεως ο θεος ημων και πληρωση πασαν ευδοκιαν

1 κοπω

3:8   αρτον εφαγομεν παρα τινος. αλλ εν κοπω και μοχθω νυκτος και ημερας εργαζομενοι

1 κρατειτε

2:15   αρα ουν. αδελφοι. στηκετε. και κρατειτε τας παραδοσεις ας εδιδαχθητε ειτε δια

1 κριθωσιν

2:12   το πιστευσαι αυτους τω ψευδει. ινα κριθωσιν παντες οι μη πιστευσαντες τη αληθεια

1 κρισεως

1:5   αις ανεχεσθε. ενδειγμα της δικαιας κρισεως του θεου. εις το καταξιωθηναι υμας της

6 κυριος

2:16   ειτε δι επιστολης ημων. αυτος δε ο κυριος ημων ιησους χριστος και (ο) θεος ο πατηρ
3:5   (και) ποιειτε και ποιησετε. ο δε κυριος κατευθυναι υμων τας καρδιας εις την
3:16   ειρηνην δια παντος εν παντι τροπω. ο κυριος μετα παντων υμων. ο ασπασμος τη εμη
3:16   νουθετειτε ως αδελφον. αυτος δε ο κυριος της ειρηνης δωη υμιν την ειρηνην δια
2:8   τοτε αποκαλυφθησεται ο ανομος. ον ο κυριος (ιησους) ανελει τω πνευματι του στοματος
3:3   παντων η πιστις. πιστος δε εστιν ο κυριος. ος στηριξει υμας και φυλαξει απο του

13 κυριου

1:12   δυναμει. οπως ενδοξασθη το ονομα του κυριου ημων ιησου εν υμιν. και υμεις εν αυτω.
2:1   υμας. αδελφοι. υπερ της παρουσιας του κυριου ημων ιησου χριστου και ημων επισυναγωγη
3:18   επιστολη. ουτως γραφω. η χαρις του κυριου ημων ιησου χριστου μετα παντων υμων.
2:14   ημων. εις περιποιησιν δοξης του κυριου ημων ιησου χριστου. αρα ουν. αδελφοι.
1:8   τοις μη υπακουουσιν τω ευαγγελιω του κυριου ημων ιησου. οιτινες δικην τισουσιν
1:7   ανεσιν μεθ ημων εν τη αποκαλυψει του κυριου ιησου απ ουρανου μετ αγγελων δυναμεως
1:12   αυτω. κατα την χαριν του θεου ημων και κυριου ιησου χριστου. ερωτωμεν δε υμας.
1:2   υμιν και ειρηνη απο θεου πατρος και κυριου ιησου χριστου. ευχαριστειν οφειλομεν τω
3:6   δε υμιν. αδελφοι. εν ονοματι του κυριου ιησου χριστου. στελλεσθαι υμας απο
1:9   ολεθρον αιωνιον απο προσωπου του κυριου και απο της δοξης της ισχυος αυτου.
3:1   αδελφοι. περι ημων. ινα ο λογος του κυριου τρεχη και δοξαζηται καθως και προς υμας.
2:2   δι ημων. ως οτι ενεστηκεν η ημερα του κυριου. μη τις υμας εξαπατηση κατα μηδενα
2:13   περι υμων. αδελφοι ηγαπημενοι υπο κυριου. οτι ειλατο υμας ο θεος απαρχην εις

3 κυριω

3:4   απο του πονηρου. πεποιθαμεν δε εν κυριω εφ υμας. οτι α παραγγελλομεν (και)
3:12   παραγγελλομεν και παρακαλουμεν εν κυριω ιησου χριστω ινα μετα ησυχιας εργαζομενοι
1:1   θεσσαλονικεων εν θεω πατρι ημων και κυριω ιησου χριστω. χαρις υμιν και ειρηνη απο

1 λεγομενον

2:4   και υπεραιρομενος επι παντα λεγομενον θεον η σεβασμα. ωστε αυτον εις τον

1 λογος

3:1   προσευχεσθε. αδελφοι. περι ημων. ινα ο λογος του κυριου τρεχη και δοξαζηται καθως και

2 λογου

2:15   τας παραδοσεις ας εδιδαχθητε ειτε δια λογου ειτε δι επιστολης ημων. αυτος δε ο
2:2   θροεισθαι μητε δια πνευματος μητε δια λογου μητε δι επιστολης ως δι ημων. ως οτι

2 λογω

2:17   καρδιας και στηριξαι εν παντι εργω και λογω αγαθω. το λοιπον προσευχεσθε. αδελφοι.
3:14   ει δε τις ουχ υπακουει τω λογω ημων δια της επιστολης. τουτον σημειουσθε.

1 λοιπον

3:1   εν παντι εργω και λογω αγαθω. το λοιπον προσευχεσθε. αδελφοι. περι ημων. ινα ο

1 μαρτυριον

1:10   τοις πιστευσασιν. οτι επιστευθη το μαρτυριον ημων εφ υμας. εν τη ημερα εκεινη.

1 μεθ

1:7   και υμιν τοις θλιβομενοις ανεσιν μεθ ημων εν τη αποκαλυψει του κυριου ιησου απ

1 μεσου

2:7   ανομιας. μονον ο κατεχων αρτι εως εκ μεσου γενηται. και τοτε αποκαλυφθησεται ο

1 μετ

1:7   αποκαλυψει του κυριου ιησου απ ουρανου μετ αγγελων δυναμεως αυτου εν πυρι φλογος.

3 μετα

3:12   παρακαλουμεν εν κυριω ιησου χριστω ινα μετα ησυχιας εργαζομενοι τον εαυτων αρτον
3:18   η χαρις του κυριου ημων ιησου χριστου μετα παντων υμων.

16   δια παντος εν παντι τροπω. ο κυριος μετα παντων υμων.   ο ασπασμος τη εμη χειρι

11 μη

13 αρτον εσθιωσιν. υμεις δε, αδελφοι,	μη εγκακησητε καλοποιουντες. ει δε τις ουχ
8 πυρι φλογος, διδοντος εκδικησιν τοις	μη ειδοσιν θεον και τοις μη υπακουουσιν τω
3 εξαπατηση κατα μηδενα τροπον. οτι εαν	μη ελθη η αποστασια πρωτον και αποκαλυφθη ο
8 νυκτος και ημερας εργαζομενοι προς το	μη επιβαρησαι τινα υμων. ουχ οτι ουκ εχομεν
6 αδελφου ατακτως περιπατουντος και	μη κατα την παραδοσιν ην παρελαβοσαν παρ ημων.
12 τω ψευδει. ινα κριθωσιν παντες οι	μη πιστευσαντες τη αληθεια αλλα ευδοκησαντες τη
14 δια της επιστολης. τουτον σημειουσθε,	μη συναναμιγνυσθαι αυτω, ινα εντραπη. και μη
2 ημων επισυναγωγης επ αυτον, εις το	μη ταχεως σαλευθηναι υμας απο του νοος μηδε
3 ως οτι ενεστηκεν η ημερα του κυριου.	μη τις υμας εξαπατηση κατα μηδενα τροπον. οτι
8 τοις μη ειδοσιν θεον και τοις	μη υπακουουσιν τω ευαγγελιω του κυριου ημων
15 αυτω, ινα εντραπη. και	μη ως εχθρον ηγεισθε, αλλα νουθετειτε ως

2 μηδε

10 υμιν, οτι ει τις ου θελει εργαζεσθαι	μηδε εσθιετω. ακουομεν γαρ τινας περιπατουντας
2 μη ταχεως σαλευθηναι υμας απο του νοος	μηδε θροεισθαι μητε δια πνευματος μητε δια

1 μηδεν

11 τινας περιπατουντας εν υμιν ατακτως,	μηδεν εργαζομενους αλλα περιεργαζομενους. τοις

1 μηδενα

3 κυριου. μη τις υμας εξαπατηση κατα	μηδενα τροπον. οτι εαν μη ελθη η αποστασια

3 μητε

2 μητε δια πνευματος μητε δια λογου	μητε δι επιστολης ως δι ημων. ως οτι ενεστηκεν
2 νοος μηδε θροεισθαι μητε δια πνευματος	μητε δια λογου μητε δι επιστολης ως δι ημων. ως
2 υμας απο του νοος μηδε θροεισθαι	μητε δια πνευματος μητε δια λογου μητε δι

2 μιμεισθαι

9 ινα εαυτους τυπον δωμεν υμιν εις το	μιμεισθαι ημας. και γαρ οτε ημεν προς υμας.
7 παρ ημων. αυτοι γαρ οιδατε πως δει	μιμεισθαι ημας. οτι ουκ ητακτησαμεν εν υμιν.

1 μνημονευετε

5 εαυτον οτι εστιν θεος. ου	μνημονευετε οτι ετι ων προς υμας ταυτα ελεγον

1 μονον

7 μυστηριον ηδη ενεργειται της ανομιας.	μονον ο κατεχων αρτι εως εκ μεσου γενηται. και

1 μοχθω

8 εφαγομεν παρα τινος, αλλ εν κοπω και	μοχθω νυκτος και ημερας εργαζομενοι προς το μη

1 μυστηριον

7 αυτον εν τω εαυτου καιρω. το γαρ	μυστηριον ηδη ενεργειται της ανομιας. μονον ο

1 ναον

4 θεον η σεβασμα, ωστε αυτον εις τον	ναον του θεου καθισαι. αποδεικνυντα εαυτον οτι

1 νοος

2 το μη ταχεως σαλευθηναι υμας απο του	νοος μηδε θροεισθαι μητε δια πνευματος μητε δια

1 νουθετειτε

15 και μη ως εχθρον ηγεισθε. αλλα	νουθετειτε ως αδελφον. αυτος δε ο κυριος της

1 νυκτος

8 παρα τινος, αλλ εν κοπω και μοχθω	νυκτος και ημερας εργαζομενοι προς το μη

1 νυν

6 ων προς υμας ταυτα ελεγον υμιν; και	νυν το κατεχον οιδατε. εις το αποκαλυφθηναι

2 οιδατε

7 ην παρελαβοσαν παρ ημων. αυτοι γαρ	οιδατε πως δει μιμεισθαι ημας. οτι ουκ
6 ταυτα ελεγον υμιν; και νυν το κατεχον	οιδατε. εις το αποκαλυφθηναι αυτον εν τω εαυτου

1 οιτινες

9 τω ευαγγελιω του κυριου ημων ιησου.	οιτινες δικην τισουσιν ολεθρον αιωνιον απο

1 ολεθρον

9 ημων ιησου. οιτινες δικην τισουσιν	ολεθρον αιωνιον απο προσωπου του κυριου και απο

1 ον

2:8   και τοτε αποκαλυφθησεται ο ανομος· ον ο κυριος (ιησους) ανελει τω πνευματι του

1 ονομα

1:12   πιστεως εν δυναμει·   οπως ενδοξασθη το ονομα του κυριου ημων ιησου εν υμιν· και υμεις

1 ονοματι

3:6   παραγγελλομεν δε υμιν· αδελφοι· εν ονοματι του κυριου ιησου χριστου· στελλεσθαι

1 οπως

1:12   και εργον πιστεως εν δυναμει· οπως ενδοξασθη το ονομα του κυριου ημων ιησου

1 ος

3:3   η πιστις·   πιστος δε εστιν ο κυριος· ος στηριξει υμας και φυλαξει απο του πονηρου·

1 οταν

1:10   και απο της δοξης της ισχυος αυτου· οταν ελθη ενδοξασθηναι εν τοις αγιοις αυτου και

1 οτε

3:10   υμιν εις το μιμεισθαι ημας·   και γαρ οτε ημεν προς υμας, τουτο παρηγγελλομεν υμιν·

11 οτι

3:4   πεποιθαμεν δε εν κυριω εφ υμας· οτι α παραγγελλομεν (και) ποιειτε και ποιησετε·
2:3   τις υμας εξαπατηση κατα μηδενα τροπον· οτι εαν μη ελθη η αποστασια πρωτον και
3:10   προς υμας· τουτο παρηγγελλομεν υμιν· οτι ει τις ου θελει εργαζεσθαι μηδε εσθιετω·
2:13   υμων· αδελφοι ηγαπημενοι υπο κυριου· οτι ειλατο υμας ο θεος απαρχην εις σωτηριαν εν
2:2   λογου μητε δι επιστολης ως δι ημων, ως οτι ενεστηκεν η ημερα του κυριου·   μη τις υμας
1:10   θαυμασθηναι εν πασιν τοις πιστευσασιν· οτι επιστευθη το μαρτυριον ημων εφ υμας· εν τη
2:4   του θεου καθισαι· αποδεικνυντα εαυτον οτι εστιν θεος·   ου μνημονευετε οτι ετι ων προς
2:5   εαυτον οτι εστιν θεος·   ου μνημονευετε οτι ετι ων προς υμας ταυτα ελεγον υμιν·   και
3:9   προς το μη επιβαρησαι τινα υμων·   ουχ οτι ουκ εχομεν εξουσιαν, αλλ ινα εαυτους τυπον
3:7   γαρ οιδατε πως δει μιμεισθαι ημας· οτι ουκ ητακτησαμεν εν υμιν·   ουδε δωρεαν αρτο
1:3   περι υμων· αδελφοι· καθως αξιον εστιν· οτι υπεραυξανει η πιστις υμων και πλεοναζει η

4 ου

3:2   απο των ατοπων και πονηρων ανθρωπων· ου γαρ παντων η πιστις·   πιστος δε εστιν ο
2:9   τη επιφανεια της παρουσιας αυτου· ου εστιν η παρουσια κατ ενεργειαν του σατανα ε
3:10   τουτο παρηγγελλομεν υμιν· οτι ει τις ου θελει εργαζεσθαι μηδε εσθιετω·   ακουομεν γαρ
2:5   αποδεικνυντα εαυτον οτι εστιν θεος· ου μνημονευετε οτι ετι ων προς υμας ταυτα

1 ουδε

3:8   ημας· οτι ουκ ητακτησαμεν εν υμιν· ουδε δωρεαν αρτον εφαγομεν παρα τινος· αλλ εν

3 ουκ

2:10   ανθ ων την αγαπην της αληθειας ουκ εδεξαντο εις το σωθηναι αυτους·   και δια
3:9   το μη επιβαρησαι τινα υμων·   ουχ οτι ουκ εχομεν εξουσιαν, αλλ ινα εαυτους τυπον
3:7   γαρ οιδατε πως δει μιμεισθαι ημας· οτι ουκ ητακτησαμεν εν υμιν·   ουδε δωρεαν αρτον

1 ουν

2:15   του κυριου ημων ιησου χριστου·   αρα ουν· αδελφοι· στηκετε· και κρατειτε τας

1 ουρανου

1:7   εν τη αποκαλυψει του κυριου ιησου απ ουρανου μετ αγγελων δυναμεως αυτου   εν πυρι

1 ουτως

3:17   ο εστιν σημειον εν παση επιστολη· ουτως γραφω·   η χαρις του κυριου ημων ιησου

2 ουχ

3:9   προς το μη επιβαρησαι τινα υμων· ουχ οτι ουκ εχομεν εξουσιαν, αλλ ινα εαυτους
3:14   εγκακησητε καλοποιουντες·   ει δε τις ουχ υπακουει τω λογω ημων δια της επιστολης·

2 οφειλομεν

2:13   αλλα ευδοκησαντες τη αδικια·   ημεις δε οφειλομεν ευχαριστειν τω θεω παντοτε περι υμων·
1:3   και κυριου ιησου χριστου·   ευχαριστειν οφειλομεν τω θεω παντοτε περι υμων· αδελφοι·

1 παντα

2:4   ο αντικειμενος και υπεραιρομενος επι παντα λεγομενον θεον η σεβασμα· ωστε αυτον εις

1 παντες

2:12   αυτους τω ψευδει·   ινα κριθωσιν παντες οι μη πιστευσαντες τη αληθεια αλλα

2 παντι

:17   υμων τας καρδιας και στηριξαι εν   παντι εργω και λογω αγαθω.   το λοιπον
:16   δωη υμιν την ειρηνην δια παντος εν   παντι τροπω. ο κυριος μετα παντων υμων.   ο

2 παντος

:6   ιησου χριστου. στελλεσθαι υμας απο   παντος αδελφου ατακτως περιπατουντος και μη
:16   της ειρηνης δωη υμιν την ειρηνην δια   παντος εν παντι τροπω. ο κυριος μετα παντων

3 παντοτε

:13   ημεις δε οφειλομεν ευχαριστειν τω θεω   παντοτε περι υμων, αδελφοι ηγαπημενοι υπο
:3   χριστου. ευχαριστειν οφειλομεν τω θεω   παντοτε περι υμων. αδελφοι, καθως αξιον εστιν.
:11   ημερα εκεινη. εις ο και προσευχομεθα   παντοτε περι υμων. ινα υμας αξιωση της κλησεως

4 παντων

:2   ατοπων και πονηρων ανθρωπων. ου γαρ   παντων η πιστις.   πιστος δε εστιν ο κυριος, ος
:3   και πλεοναζει η αγαπη ενος εκαστου   παντων υμων εις αλληλους.   ωστε αυτους ημας εν
:18   του κυριου ημων ιησου χριστου μετα   παντων υμων.
:16   παντος εν παντι τροπω. ο κυριος μετα   παντων υμων.   ο ασπασμος τη εμη χειρι παυλου. ο

1 παρ

:6   μη κατα την παραδοσιν ην παρελαβοσαν   παρ ημων.   αυτοι γαρ οιδατε πως δει μιμεισθαι

2 παρα

:6   υπερ ης και πασχετε.   ειπερ δικαιον   παρα θεω ανταποδουναι τοις θλιβουσιν υμας
:8   εν υμιν.   ουδε δωρεαν αρτον εφαγομεν   παρα τινος. αλλ εν κοπω και μοχθω νυκτος και

3 παραγγελλομεν

:6   και εις την υπομονην του χριστου.   παραγγελλομεν δε υμιν, αδελφοι, εν ονοματι του
:12   περιεργαζομενους.   τοις δε τοιουτοις   παραγγελλομεν και παρακαλουμεν εν κυριω ιησου
:4   πεποιθαμεν δε εν κυριω εφ υμας. οτι α   παραγγελλομεν (και) ποιειτε και ποιησετε.   ο δε

1 παραδοσεις

:15   αδελφοι, στηκετε, και κρατειτε τας   παραδοσεις ας εδιδαχθητε ειτε δια λογου ειτε δι

1 παραδοσιν

:6   ατακτως περιπατουντος και μη κατα την   παραδοσιν ην παρελαβοσαν παρ ημων.   αυτοι γαρ

1 παρακαλεσαι

:17   αιωνιαν και ελπιδα αγαθην εν χαριτι.   παρακαλεσαι υμων τας καρδιας και στηριξαι εν

1 παρακαλουμεν

:12   τοις δε τοιουτοις παραγγελλομεν και   παρακαλουμεν εν κυριω ιησου χριστω ινα μετα

1 παρακλησιν

:16   ο πατηρ ημων. ο αγαπησας ημας και δους   παρακλησιν αιωνιαν και ελπιδα αγαθην εν χαριτι.

1 παρελαβοσαν

:6   και μη κατα την παραδοσιν ην   παρελαβοσαν παρ ημων.   αυτοι γαρ οιδατε πως δει

1 παρηγγελλομεν

:10   και γαρ οτε ημεν προς υμας, τουτο   παρηγγελλομεν υμιν, οτι ει τις ου θελει

1 παρουσια

:9   της παρουσιας αυτου.   ου εστιν η   παρουσια κατ ενεργειαν του σατανα εν παση

2 παρουσιας

:8   αυτου και καταργησει τη επιφανεια της   παρουσιας αυτου.   ου εστιν η παρουσια κατ
:1   ερωτωμεν δε υμας, αδελφοι, υπερ της   παρουσιας του κυριου ημων ιησου χριστου και

1 πασαν

:11   της κλησεως ο θεος ημων και πληρωση   πασαν ευδοκιαν αγαθωσυνης και εργον πιστεως εν

3 παση

:10   σημειοις και τερασιν ψευδους   και εν   παση απατη αδικιας τοις απολλυμενοις. ανθ ων
:9   η παρουσια κατ ενεργειαν του σατανα εν   παση δυναμει και σημειοις και τερασιν ψευδους
:17   εμη χειρι παυλου. ο εστιν σημειον εν   παση επιστολη. ουτως γραφω.   η χαρις του κυριου

2 πασιν

:4   υπερ της υπομονης υμων και πιστεως εν   πασιν τοις διωγμοις υμων και ταις θλιψεσιν αις
:10   τοις αγιοις αυτου και θαυμασθηναι εν   πασιν τοις πιστευσασιν, οτι επιστευθη το

1:5   1 πασχετε
  της βασιλειας του θεου. υπερ ης και πασχετε. ειπερ δικαιον παρα θεω ανταποδουναι

2:16   1 πατηρ
  ημων ιησους χριστος και (ο) θεος ο πατηρ ημων. ο αγαπησας ημας και δους παρακλησιν

1:1   1 πατρι
  τη εκκλησια θεσσαλονικεων εν θεω πατρι ημων και κυριω ιησου χριστω. χαρις υμιν

1:2   1 πατρος
  χαρις υμιν και ειρηνη απο θεου πατρος και κυριου ιησου χριστου. ευχαριστειν

1:1   1 παυλος
  παυλος και σιλουανος και τιμοθεος τη εκκλησια

3:17 παντων υμων. ο ασπασμος τη εμη χειρι παυλου. ο εστιν σημειον εν ταση επιστολη. ουτως
                              1 παυλου

2:11   1 πεμπει
  εις το σωθηναι αυτους. και δια τουτο πεμπει αυτοις ο θεος ενεργειαν πλανης εις το

3:4   1 πεποιθαμεν
  υμας και φυλαξει απο του πονηρου. πεποιθαμεν δε εν κυριω εφ υμας. οτι α

                              4 περι
3:1   το λοιπον προσευχεσθε. αδελφοι. περι ημων. ινα ο λογος του κυριου τρεχη και
2:13 οφειλομεν ευχαριστειν τω θεω παντοτε περι υμων. αδελφοι ηγαπημενοι υπο κυριου. οτι
1:3   ευχαριστειν οφειλομεν τω θεω παντοτε περι υμων. αδελφοι. καθως αξιον εστιν. οτι
1:11   εις ο και προσευχομεθα παντοτε περι υμων. ινα υμας αξιωση της κλησεως ο θεος

3:11   1 περιεργαζομενου
  υμιν ατακτως. μηδεν εργαζομενους αλλα περιεργαζομενους. τοις δε τοιουτοις

3:11   1 περιπατουντας
  μηδε εσθιετω. ακουομεν γαρ τινας περιπατουντας εν υμιν ατακτως. μηδεν

3:6   1 περιπατουντος
  υμας απο παντος αδελφου ατακτως περιπατουντος και μη κατα την παραδοσιν ην

2:14   1 περιποιησιν
  υμας δια του ευαγγελιου ημων. εις περιποιησιν δοξης του κυριου ημων ιησου

2:13   1 πιστει
  εις σωτηριαν εν αγιασμω πνευματος και πιστει αληθειας. εις ο εκαλεσεν υμας δια του

2:11   1 πιστευσαι
  αυτοις ο θεος ενεργειαν πλανης εις το πιστευσαι αυτους τω ψευδει. ινα κριθωσιν

2:12   1 πιστευσαντες
  τω ψευδει. ινα κριθωσιν παντες οι μη πιστευσαντες τη αληθεια αλλα ευδοκησαντες τη

1:10   1 πιστευσασιν
  αυτου και θαυμασθηναι εν πασιν τοις πιστευσασιν. οτι επιστευθη το μαρτυριον ημων εφ

1:11   2 πιστεως
  πασαν ευδοκιαν αγαθωσυνης και εργον πιστεως εν δυναμει. οπως ενδοξασθη το ονομα
1:4   του θεου υπερ της υπομονης υμων και πιστεως εν πασιν τοις διωγμοις υμων και ταις

1:3   2 πιστις
  καθως αξιον εστιν. οτι υπεραυξανει η πιστις υμων και πλεοναζει η αγαπη ενος εκαστου
3:2   και πονηρων ανθρωπων. ου γαρ παντων η πιστις. πιστος δε εστιν ο κυριος. ος στηριξει

3:3   1 πιστος
  ανθρωπων. ου γαρ παντων η πιστις. πιστος δε εστιν ο κυριος. ος στηριξει υμας και

2:11   1 πλανης
  τουτο πεμπει αυτοις ο θεος ενεργειαν πλανης εις το πιστευσαι αυτους τω ψευδει. ινα

1:3   1 πλεοναζει
  οτι υπεραυξανει η πιστις υμων και πλεοναζει η αγαπη ενος εκαστου παντων υμων εις

		1 πληρωση
1:11	αξιωση της κλησεως ο θεος ημων και	πληρωση πασαν ευδοκιαν αγαθωσυνης και εργον

		1 πνευματι
2:8	ανομος. ον ο κυριος (ιησους) ανελει τω	πνευματι του στοματος αυτου και καταργησει τη

		2 πνευματος
2:13	ο θεος απαρχην εις σωτηριαν εν αγιασμω	πνευματος και πιστει αληθειας. εις ο εκαλεσεν
2:2	απο του νοος μηδε θροεισθαι μητε δια	πνευματος μητε δια λογου μητε δι επιστολης ως

		1 ποιειτε
3:4	εφ υμας. οτι α παραγγελλομεν (και)	ποιειτε και ποιησετε. ο δε κυριος κατευθυναι

		1 ποιησετε
3:4	οτι α παραγγελλομεν (και) ποιειτε και	ποιησετε. ο δε κυριος κατευθυναι υμων τας

		1 πονηρου
3:3	ος στηριξει υμας και φυλαξει απο του	πονηρου. πεποιθαμεν δε εν κυριω εφ υμας. οτι α

		1 πονηρων
3:2	και ινα ρυσθωμεν απο των ατοπων και	πονηρων ανθρωπων. ου γαρ παντων η πιστις.

		1 προσευχεσθε
3:1	παντι εργω και λογω αγαθω. το λοιπον	προσευχεσθε. αδελφοι. περι ημων. ινα ο λογος

		1 προσευχομεθα
1:11	υμας. εν τη ημερα εκεινη. εις ο και	προσευχομεθα παντοτε περι υμων. ινα υμας αξιωση

		1 προσωπου
1:9	δικην τισουσιν ολεθρον αιωνιον απο	προσωπου του κυριου και απο της δοξης της

		4 προς
3:8	μοχθω νυκτος και ημερας εργαζομενοι	προς το μη επιβαρησαι τινα υμων. ουχ οτι ουκ
2:5	εστιν θεος. ου μνημονευετε οτι ετι ων	προς υμας ταυτα ελεγον υμιν; και νυν το
3:1	κυριου τρεχη και δοξαζηται καθως και	προς υμας. και ινα ρυσθωμεν απο των ατοπων και
3:10	το μιμεισθαι ημας. και γαρ οτε ημεν	προς υμας. τουτο παρηγγελλομεν υμιν. οτι ει τις

		1 πρωτον
2:3	τροπον. οτι εαν μη ελθη η αποστασια	πρωτον και αποκαλυφθη ο ανθρωπος της ανομιας. ο

		1 πυρι
1:8	ουρανου μετ αγγελων δυναμεως αυτου εν	πυρι φλογος. διδοντος εκδικησιν τοις μη ειδοσιν

		1 πως
3:7	παρ ημων. αυτοι γαρ οιδατε	πως δει μιμεισθαι ημας. οτι ουκ ητακτησαμεν εν

		1 ρυσθωμεν
3:2	καθως και προς υμας. και ινα	ρυσθωμεν απο των ατοπων και πονηρων ανθρωπων.

		1 σαλευθηναι
2:2	επ αυτον. εις το μη ταχεως	σαλευθηναι υμας απο του νοος μηδε θροεισθαι

		1 σατανα
2:9	ου εστιν η παρουσια κατ ενεργειαν του	σατανα εν παση δυναμει και σημειοις και τερασιν

		1 σεβασμα
2:4	επι παντα λεγομενον θεον η	σεβασμα. ωστε αυτον εις τον ναον του θεου

		1 σημειοις
2:9	του σατανα εν παση δυναμει και	σημειοις και τερασιν ψευδους και εν παση απατη

		1 σημειον
3:17	ασπασμος τη εμη χειρι παυλου. ο εστιν	σημειον εν παση επιστολη. ουτως γραφω. η χαρις

		1 σημειουσθε
3:14	τω λογω ημων δια της επιστολης. τουτον	σημειουσθε. μη συναναμιγνυσθαι αυτω. ινα

		1 σιλουανος
1:1	παυλος και σιλουανος και τιμοθεος τη εκκλησια	

3:6   εν ονοματι του κυριου ιησου χριστου. **στελλεσθαι**

1 στελλεσθαι

στελλεσθαι υμας απο παντος αδελφου ατακτως

2:15   ημων ιησου χριστου. αρα ουν, αδελφοι.

1 στηκετε

στηκετε. και κρατειτε τας παραδοσεις ας

2:17   παρακαλεσαι υμων τας καρδιας και

1 στηριξαι

στηριξαι εν παντι εργω και λογω αγαθω. το

3:3   πιστις. πιστος δε εστιν ο κυριος, ος

1 στηριξει

στηριξει υμας και φυλαξει απο του πονηρου.

2:8   κυριος (ιησους) ανελει τω πνευματι του

1 στοματος

στοματος αυτου και καταργησει τη επιφανεια της

3:14   της επιστολης. τουτον σημειουσθε. μη

1 συναναμιγνυσθαι

συναναμιγνυσθαι αυτω, ινα εντραπη. και μη ως

2:10   της αληθειας ουκ εδεξαντο εις το

1 σωθηναι

σωθηναι αυτους. και δια τουτο πεμπει αυτοις ο

2:13   οτι ειλατο υμας ο θεος απαρχην εις

1 σωτηριαν

σωτηριαν εν αγιασμω πνευματος και πιστει

2:5   ου μνημονευετε οτι ετι ων προς υμας

1 ταυτα

ταυτα ελεγον υμιν; και νυν το κατεχον οιδατε.

2:2   ημων επισυναγωγης επ αυτον. εις το μη

1 ταχεως

ταχεως σαλευθηναι υμας απο του νοος μηδε

2:9   εν παση δυναμει και σημειοις και

1 τερασιν

τερασιν ψευδους και εν παση απατη αδικιας τοις

1:1   παυλος και σιλουανος και

1 τιμοθεος

τιμοθεος τη εκκλησια θεσσαλονικεων εν θεω πατρι

3:8   εργαζομενοι προς το μη επιβαρησαι

1 τινα

τινα υμων. ουχ οτι ουκ εχομεν εξουσιαν, αλλ

3:11   εργαζεσθαι μηδε εσθιετω. ακουομεν γαρ

1 τινας

τινας περιπατουντας εν υμιν ατακτως, μηδεν

3:8   υμιν. ουδε δωρεαν αρτον εφαγομεν παρα

1 τινος

τινος. αλλ εν κοπω και μοχθω νυκτος και ημερας

1:9   του κυριου ημων ιησου. οιτινες δικην

1 τισουσιν

τισουσιν ολεθρον αιωνιον απο προσωπου του

3:10   υμας. τουτο παρηγγελλομεν υμιν, οτι ει

3 τις

τις ου θελει εργαζεσθαι μηδε εσθιετω. ακουομεν

3:14   μη εγκακησητε καλοποιουντες. ει δε

τις ουχ υπακουει τω λογω ημων δια της

2:3   οτι ενεστηκεν η ημερα του κυριου. μη

τις υμας εξαπατηση κατα μηδενα τροπον. οτι εαν

3:12   αλλα περιεργαζομενους. τοις δε

1 τοιουτοις

τοιουτοις παραγγελλομεν και παρακαλουμεν εν

2:8   αρτι εως εκ μεσου γενηται. και

1 τοτε

τοτε αποκαλυφθησεται ο ανομος. ον ο κυριος

3:10   ημας. και γαρ οτε ημεν προς υμας.

2 τουτο

τουτο παρηγγελλομεν υμιν, οτι ει τις ου θελει

2:11   εις το σωθηναι αυτους. και δια

τουτο πεμπει αυτοις ο θεος ενεργειαν πλανης εις

3:14   τω λογω ημων δια της επιστολης.

1 τουτον

τουτον σημειουσθε, μη συναναμιγνυσθαι αυτω, ινα

3:1   περι ημων. ινα ο λογος του κυριου

1 τρεχη

τρεχη και δοξαζηται καθως και προς υμας. και

2:3   μη τις υμας εξαπατηση κατα μηδενα

1 τροπον

τροπον. οτι εαν μη ελθη η αποστασια πρωτον και

1 τροπω

:16   υμιν την ειρηνην δια παντος εν παντι τροπω. ο κυριος μετα παντων υμων.   ο ασπασμος

1 τυπον

:9   ουκ εχομεν εξουσιαν. αλλ ινα εαυτους τυπον δωμεν υμιν εις το μιμεισθαι ημας.   και

1 υιος

:3   αποκαλυφθη ο ανθρωπος της ανομιας. ο υιος της απωλειας.   ο αντικειμενος και

15 υμας

:11   προσευχομεθα παντοτε περι υμων. ινα υμας αξιωση της κλησεως ο θεος ημων και πληρωση
:6   του κυριου ιησου χριστου. στελλεσθαι υμας απο παντος αδελφου ατακτως περιπατουντος
:2   επ αυτον. εις το μη ταχεως σαλευθηναι υμας απο του νοος μηδε θροεισθαι μητε δια
:14   και πιστει αληθειας. εις ο εκαλεσεν υμας δια του ευαγγελιου ημων, εις περιποιησιν
:3   ενεστηκεν η ημερα του κυριου. μη τις υμας εξαπατηση κατα μηδενα τροπον. οτι εαν μη
:6   παρα θεω ανταποδουναι τοις θλιβουσιν υμας θλιψιν και υμιν τοις θλιβομενοις ανεσιν
:3   πιστος δε εστιν ο κυριος. ος στηριξει υμας και φυλαξει απο του πονηρου. πεποιθαμεν
:13   ηγαπημενοι υπο κυριου. οτι ειλατο υμας ο θεος απαρχην εις σωτηριαν εν αγιασμω
:   θεος. ου μνημονευετε οτι ετι ων προς υμας ταυτα ελεγον υμιν; και νυν το κατεχον
:5   κρισεως του θεου. εις το καταξιωθηναι υμας της βασιλειας του θεου. υπερ ης και
:1   τρεχη και δοξαζηται καθως και προς υμας.   και ινα ρυσθωμεν απο των ατοπων και
:1   κυριου ιησου χριστου.   ερωτωμεν δε υμας. αδελφοι. υπερ της παρουσιας του κυριου
:10   οτι επιστευθη το μαρτυριον ημων εφ υμας. εν τη ημερα εκεινη. εις ο και
:4   πονηρου.   πεποιθαμεν δε εν κυριω εφ υμας. οτι α παραγγελλομεν (και) ποιειτε και
:10   μιμεισθαι ημας.   και γαρ οτε ημεν προς υμας. τουτο παρηγγελλομεν υμιν. οτι ει τις ου

2 υμεις

:13   τον εαυτων αρτον εσθιωσιν. υμεις δε. αδελφοι. μη εγκακησητε καλοποιουντες.
:12   του κυριου ημων ιησου εν υμιν. και υμεις εν αυτω. κατα την χαριν του θεου ημων και

11 υμιν

:7   τοις θλιβουσιν υμας θλιψιν και υμιν τοις θλιβομενοις ανεσιν μεθ ημων εν τη
:11   ακουομεν γαρ τινας περιπατουντας εν υμιν ατακτως. μηδεν εργαζομενους αλλα
:4   εις αλληλους.   ωστε αυτους ημας εν υμιν εγκαυχασθαι εν ταις εκκλησιαις του θεου
:9   εξουσιαν. αλλ ινα εαυτους τυπον δωμεν υμιν εις το μιμεισθαι ημας.   και γαρ οτε ημεν
:2   ημων και κυριω ιησου χριστω.   χαρις υμιν και ειρηνη απο θεου πατρος και κυριου
:16   αυτος δε ο κυριος της ειρηνης δωη υμιν την ειρηνην δια παντος εν παντι τροπω. ο
:5   οτι ετι ων προς υμας ταυτα ελεγον υμιν;   και νυν το κατεχον οιδατε. εις το
:7   μιμεισθαι ημας. οτι ουκ ητακτησαμεν εν υμιν.   ουδε δωρεαν αρτον εφαγομεν παρα τινος.
:   του χριστου.   παραγγελλομεν δε υμιν. αδελφοι. εν ονοματι του κυριου ιησου
:12   το ονομα του κυριου ημων ιησου εν υμιν. και υμεις εν αυτω. κατα την χαριν του
:10   ημεν προς υμας. τουτο παρηγγελλομεν υμιν. οτι ει τις ου θελει εργαζεσθαι μηδε

12 υμων

:3   πλεοναζει η αγαπη ενος εκαστου παντων υμων εις αλληλους.   ωστε αυτους ημας εν υμιν
:4   εκκλησιαις του θεου. υπερ της υπομονης υμων και πιστεως εν πασιν τοις διωγμοις υμων
:3   αξιον εστιν. οτι υπεραυξανει η πιστις υμων και πλεοναζει η αγαπη ενος εκαστου παντων
:4   και πιστεως εν πασιν τοις διωγμοις υμων και ταις θλιψεσιν αις ανεχεσθε.   ενδειγμα
:5   και ποιησετε.   ο δε κυριος κατευθυναι υμων τας καρδιας εις την αγαπην του θεου και
:17   ελπιδα αγαθην εν χαριτι. παρακαλεσαι υμων τας καρδιας και στηριξαι εν παντι εργω και
:18   κυριου ημων ιησου χριστου μετα παντων υμων.
:16   εν παντι τροπω. ο κυριος μετα παντων υμων.   ο ασπασμος τη εμη χειρι παυλου. ο εστιν
:8   εργαζομενοι προς το μη επιβαρησαι τινα υμων.   ουχ οτι ουκ εχομεν εξουσιαν. αλλ ινα
:13   ευχαριστειν τω θεω παντοτε περι υμων. αδελφοι ηγαπημενοι υπο κυριου. οτι ειλατο
:3   οφειλομεν τω θεω παντοτε περι υμων. αδελφοι. καθως αξιον εστιν. οτι
:11   εις ο και προσευχομεθα παντοτε περι υμων. ινα υμας αξιωση της κλησεως ο θεος ημων

1 υπακουει

:14   καλοποιουντες.   ει δε τις ουχ υπακουει τω λογω ημων δια της επιστολης. τουτον

1 υπακουουσιν

:8   τοις μη ειδοσιν θεον και τοις μη υπακουουσιν τω ευαγγελιω του κυριου ημων ιησου.

3 υπερ

:5   υμας της βασιλειας του θεου. υπερ ης και πασχετε. ειπερ δικαιον παρα θεω
:1   χριστου.   ερωτωμεν δε υμας. αδελφοι. υπερ της παρουσιας του κυριου ημων ιησου
:4   εν ταις εκκλησιαις του θεου. υπερ της υπομονης υμων και πιστεως εν πασιν

1 υπεραιρομενος

:4   υιος της απωλειας. ο αντικειμενος και υπεραιρομενος επι παντα λεγομενον θεον η

1 υπεραυξανει

1:3   υμων. αδελφοι. καθως αξιον εστιν. οτι υπεραυξανει η πιστις υμων και πλεοναζει η αγαπη

1 υπο

2:13   παντοτε περι υμων. αδελφοι ηγαπημενοι υπο κυριου. οτι ειλατο υμας ο θεος απαρχην εις

1 υπομονην

3:5   εις την αγαπην του θεου και εις την υπομονην του χριστου.   παραγγελλομεν δε υμιν.

1 υπομονης

1:4   εν ταις εκκλησιαις του θεου υπερ της υπομονης υμων και πιστεως εν πασιν τοις

1 φλογος

1:8   μετ αγγελων δυναμεως αυτου   εν πυρι φλογος. διδοντος εκδικησιν τοις μη ειδοσιν θεον

1 φυλαξει

3:3   εστιν ο κυριος. ος στηριξει υμας και φυλαξει απο του πονηρου.   πεποιθαμεν δε εν

1 χαριν

1:12   εν υμιν. και υμεις εν αυτω. κατα την χαριν του θεου ημων και κυριου ιησου χριστου.

2 χαρις

3:18   εν παση επιστολη. ουτως γραφω. η χαρις του κυριου ημων ιησου χριστου μετα παντων
1:2   πατρι ημων και κυριω ιησου χριστω. χαρις υμιν και ειρηνη απο θεου πατρος και

1 χαριτι

2:16   αιωνιαν και ελπιδα αγαθην εν χαριτι,   παρακαλεσαι υμων τας καρδιας και

1 χειρι

3:17   μετα παντων υμων. ο ασπασμος τη εμη χειρι παυλου. ο εστιν σημειον εν παση επιστολη.

1 χριστος

2:16   ημων.   αυτος δε ο κυριος ημων ιησους χριστος και (ο) θεος ο πατηρ ημων. ο αγαπησας

7 χριστου

2:1   της παρουσιας του κυριου ημων ιησου χριστου και ημων επισυναγωγης επ αυτον.   εις το
3:18   γραφω. η χαρις του κυριου ημων ιησου χριστου μετα παντων υμων.
1:12   χαριν του θεου ημων και κυριου ιησου χριστου.   ερωτωμεν δε υμας. αδελφοι. υπερ της
2:14   δοξης του κυριου ημων ιησου χριστου.   αρα ουν. αδελφοι. στηκετε. και
1:2   απο θεου πατρος και κυριου ιησου χριστου.   ευχαριστειν οφειλομεν τω θεω παντοτε
3:5   του θεου και εις την υπομονην του χριστου.   παραγγελλομεν δε υμιν. αδελφοι. εν
3:6   αδελφοι. εν ονοματι του κυριου ιησου χριστου. στελλεσθαι υμας απο παντος αδελφου

2 χριστω

3:12   και παρακαλουμεν εν κυριω ιησου χριστω ινα μετα ησυχιας εργαζομενοι τον εαυτων
1:1   εν θεω πατρι ημων και κυριω ιησου χριστω.   χαρις υμιν και ειρηνη απο θεου πατρος

1 ψευδει

2:11   πλανης εις το πιστευσαι αυτους τω ψευδει,   ινα κριθωσιν παντες οι μη πιστευσαντες

1 ψευδους

2:9   παση δυναμει και σημειοις και τερασιν ψευδους   και εν παση απατη αδικιας τοις

2 ων

2:5   εστιν θεος.   ου μνημονευετε οτι ετι ων προς υμας ταυτα ελεγον υμιν;   και νυν το
2:10   απατη αδικιας τοις απολλυμενοις. ανθ ων την αγαπην της αληθειας ουκ εδεξαντο εις το

2 ωστε

2:4   επι παντα λεγομενον θεον η σεβασμα. ωστε αυτον εις τον ναον του θεου καθισαι.
1:4   εκαστου παντων υμων εις αλληλους. ωστε αυτους ημας εν υμιν εγκαυχασθαι εν ταις

4 ως

3:15   μη ως εχθρον ηγεισθε. αλλα νουθετειτε ως αδελφον. αυτος δε ο κυριος της ειρηνης δωη
2:2   μητε δια λογου μητε δι επιστολης ως δι ημων. ως οτι ενεστηκεν η ημερα του
3:15   αυτω. ινα εντραπη. και μη ως εχθρον ηγεισθε. αλλα νουθετειτε ως αδελφον.
2:2   λογου μητε δι επιστολης ως δι ημων. ως οτι ενεστηκεν η ημερα του κυριου. μη τις

II THESSALONIANS
PART VI
REVERSE CONCORDANCE

		1	α	
3:4	πεποιθαμεν δε εν κυριω εφ υμας. οτι α	παραγγελλομεν (και) ποιειτε και ποιησετε. ο

1 ελπιδα

2:16   και δους παρακλησιν αιωνιαν και ελπιδα αγαθην εν χαριτι. παρακαλεσαι υμων τας

1 προσευχομεθα

1:11   ημερα εκεινη. εις ο και προσευχομεθα παντοτε περι υμων, ινα υμας αξιωση της κλησεως

7 δια

2:2   απο του νοος μηδε θροεισθαι μητε δια πνευματος μητε δια λογου μητε δι επιστολης ως

2:2   θροεισθαι μητε δια πνευματος μητε δια λογου μητε δι επιστολης ως δι ημων, ως οτι

2:15   τας παραδοσεις ας εδιδαχθητε ειτε δια λογου ειτε δι επιστολης ημων. αυτος δε ο

2:11   εις το σωθηναι αυτους. και δια τουτο πεμπει αυτοις ο θεος ενεργειαν πλανης

3:16   της ειρηνης δωη υμιν την ειρηνην δια παντος εν παντι τροπω. ο κυριος μετα παντων

3:14   ει δε τις ουχ υπακουει τω λογω ημων δια της επιστολης. τουτον σημειουσθε, μη

2:14   αληθειας. εις ο εκαλεσεν υμας δια του ευαγγελιου ημων, εις περιποιησιν δοξης του

1 αληθεια

2:12   παντες οι μη πιστευσαντες τη αληθεια αλλα ευδοκησαντες τη αδικια. ημεις δε

1 επιφανεια

2:8   αυτου και καταργησει τη επιφανεια της παρουσιας αυτου. ου εστιν η παρουσια κατ

1 αδικια

2:12   τη αληθεια αλλα ευδοκησαντες τη αδικια ημεις δε οφειλομεν ευχαριστειν τω θεω

1 αποστασια

2:3   τροπον. οτι εαν μη ελθη η αποστασια πρωτον και αποκαλιφθη ο ανθρωπος της ανομιας.

1 εκκλησια

1:1   και σιλουανος και τιμοθεος τη εκκλησια θεσσαλονικεων εν θεω πατρι ημων και κυριω

1 παρουσια

2:9   παρουσιας αυτου. ου εστιν η παρουσια κατ ενεργειαν του σατανα εν παση δυναμει και

3 αλλα

2:12   οι μη πιστευσαντες τη αληθεια αλλα ευδοκησαντες τη αδικια. ημεις δε οφειλομεν

3:11   υμιν ατακτως. μηδεν εργαζομενους αλλα περιεργαζομενους. τοις δε τοιουτοις

3:15   και μη ως εχθρον ηγεισθε, αλλα νουθετειτε ως αδελφον. αυτος δε ο κυριος της

1 ενδειγμα

1:5   ταις θλιψεσιν αις ανεχεσθε. ενδειγμα της δικαιας κρισεως του θεου, εις το

1 ονομα

1:12   εν δυναμει. οπως ενδοξασθη το ονομα του κυριου ημων ιησου εν υμιν. και υμεις εν

1 σεβασμα

2:4   επι παντα λεγομενον θεον η σεβασμα ωστε αυτον εις τον ναον του θεου καθισαι.

1 σατανα

2:9   η παρουσια κατ ενεργειαν του σατανα εν παση δυναμει και σημειοις και τερασιν

1 μηδενα

2:3   μη τις υμας εξαπατηση κατα μηδενα τροπον. οτι εαν μη ελθη η αποστασια πρωτον και

7 ινα

2:12   εις το πιστευσαι αυτους τω ψευδει. ινα κριθωσιν παντες οι μη πιστευσαντες τη αληθεια

3:2   δοξαζηται καθως και προς υμας. και ινα ρυσθωμεν απο των ατοπων και πονηρων ανθρωπων.

3:9   ουχ οτι ουκ εχομεν εξουσιαν, αλλ ινα εαυτους τυπον δωμεν υμιν εις το μιμεισθαι

3:12   παρακαλουμεν εν κυριω ιησου χριστω ινα μετα ησυχιας εργαζομενοι τον εαυτων αρτον

3:1   προσευχεσθε. αδελφοι, περι ημων, ινα ο λογος του κυριου τρεχη και δοξαζηται καθως

1:11   και προσευχομεθα παντοτε περι υμων, ινα υμας αξιωση της κλησεως ο θεος ημων και

3:14   μη συναναμιγνυσθαι αυτω. ινα εντραπη. και μη ως εχθρον ηγεισθε, αλλα

1 τινα

3:8   εργαζομενοι προς το μη επιβαρησαι τινα υμων. ουχ οτι ουκ εχομεν εξουσιαν, αλλ ινα

1 αρα

2:15   του κυριου ημων ιησου χριστου. αρα ουν, αδελφοι, στηκετε. και κρατειτε τας

<table>
</table>

2 παρα

3:8   υμιν.   ουδε δωρεαν αρτον εφαγομεν παρα τινος. αλλ εν κοπω και μοχθω νυκτος και ημερας

1:6   ης και πασχετε. ειπερ δικαιον παρα θεω ανταποδουναι τοις θλιβουσιν υμας θλιψιν

2 ημερα

2:2   ως δι ημων. ως οτι ενεστηκεν η ημερα του κυριου. μη τις υμας εξαπατηση κατα μηδενα

1:10   το μαρτυριον ημων εφ υμας. εν τη ημερα εκεινη. εις ο και προσευχομεθα παντοτε περι

3 κατα

3:6   ατακτως περιπατουντος και μη κατα την παραδοσιν ην παρελαβοσαν παρ ημων. αυτοι

2:3   του κυριου. μη τις υμας εξαπατηση κατα μηδενα τροπον. οτι εαν μη ελθη η αποστασια

1:12   ιησου εν υμιν. και υμεις εν αυτω. κατα την χαριν του θεου ημων και κυριου ιησου

3 μετα

3:12   εν κυριω ιησου χριστω ινα μετα ησυχιας εργαζομενοι τον εαυτων αρτον εσθιωσιν.

3:16   παντος εν παντι τροπω. ο κυριος μετα παντων υμων. ο ασπασμος τη εμη χειρι παυλου.

3:18   του κυριου ημων ιησου χριστου μετα παντων υμων.

1 παντα

2:4   και υπεραιρομενος επι παντα λεγομενον θεον η σεβασμα. ωστε αυτον εις τον

1 αποδεικνυντα

2:4   τον ναον του θεου καθισαι. αποδεικνυντα εαυτον οτι εστιν θεος. ου μνημονευετε οτι ετι

1 ταυτα

2:5   μνημονευετε οτι ετι ων προς υμας ταυτα ελεγον υμιν: και νυν το κατεχον οιδατε. εις

11 δε

3:14   μη εγκακησητε καλοποιουντες. ει δε τις ουχ υπακουει τω λογω ημων δια της

3:4   φυλαξει απο του πονηρου. πεποιθαμεν δε εν κυριω εφ υμας. οτι α παραγγελλομεν (και)

3:6   υπομονην του χριστου. παραγγελλομεν δε υμιν. αδελφοι. εν ονοματι του κυριου ιησου

2:1   και κυριου ιησου χριστου. ερωτωμεν δε υμας. αδελφοι. υπερ της παρουσιας του κυριου

3:5   (και) ποιειτε και ποιησετε. ο δε κυριος κατευθυναι υμων τας καρδιας εις την

2:13   αλλα ευδοκησαντες τη αδικια. ημεις δε οφειλομεν ευχαριστειν τω θεω παντοτε περι

3:13   τον εαυτων αρτον εσθιωσιν. υμεις δε αδελφοι. μη εγκακησητε καλοποιουντες. ει δε

3:12   αλλα περιεργαζομενους. τοις δε τοιουτοις παραγγελλομεν και παρακαλουμεν εν

3:3   ου γαρ παντων η πιστις. πιστος δε εστιν ο κυριος. ος στηριξει υμας και φυλαξει

3:16   αλλα νουθετειτε ως αδελφον. αυτος δε ο κυριος της ειρηνης δωη υμιν την ειρηνην δια

2:16   λογου ειτε δι επιστολης ημων. αυτος δε ο κυριος ημων ιησους χριστος και (ο) θεος ο

2 μηδε

3:10   οτι ει τις ου θελει εργαζεσθαι μηδε εσθιετω. ακουομεν γαρ τινας περιπατουντας εν

2:2   σαλευθηναι υμας απο του νοος μηδε θροεισθαι μητε δια πνευματος μητε δια λογου

1 ουδε

3:8   οτι ουκ ητακτησαμεν εν υμιν. ουδε δωρεαν αρτον εφαγομεν παρα τινος. αλλ εν κοπω

1 ανεχεσθε

1:4   υμων και ταις θλιψεσιν αις ανεχεσθε ενδειγμα της δικαιας κρισεως του θεου. εις

1 προσευχεσθε

3:1   και λογω αγαθω. το λοιπον προσευχεσθε αδελφοι. περι ημων. ινα ο λογος του κυριου

1 ηγεισθε

3:15   ινα εντραπη. και μη ως εχθρον ηγεισθε αλλα νουθετειτε ως αδελφον. αυτος δε ο

1 σημειουσθε

3:14   δια της επιστολης. τουτον σημειουσθε μη συναναμιγνυσθαι αυτω. ινα εντραπη. και μη

2 οιδατε

2:6   ελεγον υμιν: και νυν το κατεχον οιδατε εις το αποκαλυφθηναι αυτον εν τω εαυτου

3:7   παρελαβοσαν παρ ημων. αυτοι γαρ οιδατε πως δει μιμεισθαι ημας. οτι ουκ ητακτησαμεν εν

1 στηκετε

2:15   χριστου. αρα ουν. αδελφοι. στηκετε και κρατειτε τας παραδοσεις ας εδιδαχθητε

1 ποιησετε

3:4   (και) ποιειτε και ποιησετε ο δε κυριος κατευθυναι υμων τας καρδιας εις

1 μνημονευετε

2:5   εαυτον οτι εστιν θεος. ου μνημονευετε οτι ετι ων προς υμας ταυτα ελεγον υμιν: και

1 πασχετε
1:5 βασιλειας του θεου. υπερ ης και πασχετε ειπερ δικαιον παρα θεω ανταποδουναι τοις

1 εδιδαχθητε
2:15 κρατειτε τας παραδοσεις ας εδιδαχθητε ειτε δια λογου ειτε δι επιστολης ημων. αυτος

3 μητε
2:2 υμας απο του νοος μηδε θροεισθαι μητε δια πνευματος μητε δια λογου μητε δι επιστολης
2:2 μηδε θροεισθαι μητε δια πνευματος μητε δια λογου μητε δι επιστολης ως δι ημων. ως οτι
2:2 μητε δια πνευματος μητε δια λογου μητε δι επιστολης ως δι ημων. ως οτι ενεστηκεν η

1 εγκακησητε
3:13 υμεις δε. αδελφοι, μη εγκακησητε καλοποιουντες. ει δε τις ουχ υπακουει τω λογω

2 ειτε
2:15 τας παραδοσεις ας εδιδαχθητε ειτε δια λογου ειτε δι επιστολης ημων. αυτος δε ο
2:15 ας εδιδαχθητε ειτε δια λογου ειτε δι επιστολης ημων. αυτος δε ο κυριος ημων

1 ποιειτε
3:4 υμας. οτι α παραγγελλομεν (και) ποιειτε και ποιησετε. ο δε κυριος κατευθυναι υμων τας

1 κρατειτε
2:15 αρα ουν. αδελφοι. στηκετε. και κρατειτε τας παραδοσεις ας εδιδαχθητε ειτε δια λογου

1 νουθετειτε
3:15 μη ως εχθρον ηγεισθε. αλλα νουθετειτε ως αδελφον. αυτος δε ο κυριος της ειρηνης δωη

1 οτε
3:10 εις το μιμεισθαι ημας. και γαρ οτε ημεν προς υμας. τουτο παρηγγελλομεν υμιν. οτι

1 τοτε
2:8 αρτι εως εκ μεσου γενηται. και τοτε αποκαλυφθησεται ο ανομος. ον ο κυριος (ιησους)

3 παντοτε
1:11 εκεινη. εις ο και προσευχομεθα παντοτε περι υμων. ινα υμας αξιωση της κλησεως ο θεος
1:3 ευχαριστειν οφειλομεν τω θεω παντοτε περι υμων. αδελφοι. καθως αξιον εστιν. οτι
2:13 δε οφειλομεν ευχαριστειν τω θεω παντοτε περι υμων. αδελφοι ηγαπημενοι υπο κυριου. οτι

2 ωστε
1:4 εκαστου παντων υμων εις αλληλους. ωστε αυτους ημας εν υμιν εγκαυχασθαι εν ταις
2:4 παντα λεγομενον θεον η σεβασμα. ωστε αυτον εις τον ναον του θεου καθισαι.

8 η
3:18 εν παση επιστολη. ουτως γραφω. η χαρις του κυριου ημων ιησου χριστου μετα
2:3 κατα μηδενα τροπον. οτι εαν μη ελθη η αποστασια πρωτον και αποκαλυφθη ο ανθρωπος της
1:3 η πιστις υμων και πλεοναζει η αγαπη ενος εκαστου παντων υμων εις αλληλους.
1:3 καθως αξιον εστιν. οτι υπεραυξανει η πιστις υμων και πλεοναζει η αγαπη ενος εκαστου
2:2 ως δι ημων. ως οτι ενεστηκεν η ημερα του κυριου. μη τις υμας εξαπατηση κατα
2:9 της παρουσιας αυτου. ου εστιν η παρουσια κατ ενεργειαν του σατανα εν παση
2:4 επι παντα λεγομενον θεον η σεβασμα. ωστε αυτον εις τον ναον του θεου
3:2 και πονηρων ανθρωπων. ου γαρ παντων η πιστις. πιστος δε εστιν ο κυριος. ος στηριξει

1 ηδη
2:7 τω εαυτου καιρω. το γαρ μυστηριον ηδη ενεργειται της ανομιας. μονον ο κατεχων αρτι

2 ελθη
2:3 κατα μηδενα τροπον. οτι εαν μη ελθη η αποστασια πρωτον και αποκαλυφθη ο ανθρωπος
1:10 της δοξης της ισχυος αυτου. οταν ελθη ενδοξασθηναι εν τοις αγιοις αυτου και

1 ενδοξασθη
1:12 πιστεως εν δυναμει. οπως ενδοξασθη το ονομα του κυριου ημων ιησου εν υμιν. και

1 επιστευθη
1:10 πασιν τοις πιστευσασιν. οτι επιστευθη το μαρτυριον ημων εφ υμας. εν τη ημερα εκεινη.

1 αποκαλυφθη
2:3 ελθη η αποστασια πρωτον και αποκαλυφθη ο ανθρωπος της ανομιας. ο υιος της απωλειας.

1 επιστολη
3:17 ο εστιν σημειον εν παση επιστολη ουτως γραφω. η χαρις του κυριου ημων ιησου

		11 μη	
2:3	οτι ενεστηκεν η ημερα του κυριου.	μη	τις υμας εξαπατηση κατα μηδενα τροπον. οτι εαν
3:15	αυτω. ινα εντραπη. και	μη	ως εχθρον ηγεισθε. αλλα νουθετειτε ως αδελφον.
3:6	αδελφου ατακτως περιπατουντος και	μη	κατα την παραδοσιν ην παρελαβοσαν παρ ημων.
2:12	τω ψευδει. ινα κριθωσιν παντες οι	μη	πιστευσαντες τη αληθεια αλλα ευδοκησαντες τη
2:3	κατα μηδενα τροπον. οτι εαν	μη	ελθη η αποστασια πρωτον και αποκαλυφθη ο
2:2	ημων επισυναγωγης επ αυτον. εις το	μη	ταχεως σαλευθηναι υμας απο του νοος μηδε
3:8	και ημερας εργαζομενοι προς το	μη	επιβαρησαι τινα υμων. ουχ οτι ουκ εχομεν
1:8	τοις μη ειδοσιν θεον και τοις	μη	υπακουουσιν τω ευαγγελιω του κυριου ημων
1:8	πυρι φλογος, διδοντος εκδικησιν τοις	μη	ειδοσιν θεον και τοις μη υπακουουσιν τω
3:14	της επιστολης. τουτον σημειουσθε.	μη	συναναμιγνυσθαι αυτω. ινα εντραπη. και μη ως
3:13	αρτον εσθιωσιν. υμεις δε, αδελφοι.	μη	εγκακησητε καλοποιουντες. ει δε τις ουχ

		1 εμη	
3:17	μετα παντων υμων. ο ασπασμος τη εμη	χειρι παυλου. ο εστιν σημειον εν παση	

		1 ειρηνη	
1:2	ιησου χριστω. χαρις υμιν και ειρηνη	απο θεου πατρος και κυριου ιησου χριστου.	

		1 εκεινη	
1:10	ημων εφ υμας. εν τη ημερα εκεινη	εις ο και προσευχομεθα παντοτε περι υμων.	

		1 αγαπη	
1:3	η πιστις υμων και πλεοναζει η αγαπη	ενος εκαστου παντων υμων εις αλληλους, ωστε	

		1 εντραπη	
3:14	μη συναναμιγνυσθαι αυτω. ινα εντραπη	και μη ως εχθρον ηγεισθε. αλλα νουθετειτε ως	

		3 παση	
2:9	κατ ενεργειαν του σατανα εν παση	δυναμει και σημειοις και τερασιν ψευδους και
2:10	και τερασιν ψευδους και εν παση	απατη αδικιας τοις απολλυμενοις. ανθ ων την
3:17	χειρι παυλου. ο εστιν σημειον εν παση	επιστολη. ουτως γραφω. η χαρις του κυριου

		1 εξαπατηση	
2:3	του κυριου. μη τις υμας εξαπατηση	κατα μηδενα τροπον. οτι εαν μη ελθη η	

		1 αξιωση	
1:11	παντοτε περι υμων, ινα υμας αξιωση	της κλησεως ο θεος ημων και πληρωση πασαν	

		1 πληρωση	
1:11	της κλησεως ο θεος ημων και πληρωση	πασαν ευδοκιαν αγαθωσυνης και εργον πιστεως εν	

		7 τη	
2:8	του στοματος αυτου και καταργησει τη	επιφανεια της παρουσιας αυτου. ου εστιν η
1:7	τοις θλιβομενοις ανεσιν μεθ ημων εν τη	αποκαλυψει του κυριου ιησου απ ουρανου μετ
1:10	το μαρτυριον ημων εφ υμας. εν τη	ημερα εκεινη. εις ο και προσευχομεθα παντοτε
2:12	τη αληθεια αλλα ευδοκησαντες τη	αδικια. ημεις δε οφειλομεν ευχαριστειν τω θεω
2:12	κριθωσιν παντες οι μη πιστευσαντες τη	αληθεια αλλα ευδοκησαντες τη αδικια. ημεις δε
1:1	παυλος και σιλουανος και τιμοθεος τη	εκκλησια θεσσαλονικεων εν θεω πατρι ημων και
3:17	κυριος μετα παντων υμων. ο ασπασμος τη	εμη χειρι παυλου. ο εστιν σημειον εν παση

		1 απατη	
2:10	και τερασιν ψευδους και εν παση απατη	αδικιας τοις απολλυμενοις. ανθ ων την αγαπην	

		1 τρεχη	
3:1	περι ημων. ινα ο λογος του κυριου τρεχη	και δοξαζηται καθως και προς υμας. και ινα	

		1 δωη	
3:16	αυτος δε ο κυριος της ειρηνης δωη	υμιν την ειρηνην δια παντος εν παντι τροπω. ο	

		1 μεθ	
1:7	και υμιν τοις θλιβομενοις ανεσιν μεθ	ημων εν τη αποκαλυψει του κυριου ιησου απ	

		1 ανθ	
2:10	απατη αδικιας τοις απολλυμενοις. ανθ	ων την αγαπην της αληθειας ουκ εδεξαντο εις το	

		1 εγκαυχασθαι	
1:4	ωστε αυτους ημας εν υμιν εγκαυχασθαι	εν ταις εκκλησιαις του θεου υπερ της υπομονης	

		1 εργαζεσθαι	
3:10	υμιν. οτι ει τις ου θελει εργαζεσθαι	μηδε εσθιετω. ακουομεν γαρ τινας	

1 στελλεσθαι

3:6 του κυριου ιησου χριστου. στελλεσθαι υμας απο παντος αδελφου ατακτως περιπατουντος

2 μιμεισθαι

3:7 αυτοι γαρ οιδατε πως δει μιμεισθαι ημας. οτι ουκ ητακτησαμεν εν υμιν. ουδε
3:9 τυπον δωμεν υμιν εις το μιμεισθαι ημας. και γαρ οτε ημεν προς υμας, τουτο

1 θροεισθαι

2:2 υμας απο του νοος μηδε θροεισθαι μητε δια πνευματος μητε δια λογου μητε δι

1 συναναμιγνυσθαι

3:14 τουτον σημειουσθε. μη συναναμιγνυσθαι αυτω, ινα εντραπη. και μη ως εχθρον ηγεισθε.

48 και

1:7 τοις θλιβουσιν υμας θλιψιν και υμιν τοις θλιβομενοις ανεσιν μεθ ημων εν τη
2:10 και σημειοις και τερασιν ψευδους και εν παση απατη αδικιας τοις απολλυμενοις. ανθ
3:15 συναναμιγνυσθαι αυτω, ινα εντραπη. και μη ως εχθρον ηγεισθε. αλλα νουθετειτε ως
2:8 κατεχων αρτι εως εκ μεσου γενηται. και τοτε αποκαλυφθησεται ο ανομος. ον ο κυριος
3:10 δωμεν υμιν εις το μιμεισθαι ημας. και γαρ οτε ημεν προς υμας, τουτο παρηγγελλομεν
2:11 εδεξαντο εις το σωθηναι αυτους. και δια τουτο πεμπει αυτοις ο θεος ενεργειαν
2:6 ων προς υμας ταυτα ελεγον υμιν. και νυν το κατεχον οιδατε. εις το αποκαλυφθηναι
3:2 και δοξαζηται καθως και προς υμας, και ινα ρυσθωμεν απο των ατοπων και πονηρων
3:4 οτι α παραγγελλομεν (και) ποιειτε και ποιησετε. ο δε κυριος κατευθυναι υμων τας
3:1 ημων, ινα ο λογος του κυριου τρεχη και δοξαζηται καθως και προς υμας. και ινα
2:9 του σατανα εν παση δυναμει και σημειοις και τερασιν ψευδους και εν παση
2:16 ημας και δους παρακλησιν αιωνιαν και ελπιδα αγαθην εν χαριτι. παρακαλεσαι υμων τας
3:12 τοις δε τοιουτοις παραγγελλομεν και παρακαλουμεν εν κυριω ιησου χριστω ινα μετα
1:2 και κυριω ιησου χριστω. χαρις υμιν και ειρηνη απο θεου πατρος και κυριου ιησου
1:8 εκδικησιν τοις μη ειδοσιν θεον και τοις μη υπακουουσιν τω ευαγγελιω του κυριου
2:3 οτι εαν μη ελθη η αποστασια πρωτον και αποκαλυφθη ο ανθρωπος της ανομιας. ο υιος της
1:1 θεσσαλονικεων εν θεω πατρι ημων και κυριω ιησου χριστω. χαρις υμιν και ειρηνη απο
1:11 υμας αξιωση της κλησεως ο θεος ημων και πληρωση πασαν ευδοκιαν αγαθωσυνης και εργον
1:12 αυτω. κατα την χαριν του θεου ημων και κυριου ιησου χριστου. ερωτωμεν δε υμας
1:4 του θεου υπερ της υπομονης υμων και πιστεως εν πασιν τοις διωγμοις υμων και ταις
1:4 πιστεως εν πασιν τοις διωγμοις υμων και ταις θλιψεσιν αις ανεχεσθε. ενδειγμα της
1:3 οτι υπεραυξανει η πιστις υμων και πλεοναζει η αγαπη ενος εκαστου παντων υμων εις
3:2 και ινα ρυσθωμεν απο των ατοπων και πονηρων ανθρωπων. ου γαρ παντων η πιστις.
1:11 εφ υμας, εν τη ημερα εκεινη. εις ο και προσευχομεθα παντοτε περι υμων. ινα υμας
2:17 παρακαλεσαι υμων τας καρδιας και στηριξαι εν παντι εργω και λογω αγαθω. το
2:16 θεος ο πατηρ ημων. ο αγαπησας ημας και δους παρακλησιν αιωνιαν και ελπιδα αγαθην εν
3:3 δε εστιν ο κυριος, ος στηριξει υμας και φυλαξει απο του πονηρου. πεποιθαμεν δε εν
1:5 της βασιλειας του θεου, υπερ ης και πασχετε. ειπερ δικαιον παρα θεω ανταποδουναι
1:11 πληρωση πασαν ευδοκιαν αγαθωσυνης και εργον πιστεως εν δυναμει. οπως ενδοξασθη το
2:9 σατανα εν παση δυναμει και σημειοις και τερασιν ψευδους και εν παση απατη αδικιας
1:1 παυλος και σιλουανος και τιμοθεος τη εκκλησια
1:1 παυλος και σιλουανος και τιμοθεος τη εκκλησια θεσσαλονικεων εν θεω
2:4 υιος της απωλειας. ο αντικειμενος και υπεραιρομενος επι παντα λεγομενον θεον η
1:2 υμιν και ειρηνη απο θεου πατρος και κυριου ιησου χριστου. ευχαριστειν οφειλομεν
2:13 εις σωτηριαν εν αγιασμω πνευματος και πιστει αληθειας. εις ο εκαλεσεν υμας δια του
3:8 τινος. αλλ εν κοπω και μοχθω νυκτος και ημερας εργαζομενοι προς το μη επιβαρησαι τινα
3:6 αδελφου ατακτως περιπατουντος και μη κατα την παραδοσιν ην παρελαβοσαν παρ ημων.
2:16 δε ο κυριος ημων ιησους χριστος και (ο) θεος ο πατηρ ημων. ο αγαπησας ημας και
3:1 κυριου τρεχη και δοξαζηται καθως και προς υμας. και ινα ρυσθωμεν απο των ατοπων
3:5 τας καρδιας εις την αγαπην του θεου και εις την υπομονην του χριστου. παραγγελλομεν
1:9 αιωνιον απο προσωπου του κυριου και απο της δοξης της ισχυος αυτου. οταν ελθη
2:1 του κυριου ημων ιησου χριστου και ημων επισυναγωγης επ αυτον, εις το μη ταχεως
1:10 ενδοξασθηναι εν τοις αγιοις αυτου και θαυμασθηναι εν πασιν τοις πιστευσασιν. οτι
2:8 τω πνευματι του στοματος αυτου και καταργησει τη επιφανεια της παρουσιας αυτου.
2:17 καρδιας και στηριξαι εν παντι εργω και λογω αγαθω. το λοιπον προσευχεσθε. αδελφοι.
3:8 εφαγομεν παρα τινος. αλλ εν κοπω και μοχθω νυκτος και ημερας εργαζομενοι προς το μη
2:15 αρα ουν, αδελφοι. στηκετε, και κρατειτε τας παραδοσεις ας εδιδαχθητε ειτε δια
1:12 του κυριου ημων ιησου εν υμιν, και υμεις εν αυτω. κατα την χαριν του θεου ημων

1 θαυμασθηναι

1:10 εν τοις αγιοις αυτου και θαυμασθηναι εν πασιν τοις πιστευσασιν, οτι επιστευθη το

1 ενδοξασθηναι

1:10 ισχυος αυτου. οταν ελθη ενδοξασθηναι εν τοις αγιοις αυτου και θαυμασθηναι εν πασιν

1 σαλευθηναι

2:2 επ αυτον. εις το μη ταχεως σαλευθηναι υμας απο του νοος μηδε θροεισθαι μητε δια

		1 αποκαλυφθηναι
2:6	το κατεχον οιδατε. εις το αποκαλυφθηναι	αυτον εν τω εαυτου καιρω. το γαρ μυστηριον

		1 καταξιωθηναι
1:5	κρισεως του θεου. εις το καταξιωθηναι	υμας της βασιλειας του θεου. υπερ ης και

		1 σωθηναι
2:10	αληθειας ουκ εδεξαντο εις το σωθηναι	αυτους. και δια τουτο πεμπει αυτοις ο θεος

		1 κατευθυναι
3:5	και ποιησετε. ο δε κυριος κατευθυναι	υμων τας καρδιας εις την αγαπην του θεου και

		1 ανταποδουναι
1:6	ειπερ δικαιον παρα θεω ανταποδουναι	τοις θλιβουσιν υμας θλιψιν και υμιν τοις

		1 στηριξαι
2:17	υμων τας καρδιας και στηριξαι	εν παντι εργω και λογω αγαθω. το λοιπον

		1 παρακαλεσαι
2:17	ελπιδα αγαθην εν χαριτι. παρακαλεσαι	υμων τας καρδιας και στηριξαι εν παντι εργω

		1 επιβαρησαι
3:8	εργαζομενοι προς το μη επιβαρησαι	τινα υμων. ουχ οτι ουκ εχομεν εξουσιαν. αλλ

		1 καθισαι
2:4	αυτον εις τον ναον του θεου καθισαι	αποδεικνυντα εαυτον οτι εστιν θεος. ου

		1 πιστευσαι
2:11	θεος ενεργειαν πλανης εις το πιστευσαι	αυτους τω ψευδει. ινα κριθωσιν παντες οι μη

		1 αποκαλυφθησεται
2:8	γενηται. και τοτε αποκαλυφθησεται	ο ανομος, ον ο κυριος (ιησους) ανελει τω

		1 δοξαζηται
3:1	ο λογος του κυριου τρεχη και δοξαζηται	καθως και προς υμας. και ινα ρυσθωμεν απο των

		1 γενηται
2:7	ο κατεχων αρτι εως εκ μεσου γενηται	και τοτε αποκαλυφθησεται ο ανομος. ον ο

		1 ενεργειται
2:7	καιρω. το γαρ μυστηριον ηδη ενεργειται	της ανομιας. μονον ο κατεχων αρτι εως εκ μεσου

		3 δι
2:2	δια πνευματος μητε δια λογου μητε δι	επιστολης ως δι ημων. ως οτι ενεστηκεν η ημερα
2:15	ας εδιδαχθητε ειτε δια λογου ειτε δι	επιστολης ημων. αυτος δε ο κυριος ημων ιησους
2:2	μητε δια λογου μητε δι επιστολης ως δι	ημων. ως οτι ενεστηκεν η ημερα του κυριου. μη

		2 ει
3:14	μη εγκακησητε καλοποιουντες. ει	δε τις ουχ υπακουει τω λογω ημων δια της
3:10	υμας. τουτο παρηγγελλομεν υμιν, οτι ει	τις ου θελει εργαζεσθαι μηδε εσθιετω.

		1 δει
3:7	παρ ημων. αυτοι γαρ οιδατε πως δει	μιμεισθαι ημας. οτι ουκ ητακτησαμεν εν υμιν.

		1 ψευδει
2:11	εις το πιστευσαι αυτους τω ψευδει	ινα κριθωσιν παντες οι μη πιστευσαντες τη

		1 πλεοναζει
1:3	υπεραυξανει η πιστις υμων και πλεοναζει	η αγαπη ενος εκαστου παντων υμων εις αλληλους.

		1 θελει
3:10	παρηγγελλομεν υμιν, οτι ει τις ου θελει	εργαζεσθαι μηδε εσθιετω. ακουομεν γαρ τινας

		1 ανελει
2:8	ο ανομος, ον ο κυριος (ιησους) ανελει	τω πνευματι του στοματος αυτου και καταργησει

		2 δυναμει
2:9	ενεργειαν του σατανα εν παση δυναμει	και σημειοις και τερασιν ψευδους και εν παση
1:11	αγαθωσυνης και εργον πιστεως εν δυναμει	οπως ενδοξασθη το ονομα του κυριου ημων

	1 υπεραυξανει
1:3	καθως αξιον εστιν. οτι υπεραυξανει η πιστις υμων και πλεοναζει η αγαπη ενος

	1 φυλαξει
3:3	ο κυριος. ος στηριξει υμας και φυλαξει απο του πονηρου. πεποιθαμεν δε εν κυριω εφ

	1 στηριξει
3:3	πιστος δε εστιν ο κυριος. ος στηριξει υμας και φυλαξει απο του πονηρου. πεποιθαμεν

	1 πεμπει
2:11	σωθηναι αυτους. και δια τουτο πεμπει αυτοις ο θεος ενεργειαν πλανης εις το

	1 καταργησει
2:8	του στοματος αυτου και καταργησει τη επιφανεια της παρουσιας αυτου. ου εστιν η

	1 πιστει
2:13	εν αγιασμω πνευματος και πιστει αληθειας. εις ο εκαλεσεν υμας δια του

	1 υπακουει
3:14	καλοποιουντες. ει δε τις ουχ υπακουει τω λογω ημων δια της επιστολης. τουτον

	1 αποκαλυψει
1:7	ανεσιν μεθ ημων εν τη αποκαλυψει του κυριου ιησου απ ουρανου μετ αγγελων

	1 οι
2:12	τω ψευδει. ινα κριθωσιν παντες οι μη πιστευσαντες τη αληθεια αλλα ευδοκησαντες

	1 ηγαπημενοι
2:13	παντοτε περι υμων. αδελφοι ηγαπημενοι υπο κυριου. οτι ειλατο υμας ο θεος υπαρχην εις

	2 εργαζομενοι
3:12	χριστω ινα μετα ησυχιας εργαζομενοι τον εαυτων αρτον εσθιωσιν. υμεις δε. αδελφοι.
3:8	και μοχθω νυκτος και ημερας εργαζομενοι προς το μη επιβαρησαι τινα υμων. ουχ οτι ουκ

	1 αυτοι
3:7	ην παρελαβοσαν παρ ημων. αυτοι γαρ οιδατε πως δει μιμεισθαι ημας. οτι ουκ

	7 αδελφοι
3:13	αρτον εσθιωσιν. υμεις δε. αδελφοι μη εγκακησητε καλοποιουντες. ει δε τις ουχ
3:1	αγαθω. το λοιπον προσευχεσθε. αδελφοι περι ημων. ινα ο λογος του κυριου τρεχη και
3:6	παραγγελλομεν δε υμιν. αδελφοι εν ονοματι του κυριου ιησου χριστου.
2:15	ημων ιησου χριστου. αρα ουν. αδελφοι στηκετε. και κρατειτε τας παραδοσεις ας
1:3	τω θεω παντοτε περι υμων. αδελφοι καθως αξιον εστιν. οτι υπεραυξανει η πιστις
2:13	τω θεω παντοτε περι υμων. αδελφοι ηγαπημενοι υπο κυριου. οτι ειλατο υμας ο θεος
2:1	χριστου. ερωτωμεν δε υμας. αδελφοι υπερ της παρουσιας του κυριου ημων ιησου

	1 επι
2:4	ο αντικειμενος και υπεραιρομενος επι παντα λεγομενον θεον η σεβασμα. ωστε αυτον εις

	4 περι
1:11	εις ο και προσευχομεθα παντοτε περι υμων. ινα υμας αξιωση της κλησεως ο θεος ημων
1:3	οφειλομεν τω θεω παντοτε περι υμων. αδελφοι. καθως αξιον εστιν. οτι
2:13	ευχαριστειν τω θεω παντοτε περι υμων. αδελφοι ηγαπημενοι υπο κυριου. οτι
3:1	το λοιπον προσευχεσθε. αδελφοι. περι ημων. ινα ο λογος του κυριου τρεχη και

	1 χειρι
3:17	παντων υμων. ο ασπασμος τη εμη χειρι παυλου. ο εστιν σημειον εν παση επιστολη.

	1 πατρι
1:1	τη εκκλησια θεσσαλονικεων εν θεω πατρι ημων και κυριω ιησου χριστω. χαρις υμιν και

	1 πυρι
1:8	μετ αγγελων δυναμεως αυτου εν πυρι φλογος. διδοντος εκδικησιν τοις μη ειδοσιν

	1 ονοματι
3:6	δε υμιν. αδελφοι. εν ονοματι του κυριου ιησου χριστου. στελλεσθαι υμας απο

	1 πνευματι
2:8	ον ο κυριος (ιησους) ανελει τω πνευματι του στοματος αυτου και καταργησει τη επιφανεια

1 ετι

2:5 οτι εστιν θεος. ου μνημονευετε οτι ετι ων προς υμας ταυτα ελεγον υμιν: και νυν το

1 χαριτι

2:16 αιωνιαν και ελπιδα αγαθην εν χαριτι παρακαλεσαι υμων τας καρδιας και στηριξαι εν

2 παντι

2:17 υμων τας καρδιας και στηριξαι εν παντι εργω και λογω αγαθω. το λοιπον προσευχεσθε.
3:16 υμιν την ειρηνην δια παντος εν παντι τροπω. ο κυριος μετα παντων υμων. ο ασπασμος

11 οτι

2:5 οτι εστιν θεος. ου μνημονευετε οτι ετι ων προς υμας ταυτα ελεγον υμιν: και νυν
2:4 θεου καθισαι, αποδεικνυντα εαυτον οτι εστιν θεος. ου μνημονευετε οτι ετι ων προς
2:2 μητε δι επιστολης ως δι ημων. ως οτι ενεστηκεν η ημερα του κυριου. μη τις υμας
3:9 το μη επιβαρησαι τινα υμων. ουχ οτι ουκ εχομεν εξουσιαν. αλλ ινα εαυτους τυπον
2:3 υμας εξαπατηση κατα μηδενα τροπον. οτι εαν μη ελθη η αποστασια πρωτον και αποκαλυφθη
3:10 υμας. τουτο παρηγγελλομεν υμιν. οτι ει τις ου θελει εργαζεσθαι μηδε εσθιετω.
1:10 εν πασιν τοις πιστευσασιν. οτι επιστευθη το μαρτυριον ημων εφ υμας, εν τη
1:3 υμων, αδελφοι, καθως αξιον εστιν. οτι υπεραυξανει η πιστις υμων και πλεοναζει η
3:7 γαρ οιδατε πως δει μιμεισθαι ημας. οτι ουκ ητακτησαμεν εν υμιν. ουδε δωρεαν αρτον
3:4 πεποιθαμεν δε εν κυριω εφ υμας. οτι α παραγγελλομεν (και) ποιειτε και ποιησετε. ο
2:13 αδελφοι ηγαπημενοι υπο κυριου. οτι ειλατο υμας ο θεος απαρχην εις σωτηριαν εν

1 αρτι

2:7 της ανομιας. μονον ο κατεχων αρτι εως εκ μεσου γενηται. και τοτε

1 εκ

2:7 ανομιας. μονον ο κατεχων αρτι εως εκ μεσου γενηται. και τοτε αποκαλυφθησεται ο

3 ουκ

3:9 μη επιβαρησαι τινα υμων. ουχ οτι ουκ εχομεν εξουσιαν. αλλ ινα εαυτους τυπον δωμεν
3:7 οιδατε πως δει μιμεισθαι ημας. οτι ουκ ητακτησαμεν εν υμιν. ουδε δωρεαν αρτον
2:10 ανθ ων την αγαπην της αληθειας ουκ εδεξαντο εις το σωθηναι αυτους. και δια τουτο

2 αλλ

3:9 υμων. ουχ οτι ουκ εχομεν εξουσιαν. αλλ ινα εαυτους τυπον δωμεν υμιν εις το μιμεισθαι
3:8 δωρεαν αρτον εφαγομεν παρα τινος. αλλ εν κοπω και μοχθω νυκτος και ημερας

1 εαν

2:3 εξαπατηση κατα μηδενα τροπον. οτι εαν μη ελθη η αποστασια πρωτον και αποκαλυφθη ο

1 δωρεαν

3:8 ουκ ητακτησαμεν εν υμιν. ουδε δωρεαν αρτον εφαγομεν παρα τινος. αλλ εν κοπω και

2 ενεργειαν

2:11 τουτο πεμπει αυτοις ο θεος ενεργειαν πλανης εις το πιστευσαι αυτους τω ψευδει. ινα
2:9 ου εστιν η παρουσια κατ ενεργειαν του σατανα εν παση δυναμει και σημειοις και

1 ευδοκιαν

1:11 ο θεος ημων και πληρωση πασαν ευδοκιαν αγαθωσυνης και εργον πιστεως εν δυναμει. οπως

1 αιωνιαν

2:16 ημας και δους παρακλησιν αιωνιαν και ελπιδα αγαθην εν χαριτι. παρακαλεσαι υμων

1 σωτηριαν

2:13 ειλατο υμας ο θεος απαρχην εις σωτηριαν εν αγιασμω πνευματος και πιστει αληθειας. εις

1 εξουσιαν

3:9 τινα υμων. ουχ οτι ουκ εχομεν εξουσιαν αλλ ινα εαυτους τυπον δωμεν υμιν εις το

1 πασαν

1:11 κλησεως ο θεος ημων και πληρωση πασαν ευδοκιαν αγαθωσυνης και εργον πιστεως εν

1 παρελαβοσαν

3:6 μη κατα την παραδοσιν ην παρελαβοσαν παρ ημων. αυτοι γαρ οιδατε πως δει μιμεισθαι

1 οταν

1:10 απο της δοξης της ισχυος αυτου. οταν ελθη ενδοξασθηναι εν τοις αγιοις αυτου και

26 εν

1:8 ουρανου μετ αγγελων δυναμεως αυτου εν πυρι φλογος. διδοντος εκδικησιν τοις μη
2:9 η παρουσια κατ ενεργειαν του σατανα εν παση δυναμει και σημειοις και τερασιν ψευδους

ετι

εν

```
3:4    απο του πονηρου.   πεποιθαμεν δε εν     κυριω εφ υμας. οτι α παραγγελλομεν (και)
1:4    ωστε αυτους ημας εν υμιν εγκαυχασθαι εν  ταις εκκλησιαις του θεου υπερ της υπομονης
2:10   σημειοις και τερασιν ψευδους   και εν    παση απατη αδικιας τοις απολλυμενοις. ανθ ων
1:10   εν τοις αγιοις αυτου και θαυμασθηναι εν  πασιν τοις πιστευσασιν. οτι επιστευθη το
1:10   αυτου. οταν ελθη ενδοξασθηναι εν         τοις αγιοις αυτου και θαυμασθηναι εν πασιν
2:17   υμων τας καρδιας και στηριξαι εν         παντι εργω και λογω αγαθω.   το λοιπον
3:8    αρτον εφαγομεν παρα τινος. αλλ εν        κοπω και μοχθω νυκτος και ημερας εργαζομενοι
2:13   υμας ο θεος απαρχην εις σωτηριαν εν      αγιασμω πνευματος και πιστει αληθειας.  εις ο
3:7    μιμεισθαι ημας. οτι ουκ ητακτησαμεν εν   υμιν.   ουδε δωρεαν αρτον εφαγομεν παρα τινος.
3:12   παραγγελλομεν και παρακαλουμεν εν        κυριω ιησου χριστω ινα μετα ησυχιας
2:16   παρακλησιν αιωνιαν και ελπιδα αγαθην εν  χαριτι.   παρακαλεσαι υμων τας καρδιας και
3:17   τη εμη χειρι παυλου. ο εστιν σημειον εν  παση επιστολη. ουτως γραφω.  η χαρις του
2:6    οιδατε. εις το αποκαλυφθηναι αυτον εν    τω εαυτου καιρω.   το γαρ μυστηριον ηδη
1:1    τιμοθεος τη εκκλησια θεσσαλονικεων εν    θεω πατρι ημων και κυριω ιησου χριστω.   χαρις
1:7    τοις θλιβομενοις ανεσιν μεθ ημων εν      τη αποκαλυψει του κυριου ιησου απ ουρανου μετ
1:4    υμων εις αλληλους.   ωστε αυτους ημας εν  υμιν εγκαυχασθαι εν ταις εκκλησιαις του θεου
3:11   ακουομεν γαρ τινας περιπατουντας εν      υμιν ατακτως. μηδεν εργαζομενους αλλα
1:12   κυριου ημων ιησου εν υμιν. και υμεις εν   αυτω. κατα την χαριν του θεου ημων και κυριου
1:16   δωη υμιν την ειρηνην δια παντος εν       παντι τροπω. ο κυριος μετα παντων υμων.  ο
1:4    υπερ της υπομονης υμων και πιστεως εν    πασιν τοις διωγμοις υμων και ταις θλιψεσιν αις
1:11   αγαθωσυνης και εργον πιστεως εν          δυναμει.  οπως ενδοξασθη το ονομα του κυριου
1:12   το ονομα του κυριου ημων ιησου εν        υμιν. και υμεις εν αυτω. κατα την χαριν του
3:6    παραγγελλομεν δε υμιν. αδελφοι. εν       ονοματι του κυριου ιησου χριστου. στελλεσθαι
1:10   επιστευθη το μαρτυριον ημων εφ υμας. εν  τη ημερα εκεινη.   εις ο και προσευχομεθα
```

```
                                         1  μηδεν
3:11   περιπατουντας εν υμιν ατακτως. μηδεν    εργαζομενους αλλα περιεργαζομενους.   τοις δε

                                         1  ενεστηκεν
2:2    επιστολης ως δι ημων. ως οτι ενεστηκεν  η ημερα του κυριου.   μη τις υμας εξαπατηση

                                         1  πεποιθαμεν
3:4    φυλαξει απο του πονηρου.  πεποιθαμεν    δε εν κυριω εφ υμας. οτι α παραγγελλομεν (και)

                                         1  ητακτησαμεν
3:7    δει μιμεισθαι ημας. οτι ουκ ητακτησαμεν εν υμιν.   ουδε δωρεαν αρτον εφαγομεν παρα

                                         1  ημεν
3:10   το μιμεισθαι ημας.  και γαρ οτε ημεν    προς υμας. τουτο παρηγγελλομεν υμιν. οτι ει

                                         1  εφαγομεν
3:8    εν υμιν.   ουδε δωρεαν αρτον εφαγομεν   παρα τινος. αλλ εν κοπω και μοχθω νυκτος και

                                         2  οφειλομεν
1:13   τη αδικια.   ημεις δε οφειλομεν         ευχαριστειν τω θεω παντοτε περι υμων. αδελφοι
1:3    ιησου χριστου.  ευχαριστειν οφειλομεν   τω θεω παντοτε περι υμων. αδελφοι. καθως αξιον

                                         3  παραγγελλομεν
3:6    υπομονην του χριστου.  παραγγελλομεν    δε υμιν. αδελφοι. εν ονοματι του κυριου ιησου
3:4    εν κυριω εφ υμας. οτι α παραγγελλομεν    (και) ποιειτε και ποιησετε.  ο δε κυριος
3:12   τοις δε τοιουτοις παραγγελλομεν         και παρακαλουμεν εν κυριω ιησου χριστω ινα

                                         1  παρηγγελλομεν
3:10   οτε ημεν προς υμας. τουτο παρηγγελλομεν υμιν. οτι ει τις ου θελει εργαζεσθαι μηδε

                                         1  ακουομεν
3:11   εργαζεσθαι μηδε εσθιετω.  ακουομεν      γαρ τινας περιπατουντας εν υμιν ατακτως. μηδεν

                                         1  εχομεν
3:9    τινα υμων.   ουχ οτι ουκ εχομεν         εξουσιαν. αλλ ινα εαυτους τυπον δωμεν υμιν εις

                                         1  παρακαλουμεν
3:12   παραγγελλομεν και παρακαλουμεν          εν κυριω ιησου χριστω ινα μετα ησυχιας

                                         1  δωμεν
3:9    εξουσιαν. αλλ ινα εαυτους τυπον δωμεν   υμιν εις το μιμεισθαι ημας.   και γαρ οτε ημεν

                                         1  ρυσθωμεν
3:2    καθως και προς υμας.  και ινα ρυσθωμεν  απο των ατοπων και πονηρων ανθρωπων. ου γαρ

                                         1  ερωτωμεν
2:1    και κυριου ιησου χριστου.   ερωτωμεν    δε υμας. αδελφοι. υπερ της παρουσιας του
```

		1 εκαλεσεν
2:14	και πιστει αληθειας. εις ο εκαλεσεν	υμας δια του ευαγγελιου ημων, εις περιποιησιν

		1 ην
3:6	και μη κατα την παραδοσιν ην	παρελαβοσαν παρ ημων. αυτοι γαρ οιδατε πως

		1 αγαθην
2:16	παρακλησιν αιωνιαν και ελπιδα αγαθην	εν χαριτι. παρακαλεσαι υμων τας καρδιας και

		1 δικην
1:9	του κυριου ημων ιησου. οιτινες δικην	τισουσιν ολεθρον αιωνιον απο προσωπου του

		1 ειρηνην
3:16	κυριος της ειρηνης δωη υμιν την ειρηνην	δια παντος εν παντι τροπω. ο κυριος μετα

		1 υπομονην
3:5	αγαπην του θεου και εις την υπομονην	του χριστου. παραγγελλομεν δε υμιν, αδελφοι,

		2 αγαπην
2:10	τοις απολλυμενοις, ανθ ων την αγαπην	της αληθειας ουκ εδεξαντο εις το σωθηναι
3:5	υμων τας καρδιας εις την αγαπην	του θεου και εις την υπομονην του χριστου.

		6 την
3:6	ατακτως περιπατουντος και μη κατα την	παραδοσιν ην παρελαβοσαν παρ ημων. αυτοι γαρ
1:12	εν υμιν, και υμεις εν αυτω, κατα την	χαριν του θεου ημων και κυριου ιησου χριστου.
3:16	δε ο κυριος της ειρηνης δωη υμιν την	ειρηνην δια παντος εν παντι τροπω. ο κυριος
2:10	αδικιας τοις απολλυμενοις. ανθ ων την	αγαπην της αληθειας ουκ εδεξαντο εις το
3:5	εις την αγαπην του θεου και εις την	υπομονην του χριστου. παραγγελλομεν δε υμιν.
3:5	κατευθυναι υμων τας καρδιας εις την	αγαπην του θεου και εις την υπομονην του

		1 απαρχην
2:13	κυριου, οτι ειλατο υμας ο θεος απαρχην	εις σωτηριαν εν αγιασμω πνευματος και πιστει

		2 ευχαριστειν
1:3	και κυριου ιησου χριστου. ευχαριστειν	οφειλομεν τω θεω παντοτε περι υμων, αδελφοι.
2:13	αδικια. ημεις δε οφειλομεν ευχαριστειν	τω θεω παντοτε περι υμων, αδελφοι ηγαπημενοι

		11 υμιν
3:6	του χριστου. παραγγελλομεν δε υμιν	αδελφοι, εν ονοματι του κυριου ιησου χριστου.
3:16	αυτος δε ο κυριος της ειρηνης δωη υμιν	την ειρηνην δια παντος εν παντι τροπω. ο
1:7	τοις θλιβουσιν υμας θλιψιν και υμιν	τοις θλιβομενοις ανεσιν μεθ ημων εν τη
3:7	ημας, οτι ουκ ητακτησαμεν εν υμιν	ουδε δωρεαν αρτον εφαγομεν παρα τινος. αλλ
1:4	εις αλληλους. ωστε αυτους ημας εν υμιν	εγκαυχασθαι εν ταις εκκλησιαις του θεου υπερ
3:11	γαρ τινας περιπατουντας εν υμιν	ατακτως. μηδεν εργαζομενους αλλα
1:12	το ονομα του κυριου ημων ιησου εν υμιν	και υμεις εν αυτω. κατα την χαριν του θεου
3:10	προς υμας, τουτο παρηγγελλομεν υμιν	οτι ει τις ου θελει εργαζεσθαι μηδε εσθιετω.
3:9	αλλ ινα εαυτους τυπον δωμεν υμιν	εις το μιμεισθαι ημας. και γαρ οτε ημεν προς
2:5	οτι ετι ων προς υμας ταυτα ελεγον υμιν	και νυν το κατεχον οιδατε, εις το
1:2	και κυριω ιησου χριστω. χαρις υμιν	και ειρηνη απο θεου πατρος και κυριου ιησου

		1 χαριν
1:12	υμιν, και υμεις εν αυτω, κατα την χαριν	του θεου ημων και κυριου ιησου χριστου.

		2 πασιν
1:10	αγιοις αυτου και θαυμασθηναι εν πασιν	τοις πιστευσασιν, οτι επιστευθη το μαρτυριον
1:4	της υπομονης υμων και πιστεως εν πασιν	τοις διωγμοις υμων και ταις θλιψεσιν αις

		1 τερασιν
2:9	παση δυναμει και σημειοις και τερασιν	ψευδους και εν παση απατη αδικιας τοις

		1 πιστευσασιν
1:10	θαυμασθηναι εν πασιν τοις πιστευσασιν	οτι επιστευθη το μαρτυριον ημων εφ υμας, εν

		1 ανεσιν
1:7	και υμιν τοις θλιβομενοις ανεσιν	μεθ ημων εν τη αποκαλυψει του κυριου ιησου απ

		1 θλιψεσιν
1:4	τοις διωγμοις υμων και ταις θλιψεσιν	αις ανεχεσθε. ενδειγμα της δικαιας κρισεως

		1 περιποιησιν
2:14	του ευαγγελιου ημων, εις περιποιησιν	δοξης του κυριου ημων ιησου χριστου. αρα ουν,

```
                                            1  εκδικησιν
1:8         εν πυρι φλογος. διδοντος εκδικησιν τοις μη ειδοσιν θεον και τοις μη υπακουουσιν

                                            1  παρακλησιν
2:16        ο αγαπησας ημας και δους παρακλησιν αιωνιαν και ελπιδα αγαθην εν χαριτι.

                                            1  παραδοσιν
3:6     περιπατουντος και μη κατα την παραδοσιν ην παρελαβοσαν παρ ημων.  αυτοι γαρ οιδατε πως

                                            1  ειδοσιν
1:8         διδοντος εκδικησιν τοις μη ειδοσιν θεον και τοις μη υπακουουσιν τω ευαγγελιω του

                                            1  θλιβουσιν
1:6         παρα θεω ανταποδουναι τοις θλιβουσιν υμας θλιψιν  και υμιν  τοις θλιβομενοις ανεσιν

                                            1  τισουσιν
1:9         ημων ιησου.  οιτινες δικην τισουσιν ολεθρον αιωνιον απο προσωπου του κυριου και

                                            1  υπακουουσιν
1:8     μη ειδοσιν θεον και τοις μη υπακουουσιν τω ευαγγελιω του κυριου ημων ιησου.  οιτινες

                                            1  κριθωσιν
2:12        αυτους τω ψευδει.  ινα κριθωσιν παντες οι μη πιστευσαντες τη αληθεια αλλα

                                            1  εσθιωσιν
3:12    εργαζομενοι τον εαυτων αρτον εσθιωσιν υμεις δε. αδελφοι. μη εγκακησητε

                                            5  εστιν
3:3     γαρ παντων η πιστις.  πιστος δε εστιν ο κυριος. ος στηριξει υμας και φυλαξει απο του
2:4     καθισαι. αποδεικνυντα εαυτον οτι εστιν θεος.  ου μνημονευετε οτι ετι ων προς υμας
1:3     περι υμων. αδελφοι. καθως αξιον εστιν οτι υπεραυξανει η πιστις υμων και πλεοναζει η
3:17    ο ασπασμος τη εμη χειρι παυλου. ο εστιν σημειον εν παση επιστολη. ουτως γραφω.  η
2:9         της παρουσιας αυτου.  ου εστιν η παρουσια κατ ενεργειαν του σατανα εν παση

                                            1  θλιψιν
1:6     ανταποδουναι τοις θλιβουσιν υμας θλιψιν και υμιν  τοις θλιβομενοις ανεσιν μεθ ημων εν

                                            1  ον
2:8     και τοτε αποκαλυφθησεται ο ανομος. ον ο κυριος (ιησους) ανελει τω πνευματι του

                                            1  ναον
2:4     θεον η σεβασμα. ωστε αυτον εις τον ναον του θεου καθισαι. αποδεικνυντα εαυτον οτι

                                            1  ελεγον
2:5         οτι ετι ων προς υμας ταυτα ελεγον υμιν:  και νυν το κατεχον οιδατε. εις το

                                            1  εργον
1:11    πασαν ευδοκιαν αγαθωσυνης και εργον πιστεως εν δυναμει.  οπως ενδοξασθη το ονομα

                                            2  θεον
1:8     διδοντος εκδικησιν τοις μη ειδοσιν θεον και τοις μη υπακουουσιν τω ευαγγελιω του
2:4     υπεραιρομενος επι παντα λεγομενον θεον η σεβασμα. ωστε αυτον εις τον ναον του θεου

                                            1  δικαιον
1:6         υπερ ης και πασχετε.  ειπερ δικαιον παρα θεω ανταποδουναι τοις θλιβουσιν υμας

                                            1  σημειον
3:17        τη εμη χειρι παυλου. ο εστιν σημειον εν παση επιστολη. ουτως γραφω.  η χαρις του

                                            1  αιωνιον
1:9     οιτινες δικην τισουσιν ολεθρον αιωνιον απο προσωπου του κυριου και απο της δοξης της

                                            1  αξιον
1:3     παντοτε περι υμων. αδελφοι. καθως αξιον εστιν. οτι υπεραυξανει η πιστις υμων και

                                            1  μυστηριον
2:7     εν τω εαυτου καιρω.  το γαρ μυστηριον ηδη ενεργειται της ανομιας. μονον ο κατεχων

                                            1  μαρτυριον
1:10    πιστευσασιν. οτι επιστευθη το μαρτυριον ημων εφ υμας. εν τη ημερα εκεινη.  εις ο και
```

1 λεγομενον
2:4   και υπεραιρομενος επι παντα λεγομενον θεον η σεβασμα. ωστε αυτον εις τον ναον του

1 μονον
2:7   ηδη ενεργειται της ανομιας· μονον ο κατεχων αρτι εως εκ μεσου γενηται· και τοτε

1 λοιπον
3:1   παντι εργω και λογω αγαθω.   το λοιπον προσευχεσθε. αδελφοι. περι ημων. ινα ο λογος

1 τροπον
2:3   τις υμας εξαπατηση κατα μηδενα τροπον οτι εαν μη ελθη η αποστασια πρωτον και

1 τυπον
3:9   εχομεν εξουσιαν. αλλ ινα εαυτους τυπον δωμεν υμιν εις το μιμεισθαι ημας.   και γαρ οτε

1 ολεθρον
1:9   ιησου.   οιτινες δικην τισουσιν ολεθρον αιωνιον απο προσωπου του κυριου και απο της

1 εχθρον
3:15   αυτω. ινα εντραπη· και μη ως εχθρον ηγεισθε. αλλα νουθετειτε ως αδελφον.   αυτος δε

2 τον
3:12   χριστω ινα μετα ησυχιας εργαζομενοι τον εαυτων αρτον εσθιωσιν.   υμεις δε. αδελφοι. μη
2:4   θεον η σεβασμα. ωστε αυτον εις τον ναον του θεου καθισαι. αποδεικνυντα εαυτον οτι

2 αρτον
3:8   ητακτησαμεν εν υμιν.   ουδε δωρεαν αρτον εφαγομεν παρα τινος. αλλ εν κοπω και μοχθω
3:12   ησυχιας εργαζομενοι τον εαυτων αρτον εσθιωσιν.   υμεις δε. αδελφοι. μη εγκακησητε

3 αυτον
2:4   λεγομενον θεον η σεβασμα. ωστε αυτον εις τον ναον του θεου καθισαι. αποδεικνυντα
2:6   οιδατε. εις το αποκαλυφθηναι αυτον εν τω εαυτου καιρω.   το γαρ μυστηριον ηδη
2:1   χριστου και ημων επισυναγωγης επ αυτον εις το μη ταχεως σαλευθηναι υμας απο του

1 εαυτον
2:4   του θεου καθισαι. αποδεικνυντα εαυτον οτι εστιν θεος.   ου μνημονευετε οτι ετι ων

1 τουτον
3:14   τω λογω ημων δια της επιστολης. τουτον σημειουσθε. μη συναναμιγνυσθαι αυτω. ινα

1 πρωτον
2:3   οτι εαν μη ελθη η αποστασια πρωτον και αποκαλυφθη ο ανθρωπος της ανομιας. ο υιος

1 αδελφον
3:15   ηγεισθε. αλλα νουθετειτε ως αδελφον αυτος δε ο κυριος της ειρηνης δωη υμιν την

1 κατεχον
2:6   ταυτα ελεγον υμιν; και νυν το κατεχον οιδατε. εις το αποκαλυφθηναι αυτον εν τω

1 νυν
2:6   προς υμας ταυτα ελεγον υμιν; και νυν το κατεχον οιδατε. εις το αποκαλυφθηναι αυτον

1 ουν
2:15   του κυριου ημων ιησου χριστου. αρα ουν αδελφοι. στηκετε. και κρατειτε τας παραδοσεις

2 ων
2:10   απατη αδικιας τοις απολλυμενοις. ανθ ων την αγαπην της αληθειας ουκ εδεξαντο εις το
2:5   εστιν θεος.   ου μνημονευετε οτι ετι ων προς υμας ταυτα ελεγον υμιν; και νυν το

1 θεσσαλονικεων
1:1   και τιμοθεος τη εκκλησια θεσσαλονικεων εν θεω πατρι ημων και κυριω ιησου χριστω.

1 αγγελων
1:7   του κυριου ιησου απ ουρανου μετ αγγελων δυναμεως αυτου   εν πυρι φλογος. διδοντος

19 ημων
1:7   υμιν τοις θλιβομενοις ανεσιν μεθ ημων εν τη αποκαλυψει του κυριου ιησου απ ουρανου
2:1   του κυριου ημων ιησου χριστου και ημων επισυναγωγης επ αυτον. εις το μη ταχεως
2:2   δια λογου μητε δι επιστολης ως δι ημων ως οτι ενεστηκεν η ημερα του κυριου. μη τις
3:1   λοιπον προσευχεσθε. αδελφοι. περι ημων ινα ο λογος του κυριου τρεχη και δοξαζηται
1:1   θεσσαλονικεων εν θεω πατρι ημων και κυριω ιησου χριστω.   χαρις υμιν και ειρηνη
1:10   οτι επιστευθη το μαρτυριον ημων εφ υμας. εν τη ημερα εκεινη.   εις ο και

:6   την παραδοσιν ην παρελαβοσαν παρ ημων   αυτοι γαρ οιδατε πως δει μιμεισθαι ημας. οτι
:16   χριστος και (ο) θεος ο πατηρ ημων   ο αγαπησας ημας και δους παρακλησιν αιωνιαν
:15   ειτε δια λογου ειτε δι επιστολης ημων   αυτος δε ο κυριος ημων ιησους χριστος και
:11   ινα υμας αξιωση της κλησεως ο θεος ημων   και πληρωση πασαν ευδοκιαν αγαθωσυνης και
:16   επιστολης ημων. αυτος δε ο κυριος ημων   ιησους χριστος και (ο) θεος ο πατηρ ημων. ο
:12   εν αυτω, κατα την χαριν του θεου ημων   και κυριου ιησου χριστου.   ερωτωμεν δε υμας.
:14   ο εκαλεσεν υμας δια του ευαγγελιου ημων   εις περιποιησιν δοξης του κυριου ημων ιησου
:12   οπως ενδοξασθη το ονομα του κυριου ημων   ιησου εν υμιν. και υμεις εν αυτω. κατα την
:1   υπερ της παρουσιας του κυριου ημων   ιησου χριστου και ημων επισυναγωγης επ αυτον.
:14   εις περιποιησιν δοξης του κυριου ημων   ιησου χριστου.   αρα ουν. αδελφοι. στηκετε. και
:18   ουτως γραφω. η χαρις του κυριου ημων   ιησου χριστου μετα παντων υμων.
:8   τω ευαγγελιω του κυριου ημων   ιησου.   οιτινες δικην τισουσιν ολεθρον αιωνιον
:14   ει δε τις ουχ υπακουει τω λογω ημων   δια της επιστολης. τουτον σημειουσθε. μη

12 υμων

:8   προς το μη επιβαρησαι τινα υμων   ουχ οτι ουκ εχομεν εξουσιαν. αλλ ινα εαυτους
:5   ποιησετε. ο δε κυριος κατευθυναι υμων   τας καρδιας εις την αγαπην του θεου και εις
:17   αγαθην εν χαριτι.   παρακαλεσαι υμων   τας καρδιας και στηριξαι εν παντι εργω και
:11   ο και προσευχομεθα παντοτε περι υμων   ινα υμας αξιωση της κλησεως ο θεος ημων και
:3   οφειλομεν τω θεω παντοτε περι υμων   αδελφοι. καθως αξιον εστιν. οτι υπεραυξανει η
:13   ευχαριστειν τω θεω παντοτε περι υμων   αδελφοι ηγαπημενοι υπο κυριου. οτι ειλατο
:16   παντι τροπω. ο κυριος μετα παντων υμων   ο ασπασμος τη εμη χειρι παυλου. ο εστιν
:18   ημων ιησου χριστου μετα παντων υμων
:18   η αγαπη ενος εκαστου παντων υμων   εις αλληλους,   ωστε αυτους ημας εν υμιν
:4   του θεου υπερ της υπομονης υμων   και πιστεως εν πασιν τοις διωγμοις υμων και
:4   και πιστεως εν πασιν τοις διωγμοις υμων   και ταις θλιψεσιν αις ανεχεσθε. ενδειγμα της
:3   εστιν. οτι υπεραυξανει η πιστις υμων   και πλεοναζει η αγαπη ενος εκαστου παντων υμων

1 ατοπων

:2   υμας.   και ινα ρυσθωμεν απο των ατοπων   και πονηρων ανθρωπων. ου γαρ παντων η πιστις.

1 ανθρωπων

:2   απο των ατοπων και πονηρων ανθρωπων   ου γαρ παντων η πιστις.   πιστος δε εστιν ο

1 πονηρων

:2   ινα ρυσθωμεν απο των ατοπων και πονηρων   ανθρωπων. ου γαρ παντων η πιστις.   πιστος δε

1 των

:2   προς υμας.   και ινα ρυσθωμεν απο των   ατοπων και πονηρων ανθρωπων. ου γαρ παντων η

4 παντων

:16   εν παντι τροπω. ο κυριος μετα παντων   υμων.   ο ασπασμος τη εμη χειρι παυλου. ο εστιν
:18   κυριου ημων ιησου χριστου μετα παντων   υμων.
:2   και πονηρων ανθρωπων. ου γαρ παντων   η πιστις.   πιστος δε εστιν ο κυριος. ος
:3   πλεοναζει η αγαπη ενος εκαστου παντων   υμων εις αλληλους.   ωστε αυτους ημας εν υμιν

1 εαυτων

:12   ινα μετα ησυχιας εργαζομενοι τον εαυτων   αρτον εσθιωσιν.   υμεις δε. αδελφοι. μη

1 κατεχων

:7   ενεργειται της ανομιας. μονον ο κατεχων   αρτι εως εκ μεσου γενηται.   και τοτε

21 ο

:5   (και) ποιειτε και ποιησετε.   ο δε κυριος κατευθυναι υμων τας καρδιας εις την
:17   τροπω. ο κυριος μετα παντων υμων.   ο ασπασμος τη εμη χειρι παυλου. ο εστιν σημειον
:4   της ανομιας, ο υιος της απωλειας,   ο αντικειμενος και υπεραιρομενος επι παντα
:1   προσευχεσθε. αδελφοι. περι ημων, ινα   ο λογος του κυριου τρεχη και δοξαζηται καθως και
:16   αλλα νουθετειτε ως αδελφον.   αυτος δε   ο κυριος της ειρηνης δωη υμιν την ειρηνην δια
:16   ειτε δι επιστολης ημων.   αυτος δε   ο κυριος ημων ιησους χριστος και (ο) θεος ο
:3   η αποστασια πρωτον και αποκαλυφθη   ο ανθρωπος της ανομιας. ο υιος της απωλειας.   ο
:8   γενηται.   και τοτε αποκαλυφθησεται   ο ανομος. ον ο κυριος (ιησους) ανελει τω
:3   γαρ παντων η πιστις.   πιστος δε εστιν   ο κυριος. ος στηριξει υμας και φυλαξει απο του
:8   και τοτε αποκαλυφθησεται ο ανομος. ον   ο κυριος (ιησους) ανελει τω πνευματι του
:7   ηδη ενεργειται της ανομιας. μονον   ο κατεχων αρτι εως εκ μεσου γενηται.   και τοτε
:13   υπο κυριου. οτι ειλατο υμας   ο θεος απαρχην εις σωτηριαν εν αγιασμω πνευματος
:11   εφ υμας. εν τη ημερα εκεινη.   εις   ο και προσευχομεθα παντοτε περι υμων. ινα υμας
:14   πνευματος και πιστει αληθειας.   εις   ο εκαλεσεν υμας δια του ευαγγελιου ημων. εις
:11   αυτους.   και δια τουτο πεμπει αυτοις   ο θεος ενεργειαν πλανης εις το πιστευσαι αυτους
:16   ημων ιησους χριστος και (ο) θεος   ο πατηρ ημων. ο αγαπησας ημας και δους
:11   υμων. ινα υμας αξιωση της κλησεως   ο θεος ημων και πληρωση πασαν ευδοκιαν
:16   ειρηνην δια παντος εν παντι τροπω.   ο κυριος μετα παντων υμων.   ο ασπασμος τη εμη
:16   χριστος και (ο) θεος ο πατηρ ημων.   ο αγαπησας ημας και δους παρακλησιν αιωνιαν και
:3   αποκαλυφθη ο ανθρωπος της ανομιας.   ο υιος της απωλειας.   ο αντικειμενος και

3:17   ο ασπασμος τη εμη χειρι παυλου. ο εστιν σημειον εν παση επιστολη. ουτως γραφω.

                 7 απο

1:2   χριστω. χαρις υμιν και ειρηνη απο θεου πατρος και κυριου ιησου χριστου.

1:9 αιωνιον απο προσωπου του κυριου και απο της δοξης της ισχυος αυτου. οταν ελθη

3:3   ος στηριξει υμας και φυλαξει απο του πονηρου. πεποιθαμεν δε εν κυριω εφ υμας.

3:2   και προς υμας. και ινα ρυσθωμεν απο των ατοπων και πονηρων ανθρωπων. ου γαρ παντω

1:9   δικην τισουσιν ολεθρον αιωνιον απο προσωπου του κυριου και απο της δοξης της

3:6   ιησου χριστου. στελλεσθαι υμας απο παντος αδελφου ατακτως περιπατουντος και μη

2:2   εις το μη ταχεως σαλευθηναι υμας απο του νοος μηδε θροεισθαι μητε δια πνευματος

                 1 υπο

2:13   περι υμων. αδελφοι ηγαπημενοι υπο κυριου. οτι ειλατο υμας ο θεος απαρχην εις

                12 το

3:1   εν παντι εργω και λογω αγαθω. το λοιπον προσευχεσθε. αδελφοι. περι ημων. ινα ο

2:7   αυτον εν τω εαυτου καιρω. το γαρ μυστηριον ηδη ενεργειται της ανομιας.

1:12 πιστεως εν δυναμει. οπως ενδοξασθη το ονομα του κυριου ημων ιησου εν υμιν. και υμεις

1:10   τοις πιστευσασιν. οτι επιστευθη το μαρτυριον ημων εφ υμας. εν τη ημερα εκεινη.

2:6   υμας ταυτα ελεγον υμιν: και νυν το κατεχον οιδατε. εις το αποκαλυφθηναι αυτον εν

2:2 και ημων επισυναγωγης επ αυτον. εις το μη ταχεως σαλευθηναι υμας απο του νοος μηδε

3:9 αλλ ινα εαυτους τυπον δωμεν υμιν εις το μιμεισθαι ημας. και γαρ οτε ημεν προς υμας.

2:10 αγαπην της αληθειας ουκ εδεξαντο εις το σωθηναι αυτους. και δια τουτο πεμπει αυτοις ο

2:11 αυτοις ο θεος ενεργειαν πλανης εις το πιστευσαι αυτους τω ψευδει. ινα κριθωσιν

2:6   και νυν το κατεχον οιδατε. εις το αποκαλυφθηναι αυτον εν τω εαυτου καιρω. το

1:5   της δικαιας κρισεως του θεου. εις το καταξιωθηναι υμας της βασιλειας του θεου. υπερ

3:8 νυκτος και ημερας εργαζομενοι προς το μη επιβαρησαι τινα υμων. ουχ οτι ουκ εχομεν

                1 ειλατο

2:13   ηγαπημενοι υπο κυριου, οτι ειλατο υμας ο θεος απαρχην εις σωτηριαν εν αγιασμω

                1 εδεξαντο

2:10 ων την αγαπην της αληθειας ουκ εδεξαντο εις το σωθηναι αυτους. και δια τουτο πεμπει

                2 τουτο

2:11   εις το σωθηναι αυτους. και δια τουτο πεμπει αυτοις ο θεος ενεργειαν πλανης εις το

3:10   και γαρ οτε ημεν προς υμας. τουτο παρηγγελλομεν υμιν. οτι ει τις ου θελει

                1 απ

1:7   εν τη αποκαλυψει του κυριου ιησου απ ουρανου μετ αγγελων δυναμεως αυτου εν πυρι

                1 επ

2:1   ιησου χριστου και ημων επισυναγωγης επ αυτον. εις το μη ταχεως σαλευθηναι υμας απο

                5 γαρ

3:10   υμιν εις το μιμεισθαι ημας. και γαρ οτε ημεν προς υμας. τουτο παρηγγελλομεν υμιν.

3:7   ην παρελαβοσαν παρ ημων. αυτοι γαρ οιδατε πως δει μιμεισθαι ημας. οτι ουκ

3:11 εργαζεσθαι μηδε εσθιετω. ακουομεν γαρ τινας περιπατουντας εν υμιν ατακτως. μηδεν

2:7   αυτον εν τω εαυτου καιρω. το γαρ μυστηριον ηδη ενεργειται της ανομιας. μονον ο

3:2 των ατοπων και πονηρων ανθρωπων. ου γαρ παντων η πιστις. πιστος δε εστιν ο κυριος, ος

                1 παρ

3:6 κατα την παραδοσιν ην παρελαβοσαν παρ ημων. αυτοι γαρ οιδατε πως δει μιμεισθαι

                1 ειπερ

1:6   του θεου. υπερ ης και πασχετε. ειπερ δικαιον παρα θεω ανταποδουναι τοις θλιβουσιν

                3 υπερ

1:4   εν ταις εκκλησιαις του θεου υπερ της υπομονης υμων και πιστεως εν πασιν τοις

2:1   ερωτωμεν δε υμας. αδελφοι. υπερ της παρουσιας του κυριου ημων ιησου χριστου

1:5   υμας της βασιλειας του θεου. υπερ ης και πασχετε. ειπερ δικαιον παρα θεω

                1 πατηρ

2:16   ιησους χριστος και (ο) θεος ο πατηρ ημων. ο αγαπησας ημας και δους παρακλησιν

                1 ας

2:15 στηκετε. και κρατειτε τας παραδοσεις ας εδιδαχθητε ειτε δια λογου ειτε δι επιστολης

                1 δικαιας

1:5   αις ανεχεσθε. ενδειγμα της δικαιας κρισεως του θεου. εις το καταξιωθηναι υμας της

ο   δικαιας

2 καρδιας

:5 ο δε κυριος κατευθυναι υμων τας καρδιας εις την αγαπην του θεου και εις την υπομονην
:17 χαριτι. παρακαλεσαι υμων τας καρδιας και στηριξαι εν παντι εργω και λογω αγαθω.

2 αληθειας

:13 αγιασμω πνευματος και πιστει αληθειας εις ο εκαλεσεν υμας δια του ευαγγελιου ημων.
:10 ανθ ων την αγαπην της αληθειας ουκ εδεξαντο εις το σωθηναι αυτους. και δια

1 βασιλειας

:5 εις το καταξιωθηναι υμας της βασιλειας του θεου. υπερ ης και πασχετε. ειπερ δικαιον

1 απωλειας

:3 της ανομιας. ο υιος της απωλειας ο αντικειμενος και υπεραιρομενος επι παντα

1 αδικιας

:10 ψευδους και εν παση απατη αδικιας τοις απολλυμενοις. ανθ ων την αγαπην της

2 ανομιας

:7 μυστηριον ηδη ενεργειται της ανομιας μονον ο κατεχων αρτι εως εκ μεσου γενηται.
:3 και αποκαλυφθη ο ανθρωπος της ανομιας ο υιος της απωλειας. ο αντικειμενος και

2 παρουσιας

:8 καταργησει τη επιφανεια της παρουσιας αυτου. ου εστιν η παρουσια κατ ενεργειαν του
:1 δε υμας, αδελφοι. υπερ της παρουσιας του κυριου ημων ιησου χριστου και ημων

1 ησυχιας

:12 εν κυριω ιησου χριστω ινα μετα ησυχιας εργαζομενοι τον εαυτων αρτον εσθιωσιν. υμεις

4 ημας

:7 αυτοι γαρ οιδατε πως δει μιμεισθαι ημας οτι ουκ ητακτησαμεν εν υμιν. ουδε δωρεαν
:9 τυπον δωμεν υμιν εις το μιμεισθαι ημας και γαρ οτε ημεν προς υμας. τουτο
:16 (ο) θεος ο πατηρ ημων. ο αγαπησας ημας και δους παρακλησιν αιωνιαν και ελπιδα αγαθην
:4 υμων εις αλληλους. ωστε αυτους ημας εν υμιν εγκαυχασθαι εν ταις εκκλησιαις του

15 υμας

:11 παντοτε περι υμων. ινα υμας αξιωση της κλησεως ο θεος ημων και πληρωση
:1 ιησου χριστου. ερωτωμεν δε υμας αδελφοι. υπερ της παρουσιας του κυριου ημων
:6 κυριου ιησου χριστου. στελλεσθαι υμας απο παντος αδελφου ατακτως περιπατουντος και
:2 εις το μη ταχεως σαλευθηναι υμας απο του νοος μηδε θροεισθαι μητε δια πνευματος
:5 του θεου. εις το καταξιωθηναι υμας της βασιλειας του θεου. υπερ ης και πασχετε.
:3 δε εστιν ο κυριος. ος στηριξει υμας και φυλαξει απο του πονηρου. πεποιθαμεν δε εν
:14 πιστει αληθειας. εις ο εκαλεσεν υμας δια του ευαγγελιου ημων. εις περιποιησιν δοξης
:6 θεω ανταποδουναι τοις θλιβουσιν υμας θλιψιν και υμιν τοις θλιβομενοις ανεσιν μεθ
:13 ηγαπημενοι υπο κυριου. οτι ειλατο υμας ο θεος απαρχην εις σωτηριαν εν αγιασμω
:3 η ημερα του κυριου. μη υμας εξαπατηση κατα μηδενα τροπον. οτι εαν μη ελθη
:1 τρεχη και δοξαζηται καθως και προς υμας και ινα ρυσθωμεν απο των ατοπων και πονηρων
:10 ημας. και γαρ οτε ημεν προς υμας τουτο παρηγγελλομεν υμιν. οτι ει τις ου θελει
:5 ου μνημονευετε οτι ετι ων προς υμας ταυτα ελεγον υμιν. και νυν το κατεχον οιδατε.
:10 οτι επιστευθη το μαρτυριον ημων εφ υμας εν τη ημερα εκεινη. εις ο και προσευχομεθα
:4 πεποιθαμεν δε εν κυριω εφ υμας οτι α παραγγελλομεν (και) ποιειτε και

1 τινας

:11 μηδε εσθιετω. ακουομεν γαρ τινας περιπατουντας εν υμιν ατακτως. μηδεν

1 ημερας

:8 αλλ εν κοπω και μοχθω νυκτος και ημερας εργαζομενοι προς το μη επιβαρησαι τινα υμων.

1 αγαπησας

:16 και (ο) θεος ο πατηρ ημων. ο αγαπησας ημας και δους παρακλησιν αιωνιαν και ελπιδα

3 τας

:15 ουν. αδελφοι. στηκετε. και κρατειτε τας παραδοσεις ας εδιδαχθητε ειτε δια λογου ειτε
:5 ο δε κυριος κατευθυναι υμων τας καρδιας εις την αγαπην του θεου και εις την
:17 αγαθην εν χαριτι. παρακαλεσαι υμων τας καρδιας και στηριξαι εν παντι εργω και λογω

1 περιπατουντας

:11 ακουομεν γαρ τινας περιπατουντας εν υμιν ατακτως. μηδεν εργαζομενους αλλα

1 οιτινες

:9 του κυριου ημων ιησου. οιτινες δικην τισουσιν ολεθρον αιωνιον απο προσωπου

1 παντες
2:12   αυτους τω ψευδει.   ινα κριθωσιν παντες οι μη πιστευσαντες τη αληθεια αλλα

1 ευδοκησαντες
2:12   τη αληθεια αλλα ευδοκησαντες τη αδικια.   ημεις δε οφειλομεν ευχαριστειν τω

1 πιστευσαντες
2:12   ινα κριθωσιν παντες οι μη πιστευσαντες τη αληθεια αλλα ευδοκησαντες τη αδικια.   ημεις

1 καλοποιουντες
3:13   αδελφοι, μη εγκακησητε καλοποιουντες ει δε τις ουχ υπακουει τω λογω ημων δια της

1 ης
1:5   υμας της βασιλειας του θεου. υπερ ης και πασχετε.   ειπερ δικαιον παρα θεω

1 επισυναγωγης
2:1   ιησου χριστου και ημων επισυναγωγης επ αυτον,   εις το μη ταχεως σαλευθηναι υμας

3 επιστολης
2:2   μητε δια λογου μητε δι επιστολης ως δι ημων, ως οτι ενεστηκεν η ημερα του
2:15   ειτε δια λογου ειτε δι επιστολης ημων.   αυτος δε ο κυριος ημων ιησου χριστος
3:14   υπακουει τω λογω ημων δια της επιστολης τουτον σημειουσθε. μη συναναμιγνυσθαι αυτω.

1 πλανης
2:11   πεμπει αυτοις ο θεος ενεργειαν πλανης εις το πιστευσαι αυτους τω ψευδει,   ινα

1 ειρηνης
3:16   αδελφον.   αυτος δε ο κυριος της ειρηνης δωη υμιν την ειρηνην δια παντος εν παντι

1 υπομονης
1:4   εκκλησιαις του θεου υπερ της υπομονης υμων και πιστεως εν πασιν τοις διωγμοις υμων

1 αγαθωσυνης
1:11   και πληρωση πασαν ευδοκιαν αγαθωσυνης και εργον πιστεως εν δυναμει.   οπως ενδοξασθη

2 δοξης
2:14   ευαγγελιου ημων, εις περιποιησιν δοξης του κυριου ημων ιησου χριστου.   αρα ουν,
1:9   προσωπου του κυριου και απο της δοξης της ισχυος αυτου.   οταν ελθη ενδοξασθηναι εν

14 της
3:14   τις ουχ υπακουει τω λογω ημων δια της επιστολης. τουτον σημειουσθε. μη
2:8   αυτου και καταργησει τη επιφανεια της παρουσιας αυτου.   ου εστιν η παρουσια κατ
1:5   θλιψεσιν αις ανεχεσθε.   ενδειγμα της δικαιας κρισεως του θεου. εις το καταξιωθηναι
1:11   παντοτε περι υμων. ινα υμας αξιωση της κλησεως ο θεος ημων και πληρωση πασαν ευδοκιαν
2:7   το γαρ μυστηριον ηδη ενεργειται της ανομιας. μονον ο κατεχων αρτι εως εκ μεσου
2:10   απολλυμενοις. ανθ ων την αγαπην της αληθειας ουκ εδεξαντο εις το σωθηναι αυτους.
1:9   απο προσωπου του κυριου και απο της δοξης της ισχυος αυτου.   οταν ελθη
1:4   εν ταις εκκλησιαις του θεου υπερ της υπομονης υμων και πιστεως εν πασιν τοις
2:1   ερωτωμεν δε υμας. αδελφοι. υπερ της παρουσιας του κυριου ημων ιησου χριστου και
1:5   του θεου. εις το καταξιωθηναι υμας της βασιλειας του θεου. υπερ ης και πασχετε.
1:9   του κυριου και απο της δοξης της ισχυος αυτου.   οταν ελθη ενδοξασθηναι εν τοις
3:16   ως αδελφον.   αυτος δε ο κυριος της ειρηνης δωη υμιν την ειρηνην δια παντος εν
2:3   ο ανθρωπος της ανομιας. ο υιος της απωλειας.   ο αντικειμενος και υπεραιρομενος
2:3   πρωτον και αποκαλυφθη ο ανθρωπος της ανομιας. ο υιος της απωλειας.   ο αντικειμενος

1 αις
1:4   διωγμοις υμων και ταις θλιψεσιν αις ανεχεσθε.   ενδειγμα της δικαιας κρισεως του

1 εκκλησιαις
1:4   εν υμιν εγκαυχασθαι εν ταις εκκλησιαις του θεου υπερ της υπομονης υμων και πιστεως εν

2 ταις
1:4   εν πασιν τοις διωγμοις υμων και ταις θλιψεσιν αις ανεχεσθε.   ενδειγμα της δικαιας
1:4   αυτους ημας εν υμιν εγκαυχασθαι εν ταις εκκλησιαις του θεου υπερ της υπομονης υμων και

14 εις
1:11   ημων εφ υμας. εν τη ημερα εκεινη. εις ο και προσευχομεθα παντοτε περι υμων, ινα υμας
2:2   και ημων επισυναγωγης επ αυτον. εις το μη ταχεως σαλευθηναι υμας απο του νοος μηδε
2:14   πνευματος και πιστει αληθειας. εις ο εκαλεσεν υμας δια του ευαγγελιου ημων. εις
3:5   καρδιας εις την αγαπην του θεου και εις την υπομονην του χριστου.   παραγγελλομεν δε
2:13   οτι ειλατο υμας ο θεος απαρχην εις σωτηριαν εν αγιασμω πνευματος και πιστει
3:9   αλλ ινα εαυτους τυπον δωμεν υμιν εις το μιμεισθαι ημας.   και γαρ οτε ημεν προς

:4   θεον η σεβασμα. ωστε αυτον εις   τον ναον του θεου καθισαι. αποδεικνυντα εαυτον
:3   η αγαπη ενος εκαστου παντων υμων εις   αλληλους. ωστε αυτους ημας εν υμιν
:10   αγαπην της αληθειας ουκ εδεξαντο εις   το σωθηναι αυτους. και δια τουτο πεμπει
:5   κυριος κατευθυναι υμων τας καρδιας εις   την αγαπην του θεου και εις την υπομονην του
:11   αυτοις ο θεος ενεργειαν πλανης εις   το πιστευσαι αυτους τω ψευδει. ινα κριθωσιν
:6   υμιν: και νυν το κατεχον οιδατε. εις   το αποκαλυφθηναι αυτον εν τω εαυτου καιρω. το
:14   υμας δια του ευαγγελιου ημων. εις   περιποιησιν δοξης του κυριου ημων ιησου
:5   της δικαιας κρισεως του θεου. εις   το καταξιωθηναι υμας της βασιλειας του θεου.

1 ημεις
:13   αλλα ευδοκησαντες τη αδικια. ημεις   δε οφειλομεν ευχαριστειν τω θεω παντοτε περι

2 υμεις
:13   τον εαυτων αρτον εσθιωσιν. υμεις   δε. αδελφοι. μη εγκακησητε καλοποιουντες. ει
:12   κυριου ημων ιησου εν υμιν. και υμεις   εν αυτω. κατα την χαριν του θεου ημων και

1 παραδοσεις
:15   στηκετε. και κρατειτε τας παραδοσεις   ας εδιδαχθητε ειτε δια λογου ειτε δι επιστολης

1 αγιοις
:10   οταν ελθη ενδοξασθηναι εν τοις αγιοις   αυτου και θαυμασθηναι εν πασιν τοις

1 σημειοις
:9   του σατανα εν παση δυναμει και σημειοις   και τερασιν ψευδους και εν παση απατη αδικιας

1 διωγμοις
:4   υμων και πιστεως εν πασιν τοις διωγμοις   υμων και ταις θλιψεσιν αις ανεχεσθε. ενδειγμα

1 θλιβομενοις
:7   υμας θλιψιν και υμιν τοις θλιβομενοις   ανεσιν μεθ ημων εν τη αποκαλυψει του κυριου

1 απολλυμενοις
:10   εν παση απατη αδικιας τοις απολλυμενοις   ανθ ων την αγαπην της αληθειας ουκ εδεξαντο

9 τοις
:7   θλιβουσιν υμας θλιψιν και υμιν τοις   θλιβομενοις ανεσιν μεθ ημων εν τη αποκαλυψει
:12   αλλα περιεργαζομενους. τοις   δε τοιουτοις παραγγελομεν και παρακαλουμεν εν
:8   εκδικησιν τοις μη ειδοσιν θεον και τοις   μη υπακουουσιν τω ευαγγελιω του κυριου ημων
:6   δικαιον παρα θεω ανταποδουναι τοις   θλιβουσιν υμας θλιψιν και υμιν τοις
:10   αυτου. οταν ελθη ενδοξασθηναι εν τοις   αγιοις αυτου και θαυμασθηναι εν πασιν τοις
:10   αυτου και θαυμασθηναι εν πασιν τοις   πιστευσασιν. οτι επιστευθη το μαρτυριον ημων
:4   υπομονης υμων και πιστεως εν πασιν τοις   διωγμοις υμων και ταις θλιψεσιν αις ανεχεσθε.
:8   εν πυρι φλογος. διδοντος εκδικησιν τοις   μη ειδοσιν θεον και τοις μη υπακουουσιν τω
:10   ψευδους και εν παση απατη αδικιας τοις   απολλυμενοις. ανθ ων την αγαπην της αληθειας

1 αυτοις
:11   αυτους. και δια τουτο πεμπει αυτοις   ο θεος ενεργειαν πλανης εις το πιστευσαι

1 τοιουτοις
:12   περιεργαζομενους. τοις δε τοιουτοις   παραγγελομεν και παρακαλουμεν εν κυριω ιησου

2 χαρις
:2   ημων και κυριω ιησου χριστω. χαρις   υμιν και ειρηνη απο θεου πατρος και κυριου
:18   εν παση επιστολη. ουτως γραφω. η χαρις   του κυριου ημων ιησου χριστου μετα παντων

3 τις
:14   μη εγκακησητε καλοποιουντες. ει δε τις   ουχ υπακουει τω λογω ημων δια της επιστολης.
:3   ενεστηκεν η ημερα του κυριου. μη τις   υμας εξαπατηση κατα μηδενα τροπον. οτι εαν μη
:10   τουτο παρηγγελλομεν υμιν. οτι ει τις   ου θελει εργαζεσθαι μηδε εσθιετω. ακουομεν

2 πιστις
:3   αξιον εστιν. οτι υπεραυξανει η πιστις   υμων και πλεοναζει η αγαπη ενος εκαστου παντων
:2   ανθρωπων. ου γαρ παντων η πιστις   πιστος δε εστιν ο κυριος. ος στηριξει υμας

1 ος
:3   η πιστις. πιστος δε εστιν ο κυριος. ος   στηριξει υμας και φυλαξει απο του πονηρου.

1 λογος
:1   αδελφοι. περι ημων. ινα ο λογος   του κυριου τρεχη και δοξαζηται καθως και προς

1 φλογος
:8   αγγελων δυναμεως αυτου εν πυρι φλογος   διδοντος εκδικησιν τοις μη ειδοσιν θεον και

εις

φλογος

5 θεος

2:4	αποδεικνυντα εαυτον οτι εστιν θεος	ου μνημονευετε οτι ετι ων προς υμας ταυτα
2:13	υπο κυριου. οτι ειλατο υμας ο θεος	απαρχην εις σωτηριαν εν αγιασμω πνευματος και
2:11	και δια τουτο πεμπει αυτοις ο θεος	ενεργειαν πλανης εις το πιστευσαι αυτους τω
1:11	ινα υμας αξιωση της κλησεως ο θεος	ημων και πληρωση πασαν ευδοκιαν αγαθωσυνης και
2:16	κυριος ημων ιησους χριστος και (ο) θεος	ο πατηρ ημων, ο αγαπησας ημας και δους

1 τιμοθεος

1:1	παυλος και σιλουανος και τιμοθεος	τη εκκλησια θεσσαλονικεων εν θεω πατρι ημων

6 κυριος

3:5	ποιειτε και ποιησετε. ο δε κυριος	κατευθυναι υμων τας καρδιας εις την αγαπην του
3:16	ως αδελφον. αυτος δε ο κυριος	της ειρηνης δωη υμιν την ειρηνην δια παντος εν
2:16	δι επιστολης ημων. αυτος δε ο κυριος	ημων ιησους χριστος και (ο) θεος ο πατηρ ημων,
3:3	η πιστις. πιστος δε εστιν ο κυριος	ος στηριξει υμας και φυλαξει απο του πονηρου.
2:8	αποκαλυφθησεται ο ανομος, ον ο κυριος	(ιησους) ανελει τω πνευματι του στοματος αυτου
3:16	δια παντος εν παντι τροπω. ο κυριος	μετα παντων υμων. ο ασπασμος τη εμη χειρι

1 υιος

2:3	ο ανθρωπος της ανομιας, ο υιος	της απωλειας, ο αντικειμενος και
1:1	παυλος και σιλουανος και τιμοθεος τη εκκλησια

1 παυλος

1 ανομος

2:8	και τοτε αποκαλυφθησεται ο ανομος	ον ο κυριος (ιησους) ανελει τω πνευματι του

1 ασπασμος

3:17	ο κυριος μετα παντων υμων. ο ασπασμος	τη εμη χειρι παυλου, ο εστιν σημειον εν παση

1 σιλουανος

1:1	παυλος και σιλουανος και τιμοθεος τη εκκλησια θεσσαλονικεων εν θεω

1 ενος

1:3	πιστις υμων και πλεοναζει η αγαπη ενος	εκαστου παντων υμων εις αλληλους, ωστε αυτους

1 αντικειμενος

2:4	ο υιος της απωλειας, ο αντικειμενος	και υπεραιρομενος επι παντα λεγομενον θεον η

1 υπεραιρομενος

2:4	ο αντικειμενος και υπεραιρομενος	επι παντα λεγομενον θεον η σεβασμα. ωστε αυτον

1 τινος

3:8	ουδε δωρεαν αρτον εφαγομεν παρα τινος	αλλ εν κοπω και μοχθω νυκτος και ημερας

1 νοος

2:2	μη ταχεως σαλευθηναι υμας απο του νοος	μηδε θροεισθαι μητε δια πνευματος μητε δια

1 ανθρωπος

2:3	πρωτον και αποκαλυφθη ο ανθρωπος	της ανομιας, ο υιος της απωλειας, ο

4 προς

3:1	τρεχη και δοξαζηται καθως και προς	υμας. και ινα ρυσθωμεν απο των ατοπων και
3:8	νυκτος και ημερας εργαζομενοι προς	το μη επιβαρησαι τινα υμων. ουχ οτι ουκ
3:10	μιμεισθαι ημας. και γαρ οτε ημεν προς	υμας. τουτο παρηγγελλομεν υμιν. οτι ει τις ου
2:5	θεος. ου μνημονευετε οτι ετι ων προς	υμας ταυτα ελεγον υμιν; και νυν το κατεχον

1 πατρος

1:2	χαρις υμιν και ειρηνη απο θεου πατρος	και κυριου ιησου χριστου. ευχαριστειν

1 στοματος

2:8	ανελει τω πνευματι του στοματος	αυτου και καταργησει τη επιφανεια της

2 πνευματος

2:2	νοος μηδε θροεισθαι μητε δια πνευματος	μητε δια λογου μητε δι επιστολης ως δι ημων.
2:13	εις σωτηριαν εν αγιασμω πνευματος	και πιστει αληθειας, εις ο εκαλεσεν υμας δια

1 νυκτος

3:8	τινος. αλλ εν κοπω και μοχθω νυκτος	και ημερας εργαζομενοι προς το μη επιβαρησαι

2 παντος

:16 ειρηνης δωη υμιν την ειρηνην δια παντος εν παντι τροπω. ο κυριος μετα παντων υμων. ο
:6 χριστου. στελλεσθαι υμας απο παντος αδελφου ατακτως περιπατουντος και μη κατα την

1 διδοντος

:8 αυτου εν πυρι φλογος. διδοντος εκδικησιν τοις μη ειδοσιν θεον και τοις μη

1 περιπατουντος

:6 παντος αδελφου ατακτως περιπατουντος και μη κατα την παραδοσιν ην παρελαβοσαν παρ

1 πιστος

:3 ου γαρ παντων η πιστις. πιστος δε εστιν ο κυριος. ος στηριξει υμας και

1 χριστος

:16 αυτος δε ο κυριος ημων ιησους χριστος και (ο) θεος ο πατηρ ημων. ο αγαπησας ημας και

2 αυτος

:16 αλλα νουθετειτε ως αδελφον. αυτος δε ο κυριος της ειρηνης δωη υμιν την ειρηνην
:16 λογου ειτε δι επιστολης ημων. αυτος δε ο κυριος ημων ιησους χριστος και (ο) θεος ο

1 ισχυος

:9 του κυριου και απο της δοξης της ισχυος αυτου. οταν ελθη ενδοξασθηναι εν τοις αγιοις

1 δους

:16 ο πατηρ ημων. ο αγαπησας ημας και δους παρακλησιν αιωνιαν και ελπιδα αγαθην εν

1 ψευδους

:9 και σημειοις και τερασιν ψευδους και εν παση απατη αδικιας τοις απολλυμενοις.

1 αλληλους

:3 ενος εκαστου παντων υμων εις αλληλους ωστε αυτους ημας εν υμιν εγκαυχασθαι εν ταις

1 εργαζομενους

:11 εν υμιν ατακτως. μηθεν εργαζομενους αλλα περιεργαζομενους. τοις δε τοιουτοις

1 περιεργαζομενου

:11 εργαζομενους αλλα περιεργαζομενους τοις δε τοιουτοις παραγγελλομεν και

1 ιησους

:16 ημων. αυτος δε ο κυριος ημων ιησους χριστος και (ο) θεος ο πατηρ ημων. ο αγαπησας

3 αυτους

:4 παντων υμων εις αλληλους. ωστε αυτους ημας εν υμιν εγκαυχασθαι εν ταις εκκλησιαις
:10 ουκ εδεξαντο εις το σωθηναι αυτους και δια τουτο πεμπει αυτοις ο θεος ενεργειαν
:11 πλανης εις το πιστευσαι αυτους τω ψευδει. ινα κριθωσιν παντες οι μη

1 εαυτους

:9 ουκ εχομεν εξουσιαν. αλλ ινα εαυτους τυπον δωμεν υμιν εις το μιμεισθαι ημας. και

4 ως

:15 ως εχθρον ηγεισθε. αλλα νουθετειτε ως αδελφον. αυτος δε ο κυριος της ειρηνης δωη
:15 αυτω. ινα εντραπη. και μη ως εχθρον ηγεισθε. αλλα νουθετειτε ως αδελφον.
:2 μητε δια λογου μητε δι επιστολης ως δι ημων. ως οτι ενεστηκεν η ημερα του κυριου.
:2 λογου μητε δι επιστολης ως δι ημων. ως οτι ενεστηκεν η ημερα του κυριου. μη τις υμας

1 εως

:7 της ανομιας. μονον ο κατεχων αρτι εως εκ μεσου γενηται. και τοτε αποκαλυφθησεται ο

1 δυναμεως

:7 ιησου απ ουρανου μετ αγγελων δυναμεως αυτου εν πυρι φλογος. διδοντος εκδικησιν τοις

1 κλησεως

:11 περι υμων. ινα υμας αξιωση της κλησεως ο θεος ημων και πληρωση πασαν ευδοκιαν

1 κρισεως

:5 ανεχεσθε. ενδειγμα της δικαιας κρισεως του θεου. εις το καταξιωθηναι υμας της

2 πιστεως

:4 θεου υπερ της υπομονης υμων και πιστεως εν πασιν τοις διωγμοις υμων και ταις θλιψεσιν
:11 ευδοκιαν αγαθωσυνης και εργον πιστεως εν δυναμει. οπως ενδοξασθη το ονομα του

1 ταχεως

2:2   επ αυτον,   εις το μη ταχεως σαλευθηναι υμας απο του νοος μηδε θροεισθαι

2 καθως

3:1   του κυριου τρεχη και δοξαζηται καθως και προς υμας,   και ινα ρυσθωμεν απο των
1:3   θεω παντοτε περι υμων, αδελφοι, καθως αξιον εστιν, οτι υπεραυξανει η πιστις υμων και

1 πως

3:7   παρ ημων.   αυτοι γαρ οιδατε πως δει μιμεισθαι ημας, οτι ουκ ητακτησαμεν εν

1 οπως

1:12   και εργον πιστεως εν δυναμει.   οπως ενδοξασθη το ονομα του κυριου ημων ιησου εν

2 ατακτως

3:11   γαρ τινας περιπατουντας εν υμιν ατακτως μηδεν εργαζομενους αλλα περιεργαζομενους·
3:6   υμας απο παντος αδελφου ατακτως περιπατουντος και μη κατα την παραδοσιν ην

1 ουτως

3:17   ο εστιν σημειον εν παση επιστολη. ουτως γραφω.   η χαρις του κυριου ημων ιησου χριστου

1 κατ

2:9   αυτου.   ου εστιν η παρουσια κατ ενεργειαν του σατανα εν παση δυναμει και

1 μετ

1:7   του κυριου ιησου απ ουρανου μετ αγγελων δυναμεως αυτου   εν πυρι φλογος.

4 ου

2:5   αποδεικνυντα εαυτον οτι εστιν θεος.   ου μνημονευετε οτι ετι ων προς υμας ταυτα ελεγον
2:9   τη επιφανεια της παρουσιας αυτου,   ου εστιν η παρουσια κατ ενεργειαν του σατανα εν
3:10   τουτο παρηγγελλομεν υμιν, οτι ει τις ου θελει εργαζεσθαι μηδε εσθιετω.   ακουομεν γαρ
3:2   απο των ατοπων και πονηρων ανθρωπων. ου γαρ παντων η πιστις.   πιστος δε εστιν ο

2 λογου

2:2   μητε δια πνευματος μητε δια λογου μητε δι επιστολης ως δι ημων, ως οτι ενεστηκεν
2:15   παραδοσεις ας εδιδαχθητε ειτε δια λογου ειτε δι επιστολης ημων.   αυτος δε ο κυριος

7 θεου

1:2   χριστω.   χαρις υμιν και ειρηνη απο θεου πατρος και κυριου ιησου χριστου.   ευχαριστειν
3:5   τας καρδιας εις την αγαπην του θεου και εις την υπομονην του χριστου.
1:12   υμεις εν αυτω, κατα την χαριν του θεου ημων και κυριου ιησου χριστου.   ερωτωμεν δε
2:4   ωστε αυτον εις τον ναον του θεου καθισαι, αποδεικνυντα εαυτον οτι εστιν θεος.
1:5   υμας της βασιλειας του θεου υπερ ης και πασχετε.   ειπερ δικαιον παρα θεω
1:4   εγκαυχασθαι εν ταις εκκλησιαις του θεου υπερ της υπομονης υμων και πιστεως εν πασιν
1:5   ενδειγμα της δικαιας κρισεως του θεου εις το καταξιωθηναι υμας της βασιλειας του

1 ευαγγελιου

2:14   εις ο εκαλεσεν υμας δια του ευαγγελιου ημων, εις περιποιησιν δοξης του κυριου ημων

13 κυριου

1:12   κατα την χαριν του θεου ημων και κυριου ιησου χριστου·   ερωτωμεν δε υμας, αδελφοι,
1:2   και ειρηνη απο θεου πατρος και κυριου ιησου χριστου.   ευχαριστειν οφειλομεν τω θεω
2:13   υμων, αδελφοι ηγαπημενοι υπο κυριου οτι ειλατο υμας ο θεος απαρχην εις σωτηριαν
1:12   οπως ενδοξασθη το ονομα του κυριου ημων ιησου εν υμιν, και υμεις εν αυτω, κατα
2:2   ως οτι ενεστηκεν η ημερα του κυριου μη τις υμας εξαπατηση κατα μηδενα τροπον.
1:7   μεθ ημων εν τη αποκαλυψει του κυριου ιησου απ ουρανου μετ αγγελων δυναμεως αυτου
3:6   δε υμιν, αδελφοι, εν ονοματι του κυριου ιησου χριστου. στελλεσθαι υμας απο παντος
2:1   αδελφοι, υπερ της παρουσιας του κυριου ημων ιησου χριστου και ημων επισυναγωγης επ
2:14   ημων, εις περιποιησιν δοξης του κυριου ημων ιησου χριστου.   αρα ουν, αδελφοι,
3:18   ουτως γραφω.   η χαρις του κυριου ημων ιησου χριστου μετα παντων υμων.
3:1   περι ημων, ινα ο λογος του κυριου τρεχη και δοξαζηται καθως και προς υμας.   και
1:9   ολεθρον αιωνιον απο προσωπου του κυριου και απο της δοξης της ισχυος αυτου.   οταν ελθη
1:8   μη υπακουουσιν τω ευαγγελιω του κυριου ημων ιησου.   οιτινες δικην τισουσιν ολεθρον

1 παυλου

3:17   υμων.   ο ασπασμος τη εμη χειρι παυλου ο εστιν σημειον εν παση επιστολη. ουτως

1 ουρανου

1:7   αποκαλυψει του κυριου ιησου απ ουρανου μετ αγγελων δυναμεως αυτου   εν πυρι φλογος.

1 προσωπου

1:9   τισουσιν ολεθρον αιωνιον απο προσωπου του κυριου και απο της δοξης της ισχυος αυτου.

1 πονηρου

:3   υμας και φυλαξει απο του πονηρου πεποιθαμεν δε εν κυριω εφ υμας. οτι α

1 μεσου

:7   μονον ο κατεχων αρτι εως εκ μεσου γενηται.   και τοτε αποκαλυφθησεται ο ανομος.

11 ιησου

:12   το ονομα του κυριου ημων ιησου εν υμιν. και υμεις εν αυτω. κατα την χαριν του
:1   της παρουσιας του κυριου ημων ιησου χριστου και ημων επισυναγωγης επ αυτον. εις
:14 περιποιησιν δοξης του κυριου ημων ιησου χριστου. αρα ουν. αδελφοι. στηκετε. και
:18   γραφω. η χαρις του κυριου ημων ιησου χριστου μετα παντων υμων.
:8   τω ευαγγελιω του κυριου ημων ιησου οιτινες δικην τισουσιν ολεθρον αιωνιον απο
:12   χαριν του θεου ημων και κυριου ιησου χριστου.   ερωτωμεν δε υμας. αδελφοι. υπερ της
:2   ειρηνη απο θεου πατρος και κυριου ιησου χριστου. ευχαριστειν οφειλομεν τω θεω παντοτε
:7   ημων εν τη αποκαλυψει του κυριου ιησου απ ουρανου μετ αγγελων δυναμεως αυτου εν πυρι
:6   αδελφοι. εν ονοματι του κυριου ιησου χριστου. στελλεσθαι υμας απο παντος αδελφου
:1   εν θεω πατρι ημων και κυριου ιησου χριστω. χαρις υμιν και ειρηνη απο θεου πατρος
:12   και παρακαλουμεν εν κυριω ιησου χριστω ινα μετα ησυχιας εργαζομενοι τον εαυτων

22 του

:14   αληθειας. εις ο εκαλεσεν υμας δια του ευαγγελιου ημων. εις περιποιησιν δοξης του
:12   δυναμει. οπως ενδοξασθη το ονομα του κυριου ημων ιησου εν υμιν. και υμεις εν αυτω.
:2   δι ημων. ως οτι ενεστηκεν η ημερα του κυριου. μη τις υμας εξαπατηση κατα μηδενα
:7   ανεσιν μεθ ημων εν τη αποκαλυψει του κυριου ιησου απ ουρανου μετ αγγελων δυναμεως
:6   δε υμιν. αδελφοι. εν ονοματι του κυριου ιησου χριστου. στελλεσθαι υμας απο
:8   κυριος (ιησους) ανελει τω πνευματι του στοματος αυτου και καταργησει τη επιφανεια της
:9   ου εστιν η παρουσια κατ ενεργειαν του σατανα εν παση δυναμει και σημειοις και
:5   του θεου και εις την υπομονην του χριστου. παραγγελλομεν δε υμιν. αδελφοι. εν
:5   υμων τας καρδιας εις την αγαπην του θεου και εις την υπομονην του χριστου.
:12 και υμεις εν αυτω. κατα την χαριν του θεου ημων και κυριου ιησου χριστου. ερωτωμεν
:4   η σεβασμα. ωστε αυτον εις τον ναον του θεου καθισαι. αποδεικνυντα εαυτον οτι εστιν
:3   ος στηριξει υμας και φυλαξει απο του πονηρου. πεποιθαμεν δε εν κυριω εφ υμας. οτι
:2   το μη ταχεως σαλευθηναι υμας απο του νοος μηδε θροεισθαι μητε δια πνευματος μητε
:5   το καταξιωθηναι υμας της βασιλειας του θεου. υπερ ης και πασχετε. ειπερ δικαιον παρα
:1   υμας. αδελφοι. υπερ της παρουσιας του κυριου ημων ιησου χριστου και ημων
:14   ημων. εις περιποιησιν δοξης του κυριου ημων ιησου χριστου. αρα ουν. αδελφοι.
:4   υμιν εγκαυχασθαι εν ταις εκκλησιαις του θεου υπερ της υπομονης υμων και πιστεως εν
:18   επιστολη. ουτως γραφω. η χαρις του κυριου ημων ιησου χριστου μετα παντων υμων.
:1   αδελφοι. περι ημων. ινα ο λογος του κυριου τρεχη και δοξαζηται καθως και προς
:5   ενδειγμα της δικαιας κρισεως του θεου. εις το καταξιωθηναι υμας της βασιλειας
:9   ολεθρον αιωνιον απο προσωπου του κυριου και απο της δοξης της ισχυος αυτου.
:8   τοις μη υπακουουσιν τω ευαγγελιω του κυριου ημων ιησου. οιτινες δικην τισουσιν

1 εκαστου

:3   υμων και πλεοναζει η αγαπη ενος εκαστου παντων υμων εις αλληλους.   ωστε αυτους ημας εν

7 χριστου

:1   παρουσιας του κυριου ημων ιησου χριστου και ημων επισυναγωγης επ αυτον. εις το μη
:14   δοξης του κυριου ημων ιησου χριστου αρα ουν. αδελφοι. στηκετε. και κρατειτε τας
:18   η χαρις του κυριου ημων ιησου χριστου μετα παντων υμων.
:12   του θεου ημων και κυριου ιησου χριστου ερωτωμεν δε υμας. αδελφοι. υπερ της
:2   θεου πατρος και κυριου ιησου χριστου ευχαριστειν οφειλομεν τω θεω παντοτε περι
:6   εν ονοματι του κυριου ιησου χριστου στελλεσθαι υμας απο παντος αδελφου ατακτως
:5   θεου και εις την υπομονην του χριστου παραγγελλομεν δε υμιν. αδελφοι. εν ονοματι

5 αυτου

:8   τη επιφανεια της παρουσιας αυτου ου εστιν η παρουσια κατ ενεργειαν του σατανα
:10 ελθη ενδοξασθηναι εν τοις αγιοις αυτου και θαυμασθηναι εν πασιν τοις πιστευσασιν. οτι
:8   ανελει τω πνευματι του στοματος αυτου και καταργησει τη επιφανεια της παρουσιας
:9   και απο της δοξης της ισχυος αυτου οταν ελθη ενδοξασθηναι εν τοις αγιοις αυτου
:7   απ ουρανου μετ αγγελων δυναμεως αυτου εν πυρι φλογος. διδοντος εκδικησιν τοις μη

1 εαυτου

:6   εις το αποκαλυφθηναι αυτον εν τω εαυτου καιρω. το γαρ μυστηριον ηδη ενεργειται της

1 αδελφου

:6   στελλεσθαι υμας απο παντος αδελφου ατακτως περιπατουντος και μη κατα την

2 εφ

:10   οτι επιστευθη το μαρτυριον ημων εφ υμας. εν τη ημερα εκεινη. εις ο και
:4   του πονηρου. πεποιθαμεν δε εν κυριω εφ υμας, οτι α παραγγελλομεν (και) ποιειτε και

2 ουχ

```
3:9    προς το μη επιβαρησαι τινα υμων.   ουχ οτι ουκ εχομεν εξουσιαν, αλλ ινα εαυτους τυπον
3:14             καλοποιουντες.  ει δε τις ουχ υπακουει τω λογω ημων δια της επιστολης.
```

2 λογω

```
2:17     και στηριξαι εν παντι εργω και λογω αγαθω.    το λοιπον προσευχεσθε. αδελφοι. περι
3:14       ει δε τις ουχ υπακουει τω λογω ημων δια της επιστολης. τουτον σημειουσθε. μη
```

1 εργω

```
2:17   τας καρδιας και στηριξαι εν παντι εργω και λογω αγαθω.   το λοιπον προσευχεσθε.
```

4 θεω

```
1:6    ης και πασχετε. ειπερ δικαιον παρα θεω ανταποδουναι τοις θλιβουσιν υμας θλιψιν  και
1:1            τη εκκλησια θεσσαλονικεων εν θεω πατρι ημων και κυριω ιησου χριστω.  χαρις υμιν
1:3    χριστου. ευχαριστειν οφειλομεν τω θεω παντοτε περι υμων. αδελφοι. καθως αξιον εστιν.
2:13   ημεις δε οφειλομεν ευχαριστειν τω θεω παντοτε περι υμων. αδελφοι ηγαπημενοι υπο
```

1 αγαθω

```
2:17   στηριξαι εν παντι εργω και λογω αγαθω  το λοιπον προσευχεσθε. αδελφοι. περι ημων.
```

1 μοχθω

```
3:8        παρα τινος. αλλ εν κοπω και μοχθω νυκτος και ημερας εργαζομενοι προς το μη
```

1 ευαγγελιω

```
1:8     και τοις μη υπακουουσιν τω ευαγγελιω του κυριου ημων ιησου.  οιτινες δικην τισουσιν
```

3 κυριω

```
1:1              εν θεω πατρι ημων και κυριω ιησου χριστω. χαρις υμιν και ειρηνη απο θεου
3:4     του πονηρου.  πεποιθαμεν δε εν κυριω εφ υμας. οτι α παραγγελομεν (και) ποιειτε και
3:12   παραγγελλομεν και παρακαλουμεν εν κυριω ιησου χριστω ινα μετα ησυχιας εργαζομενοι τον
```

1 αγιασμω

```
2:13   ο θεος απαρχην εις σωτηριαν εν αγιασμω πνευματος και πιστει αληθειας.  εις ο εκαλεσεν
```

1 κοπω

```
3:8    αρτον εφαγομεν παρα τινος. αλλ εν κοπω και μοχθω νυκτος και ημερας εργαζομενοι προς
```

1 τροπω

```
3:16    την ειρηνην δια παντος εν παντι τροπω ο κυριος μετα παντων υμων. ο ασπασμος τη εμ
```

1 καιρω

```
2:6    αποκαλυφθηναι αυτον εν τω εαυτου καιρω το γαρ μυστηριον ηδη ενεργειται της ανομιας.
```

7 τω

```
2:8        ανομος. ον ο κυριος (ιησους) ανελει τω πνευματι του στοματος αυτου και καταργησει τη
3:14              ει δε τις ουχ υπακουει τω λογω ημων δια της επιστολης. τουτον
2:6         εις το αποκαλυφθηναι αυτον εν τω εαυτου καιρω.   το γαρ μυστηριον ηδη ενεργειται
1:3        χριστου. ευχαριστειν οφειλομεν τω θεω παντοτε περι υμων. αδελφοι. καθως αξιον
2:13       ημεις δε οφειλομεν ευχαριστειν τω θεω παντοτε περι υμων. αδελφοι ηγαπημενοι υπο
1:8    ειδοσιν θεον και τοις μη υπακουουσιν τω ευαγγελιω του κυριου ημων ιησου.  οιτινες
2:11       πλανης εις το πιστευσαι αυτους τω ψευδει.  ινα κριθωσιν παντες οι μη
```

1 εσθιετω

```
3:10   ει τις ου θελει εργαζεσθαι μηδε εσθιετω ακουομεν γαρ τινας περιπατουντας εν υμιν
```

2 χριστω

```
1:1    θεω πατρι ημων και κυριω ιησου χριστω χαρις υμιν και ειρηνη απο θεου πατρος και
3:12   και παρακαλουμεν εν κυριω ιησου χριστω ινα μετα ησυχιας εργαζομενοι τον εαυτων αρτον
```

2 αυτω

```
3:14      σημειουσθε. μη συναναμιγνυσθαι αυτω ινα εντραπη.  και μη ως εχθρον ηγεισθε. αλλα
1:12   ημων ιησου εν υμιν. και υμεις εν αυτω κατα την χαριν του θεου ημων και κυριου ιησου
```

1 γραφω

```
3:17   σημειον εν παση επιστολη· ουτως γραφω η χαρις του κυριου ημων ιησου χριστου μετα
```